企業評価基準の導入と運用

パチンコ・トラスティ・ボード19年の成果

PTB出版委員会 編

芦書房

はしがき

2023年3月末日をもって、一般社団法人パチンコ・トラスティ・ボード（以下、PTB）は解散することになりました。PTBは足掛け20年近い歴史の中で、多くの成果を築きあげてきました。その中心となる活動は、出資していただいた社員会社（パチンコホール経営企業）に対して、経営体制を調査し、評価格付けを付与する「評価調査」でした。年1回実施された評価調査の基本となったのが、PTBによって作成された「評価基準」でした。

PTBの解散によって、この評価基準がこのまま世の中に十分に知られることなく埋もれてしまうのは、もったいないことであり、とても残念であるとの強い感懐を解散手続き中に持ちました。その思いを株式会社ダイナムジャパンホールディングスの佐藤洋治相談役にお話ししたところ、「そうであれば書籍にして出版すれば良い」との思いもかけないプランを出していただきました。このたび、同社の全面的なご協力のもとに出版社の皆様のご尽力も得て、20年の成果を後世に残すため、出版を実現できたことは、望外の慶びです。

PTBの評価基準については、企業の経営体制を調査分析していく仕組みとして、これまで世の中で一般的に用いられてきた財務情報中心の調査・評価のみならず、非財務情報を調査・評価の中に数多く取り入れたことが大きな特色となります。今から20年前に、このような視点から企業を評価調査していこうとしていた当時のPTB関係者の考え方は、極めて先進的であったと考えています。

世界の流れはその後大きく変化して、今はSDGsや企業の持続的成長という考え方が大切になってきています。日経新聞社が主催する投資家のための企業情報分析手法である『経営統合報告書』の考え方も、この流れの中の活動と受け止められます。PTBの評価基準もこのような流れと同じ方向性を持ったものであったと考えています。

最後に前期監視委員の献身的な基礎作り、後期評価委員の協調的な改善、そして社員会社の各位の支援と関係者の皆様のご協力に、心より感謝申し上げるとともに深く敬意を表します。そしてこの書籍がパチンコ業界の各企業のみならず、世の中の多くの産業界において、企業の改善と発展、社会的貢献という志を高く持った経営層の皆様に少しでもお役に立てば幸甚です。

ありがとうございました。

2024年3月
横山和夫

もくじ

資　料　編　*369*

第1章

パチンコ・トラスティ・ボードとは

第1節　パチンコ・トラスティ・ボードとは

パチンコ・トラスティ・ボード（以下、PTBという）は、2005年2月24日に有限責任中間法人として設立され、2008年12月1日の中間法人法の廃止に伴い一般社団法人に移行した。

第2節　PTBの目的

パチンコホール経営企業が、業務の適正化・健全化を図ることによって、広く社会からの信頼を得ることを目的として、社員相互に協力する会であり、その目的に資するため、次に掲げる事業を行う。

(1)　パチンコホール経営企業その他遊技業界関係者以外の第三者によって評価委員会を設け、パチンコホール経営におけるコンプライアンスおよびコーポレートガバナンスを第三者の立場から厳格に評価し、もって社員が広く社会に発展していくことを促し、かつ、社員が株式会社である場合には、その株式公開の実現を支援する事業。

(2)　有識者懇談会を設け、パチンコホール経営企業その他遊技業界が広く社会からの信頼を得るために必要な提案を広く社会に発表し、もって遊技業界の改善・改革を促す事業。

(3)　前各号に掲げる事業に付帯または関連する事業。

第3節 PTBの独立性

企業倫理、経営学、会計学の専門家、弁護士、公認会計士、大学教授、リスク管理の専門家等のパチンコホール業界外の中立、公正な第三者によりパチンコホールの経営、営業全般に対する厳しい評価調査を実施する。「評価調査結果」に基づき、対象パチンコホール企業を評価（格付け）する。

評価調査の対象は、コーポレートガバナンス（経営の公正さと透明性の確保）とコンプライアンス（基本的姿勢、フレーム、財務プロセス、反社会、社会的要請、法令遵守体制、内部監査）であり、10分類91項目（最終評価調査時点の数）に区分されている。

評価調査結果に基づき、必要に応じてパチンコホール企業のコンプライアンスおよびコーポレートガバナンスのレベルを上げるための指導、勧告等を実施する。

パチンコホール業界の「あるべき姿」につき社会各層の有識者が自由に議論し、とりまとめた意見を広く社会に発信する。

第4節 PTBの組織概要

(1) 評価委員会

Ⅰ. 評価委員会の役割

ⅰ. 評価に関する業務

評価委員会は、パチンコホールの経営、営業の全般におけるコンプライアンスおよびコーポレートガバナンスの状態を評価調査するとともに必要に応じて、パチンコホール企業のコンプライアンスおよびコーポレートガバナンスのレベルを上げるための指導、勧告等を実施する。

ⅱ.「評価調査」報告の評価

評価委員会は、調査事務局に対して、PTBによる「評価調査」を申請する個別企業に対する「評価調査」業務の実施を指示する。調査事務局が実施した個別企業の「評価調査」結果について調査事務局より答申を受ける。

評価委員会は、調査事務局の答申を分析し、個別起票のコンプライアンスおよびコーポレートガバナンスの達成状況を評価（格付け）する。

ⅲ．専門委員会の設置

パチンコホール経営の中長期的課題に関しての調査・研究を目的とする専門委員会を必要に応じて設置する。

Ⅱ．評価委員会の構成

有識者、専門家により構成される。

① 評価委員会の委員長および委員は、社員、理事およびPTBの活動に賛同する方々の推薦を受けて、理事が選任する。

② 委員長は１名、委員は複数名とし、任期は１年とする。

PTB第三者評価機関

2021年３月現在

評価委員会	【委員長】		
	横山　和夫	公認会計士・元東京理科大学教授	
	【委員】		
	田宮　治雄	東京国際大学商学部教授・公認会計士	
	永沢　　徹	弁護士（永沢総合法律事務所）	
	曾我　貴志	弁護士（曾我法律事務所）	
	末川　　修	公認会計士（東京さくら監査法人代表）	
	山中　健児	弁護士（石嵜・山中総合法律事務所）	計６名
会計税務	長谷部　啓	税理士（長谷部啓税理士事務所）	
	高岸　秀俊	税理士（高岸秀俊税理士事務所）	
	高安　　満	税理士（高安満税理士事務所）	計３名
調査員	大野　孟彬	弁護士（第一芙蓉法律事務所）	
	川島　一毅	弁護士（佐藤綜合法律事務所）	
	小川　　明	公認会計士（ひびき監査法人代表社員）	
	大藪　卓也	公認会計士（大藪公認会計士事務所）	
	大島　徳剛	（EYアドバイザリー・アンド・コンサルティング株式会社）	
	【調査事務局】		
	井出　博之	（EYアドバイザリー・アンド・コンサルティング株式会社）	
			計６名

PTB 組織図

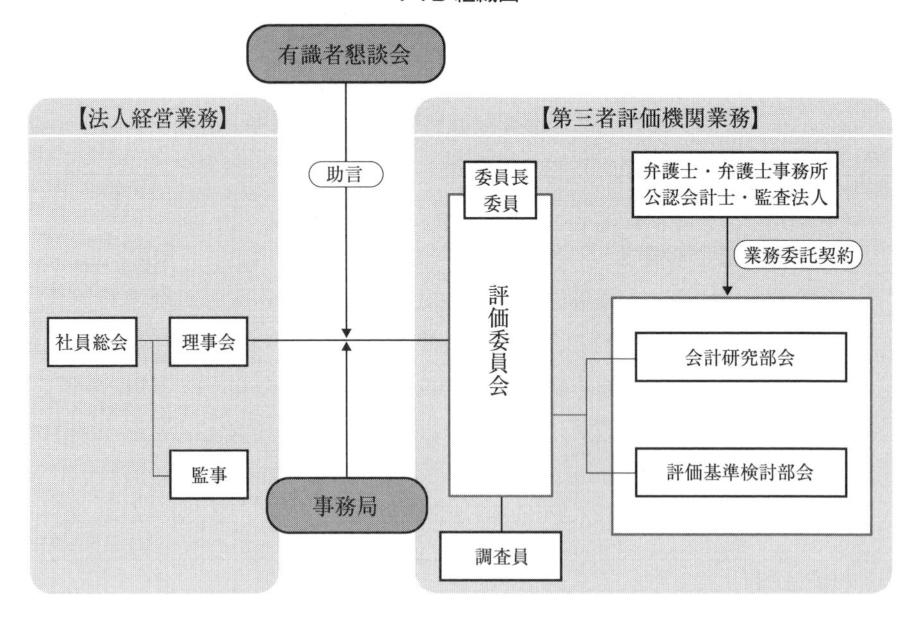

Ⅲ．評価委員会の開催

定例評価委員会および臨時評価委員会を開催する。

①定例評価委員会は、委員長が定めた日程（月次）で開催する。

②臨時評価委員会は、必要に応じて随時委員長が招集する。

(2) 会計研究部会

パチンコホール企業の経営を考える時、これまで、広く一般社会の人々に、その経営情報が紹介される機会が少ないため、どうしてもパチンコホール企業の経営は不透明ではないか、と見られがちだった。

そうした状況を少しでも改善し、経営の透明性をより高めていこうと取り組む場合、財務の透明性を高めていくことが第一歩となる。しかし、各パチンコホール企業が同じ業務を行っていながら、企業毎に採用している会計処理、税務処理が統一されていないため、企業間の財務情報の比較が容易にはできないことが課題であった。

そこで、会計研究部会では下記の活動を通じてこの課題の解決に取り組んでいた。

Ⅰ．会計研究部会の主な活動内容

ⅰ．個別課題への調査・研究

- パチンコホール企業の会計処理の実態調査
- 表示科目の妥当性の検討
- ホール企業固有の会計処理に対する具体的な対応方針の検討
- ホール企業固有の税務処理に対する具体的な対応方針の検討

ⅱ．課題解決に向けた活動

- ホール企業との意見交換、パブリックコメントの受付
- 調査・研究成果の対外発信

Ⅱ．税務ワーキンググループ

ⅲ．目的

1. パチンコホール経営企業のための統一税務処理基準の作成。
2. 1により作成した統一税務処理基準を税務当局へ提出し、それに対する回答を得ることにより、業界の税務処理の指針となることを目指す。

ⅳ．活動内容

パチンコホールのための統一会計基準、実務事例集を作成する中で、企業会計上のもう一方の柱である税務の基準作りが要望され、「パチンコホール経営企業のためのPTB税務処理基準案」の作成のため、専門家によるワーキンググループを発足し、税務処理基準案の完成により東京国税局への働きかけを実施。

（3） 評価基準検討部会

「社会情勢の変化、消費者意識の変化、関係法令の改正」などの外部環境の変化や評価調査を実施後、調査担当者や調査対象ホール企業からの意見等を聴取して、現在の「評価基準」を検討した結果、不具合な点、改善すべき点、一層重視すべき点などが見出されて、評価基準の見直し（改善、追加・補充、新設、

削減、削除などを含む）が必要であると判断した場合、評価委員会から諮問を受け、評価基準の検討を行う。

Ⅰ．【評価基準検討部会の主な活動内容】

- 現在評価基準を見直し、討議し、新評価基準（案）を作成する（評価基準とは、分類、目的、調査項目、基準に対する解説、等をいう）。
- 新評価基準（案）を評価委員会へ申請し、承認を得る。

(4) 有識者懇談会

Ⅰ．有識者懇談会の役割

ⅰ．社会への発信

パチンコホール業界の「あるべき姿」、「時間消費型レジャー」、「大衆娯楽」としてのパチンコ産業の将来像等について自由に議論し、とりまとめた意見を広く社会に「有識者懇談会からのメッセージ」として発信する。

ⅱ．PTB 組織全般への提言

評価委員会の活動に資する目的で、上記の意見を評価委員会に伝えるとともに、評価委員会のメンバーと自由に意見交換を行う。

Ⅱ．有識者懇談会の構成

社会各層の有識者の方々により構成される。

有識者懇談会座長は1名、副座長1名、有識者懇談会委員は複数名とし、任期は1年。

Ⅲ．有識者懇談会の開催

① 定例有識者懇談会は、座長が定めた日程（2カ月に1回）により開催する。

② 臨時有識者懇談会は、必要に応じて随時座長が招集する。

(5) 評価委員会

Ⅰ. 評価委員会の議題

- 評価基準・評価調査に関する事項
- 業界内外のガバナンス・コンプライアンスに関する時事情報
- 評価委員と社員会社との意見交換
- 業界理解を深めるための評価委員から社員会社への質問
- 他の部会や有識者懇談会における取り組みの情報共有

Ⅱ. 評価委員会におけるトピック

ⅰ. 2010年度(2010年4月～2011年3月)

社員会社から評価委員へのレクチャー

テーマは、「店舗における通常営業の1日」、「ホール営業における裁量行政についての影響」、「ホール企業における会計について」などがあった。

ⅱ. 2011年度(2011年4月～2012年3月)

PTB統一会計基準の見直し

2007年1月に作成されたPTB統一会計基準について、当時の会計基準、税法の改正内容や国際会計基準に照らした見直し案について審議されていた。

依存問題について

当時放映されたTV番組において、パチンコとギャンブル依存が強く結びづけられていた。根本的な原因や他の公営競技との比較に言及しながらも、パチンコ業界として不足している点についても議論がなされていた。

ⅲ. 2012年度(2012年4月～2013年3月)

他社事例について

当時注目された粉飾決算や資金の不正流用事件を鑑み、PTB評価調査が、これら事件の未然防止に有効に働くものであるかどうかの議論がなされていた。

貯玉・再プレイ、来店ポイントについて

当時、警察庁から貯玉・再プレイ、来店ポイントサービスにおける解釈・注意点に関する文書が発信され、これに関する考察と当時のホール企業の実態について確認がなされていた。また、この発信文書を踏まえたPTB評価基準の見直しについても議論されていた。

社員会社実務者のための説明会について

PTB評価調査の自己評価やヒアリング調査を担当する実務者と、評価する側の調査員との間にある評価基準に対する認識のギャップや、評価向上のための各社における取り組みの在り方に関する説明会の開催について議論がなされていた。

iv. 2013年度（2013年4月～2014年3月）

IPO関連セミナーについて

PTBの社員会社であった株式会社ダイナムの親会社である株式会社ダイナムジャパンホールディングスの香港証券取引所上場を受け、パチンコホール企業にとってIPOに最低限必要なガバナンス・コンプライアンスの体制およびパチンコホール会計基準をテーマとしたセミナーの開催（2013年8月21日）について協議されていた。

※本セミナーのパネルディスカッション登壇者であった曾我貴志弁護士は、本セミナーを契機に2013年9月よりPTB評価委員に就任している。

社員会社実務者のための説明会について

前年に引き続き、PTB評価調査の自己評価やヒアリング調査を担当する実務者と、評価する側の調査員との間にある評価基準に対する認識のギャップや、評価向上のための各社における取り組みの在り方に関する説明会の開催について議論がなされていた。

v．2014年度（2014年4月〜2015年3月）

格付け評価（格付け符号と定義）について

10個ある分類ごとに評価点の平均点を算出し、AAAからDまでの7段階格付けを行ったうえで調査を受けた社員会社に対するフィードバックをしていた。それぞれの格付けに対して従前より定義がされていたが、下記のとおり、改訂後については上場企業と比較してどの程度の水準にあるのかという部分にスポットを当てたものになった。

格付け符号の定義（現行と改訂後）

格付け符号	付与基準	格付けの定義（現行）	格付けの定義（改訂後）
AAA	平均4.5点以上	AAに加えて、周囲の環境変化をダイナミックに反映し、常に改善を図った結果、他社の模範となるべきレベルに達している。	経営管理の仕組みが、上場会社において模範となるレベルに達している。
AA	平均4.0点以上	経営層の指示と承認のもとに方針やルールを定め、全社的に周知・実施しており、かつ責任者による状況の定期的確認を行っている。	経営管理の仕組みが、上場会社の一般的なレベルを超えている。
A	平均3.0点以上	営層の承認のもとに方針やルールを定め、全社的に周知を行っている。	経営管理の仕組みが、上場会社の一般的なレベルにある。
BB	平均2.5点以上	経営層に経営管理に対する意識があり、方針やルールの整備、周知を図りつつある。	経営管理の仕組みが、非上場会社の一般的なレベルを超えている。
B	平均2.0点以上	経営層に経営管理に対する意思があり、形式的な要件を充足しようとしている。	経営管理の仕組みが、非上場会社の一般的なレベルにある。
C	平均2.0点未満	経営管理を行いたいという経営者の意識がみえる。	経営管理の仕組みが、部分的に構築されているものの、非上場会社の一般的なレベルに達していない。
D	平均1.0点未満	経営管理について、経営層における意識もなく、ほとんど取り組みを行っていない。	経営管理の仕組みが、ほとんど構築されていない。
—	—	評価不能 評価不適格／評価できない	評価することができないため、格付けを付与しない。

vi. 2015年度（2015年4月～2016年3月）

格付け評価（格付け符号と定義）について

10個ある分類ごとに評価点の平均点を算出し、AAAからDまでの7段階格付けを行ったうえで調査を受けた社員会社に対するフィードバックをしていた。それぞれの格付けに対して従前より定義がされていたが、前頁の表のとおり、改訂後については上場企業と比較してどの程度の水準にあるのかという部分にスポットを当てたものになった。

vii. 2016年度（2016年4月～2017年3月）

特定複合観光施設区域の整備の推進に関する法律（IR推進法）の施行を受けて

IR推進法の施行を受けてカジノが国内にできることによる業界への影響について様々な推測をしながらも、取るべき対策について議論がされていた。

viii. 2017年度（2017年4月～2018年3月）

財務プロセス（TB）分野における内部統制3点セットについて

財務プロセス分野の評価を行ううえで3点セットの整備状況について点検されていたが、調査員および社員会社の3点セットに対する認識が統一されておらず、評価結果が万全ではない懸念があった。これを解消するために、標準的な3点セットのサンプルを作成するための取り組みがなされていた。

ix. 2018年度（2018年4月～2019年3月）

社員会社によるPTB評価基準格付け改善のための勉強会について

PTB評価調査を受けた各社員会社の経営者より、「高い格付け結果を獲得するための取り組み方について、具体的な形で公開してほしい」という要請を受け、全分類においてAAAを獲得していた株式会社ダイナムによる勉強会が開催された。

x．2019年度（2019年4月～2020年3月）

2019年10月消費税増税の影響について

消費税および地方消費税の税率が8%から10%へ引き上げられるのと同時に、消費税の軽減税率制度が始まった。区分請求書等記載方式や、後（2023年10月）に予定されていた適格請求書等保存方式が与える業務等への影響について議論がなされていた。

xi．2020年度（2020年4月～2021年3月）

新型コロナウイルス感染症の流行による影響について

2020年1月の国内感染者確認以降、感染者数は増加し、2020年4月には緊急事態宣言が各都道府県で発出された。これにより飲食店をはじめとした多くの商業施設・商店が休業や時短営業を余儀なくされ、全国のパチンコホールにおいても休業をする店舗が多くあった。未曾有の事態による影響は甚大で、社員会社が本業の存続に注力せざるを得なかったため、PTB評価委員会の開催も四半期ごとに縮小することになった。また、PTB評価調査についても実施が見送られている。

xii．2021年度（2021年4月～2022年3月）

WEB会議形式のPTB評価調査の実施について

2021年に入っても新型コロナウイルス感染症の流行は衰えを見せなかった。PTB評価調査における調査方法は対面形式ヒアリングであったため、感染予防の観点から実施が見送られていたが、社員会社である株式会社ダイナムよりWEB会議形式の調査が提案されPTB評価委員会の承認を経て2022年3月に実施された。

xiii．2022年度（2022年4月～2023年3月）

PTBの解散

PTB解散の年となることは期初の段階で認識されていたものの、最後まで評価委員と社員会社による評価基準の見直しが行われていた。2023年1月には最後となるPTB評価調査が株式会社ダイナムに対して実施され、2023年3月31日の社員総会をもってPTBは解散された。

第2章 PTBのあゆみ

第1節 2005年のトピックス

2005年2月25日に有限責任中間法人パチンコ・トラスティ・ボード（以下「PTB」という）が設立された。

4月にPTB事務所会議室において、第三者監視機関「PTB」の設立目的および概要についての記者会見が開催された。設立目的および概要は第1章に記載のとおりである。

10月にPTBの設立および設立の目的について、「日本経済新聞」全国版に全段意見広告が掲載された。

当初の社員会社はパチンコホール企業4社（株式会社ダイナム、ダイエー観光株式会社（現：夢コーポレーション株式会社)、株式会社ニラク、株式会社TRY & TRUST）であったが、その後、8月と12月にパチンコホール企業の新規加入（ピーアーク株式会社（現：ピーアークホールディングス株式会社)、株式会社正栄プロジェクト、株式会社マルハン）があり社員会社は7社となった。

≪各委員会等の活動≫

コンプライアンス部会、コーポレートガバナンス部会、監視委員会および有識者懇談会が設置された。

第2節　2006年のトピックス

2006年1月にPTB事務所会議室において、監視調査計画についての記者会見が開催され、「日刊工業新聞」の記事として掲載された。

翌2月からピーアークホールディングス株式会社を皮切りに社員会社7社の第1回監視調査が実施され、11月に開催された記者会見において、監査項目や監査手順を公表し、一部社員会社の監査結果も開示された。活動案内として「PTB BOOK vol.1 & 2」が発行された。

12月に浜離宮朝日ホールにおいて、警察庁生活安全局生活環境課課長補佐を招き、第1回目となるPTB公開セミナーが開催された。

また、12月末発行の「週刊ダイヤモンド」新年合併特大号から3回に亘って広告掲載記事が掲載された。

≪各委員会等の活動≫

新たに法律研究委員会と会計研究委員会が発足した。

2007年のトピックス

2007年3月に会計研究委員会から「PTBによるパチンコホールのための統一会計基準」が発行された。この会計基準は巻末の資料編に収録する。

5月にホテルメトロポリタンエドモンドにおいて、『最近の企業不祥事から何を学ぶか？』と題し、第2回目となるPTB公開セミナーが開催され、「遊技ジャーナル」に記事が掲載された。

8月から社員会社5社（株式会社ニラク、株式会社ダイナム、ピーアークホールディングス株式会社、株式会社マルハン、株式会社正栄プロジェクト）を対象に第2回監視調査が開始された。

10月にPTB事務所会議室において、第2回監視調査の概要についての記者会見が開催され、「週刊アミューズメントジャパン」等に掲載された。

≪各委員会等の活動≫

既設の委員会他に、新たに会計税務ワーキンググループおよびＩＴ技術会議が発足した。

第4節 2008年のトピックス

2008年6月と11月に有識者懇談会からパチンコホール業界の社会的地位の向上を願った「有識者メッセージ」の第1弾と第2弾が発表された。

7月にPTB事務所会議室において、第3回目のPTB公開セミナーが開催された。内容は、第1部が『PTB内部管理基本調査説明』、第2部が『日本社会の新しい動きとコンプライアンス』であった。

また、同7月にPTB監視調査を受けることとなる社員会社担当者向けの「社員会社実務者セミナー」を開催し、10月から社員会社4社（株式会社ニラク、株式会社マルハン、株式会社ダイナム、ピーアークホールディングス株式会社）を対象に第3回監視調査が開始された。

12月に整備法（一般社団法人及び一般財団法人に関する法律及び公益社団法人及び公益財団法人の認定等に関する法律の施行に伴う関係法律の整備等に関する法律）の改正によって、有限責任中間法人から一般社団法人へ法人格が移行され、名称が「一般財団法人パチンコ・トラスティ・ボード」へと変更になった。

≪各委員会等の活動≫

有識者懇談会で7月に委員の一部交替があった。

第5節 2009年のトピックス

2009年7月にPTB事務所会議室において、第3回監視調査結果についての記者会見が開催された。

8月に前年に続き有識者懇談会から「有識者メッセージ（第3弾）」が発表された。

9月に有識者懇談会において三堀法律事務所三堀清弁護士を招き『風営適正化法の歴史と将来の展望について』の講演が開催された。

11月に設立から2009年までのPTBの活動をまとめた「PTB監視調査活動の記録」が発行された。

第6節 2010年のトピックス

2010年1月に会計研究部会から「PTB会計基準実務実例集」が発行された。この実例集は2007年に発行された「PTBによるパチンコホールのための統一会計基準」を実務対応させた場合の事例として作成された。

3月に社員会社3社（ピーアークホールディングス株式会社、株式会社正栄プロジェクト、株式会社マルハン）が退社し、8月に新たに社員会社（株式会社アメニティーズ）が加入したことにより、社員会社は5社（株式会社ダイナム、ダイエー観光株式会社、株式会社ニラク、株式会社TRY & TRUST、株式会社アメニティーズ）となった。

8月から社員会社3社（株式会社アメニティーズ、株式会社ニラク、株式会社ダイナム）を対象に第4回評価調査（旧名称：監視調査）が開始された。

≪各委員会等の活動≫

監視委員会の大幅な体制見直しが行われ、委員会の名称も「監視委員会」から「評価委員会」に変更し、委員の入替えが実施された。

また、新たにパチンコ懇談会が発足した。

第7節 2011年のトピックス

2011年2月に有識者懇談会から「パチンコPR_DVD」が発行された。このDVDは、パチンコ業界が、娯楽産業としての地位を確立し、より社会的な責任を果たすことができる環境を作るために、パチンコ業界の実態を知らない方に、「パチンコが健全で楽しさあふれる娯楽」であることを広く知らしめ、将来の国民的な議論に繋がるよう意識醸成を図ることを目的に制作された。

3月に会計研究部会から「PTBによるパチンコホール統一税務処理基準」が発行された。この税務処理基準は巻末の資料編に収録する。

7月と11月にPTBの活動紹介として「PTB Quarterly Report」が発行された。

8月にパチンコホール業界を取り巻く環境の理解を広く深めるため「パチンコ・パチスロ産業関連データ」が発行された。

この年の東日本大震災によって、社員会社も大きな被害を受けたため、評価調査は実施されなかった。

第8節　2012年のトピックス

2012年2月から計7回に亘り、前年に引き続き「PTB Quarterly Report」が発行された。

4月から社員会社4社（株式会社ダイナム、夢コーポレーション株式会社、株式会社ニラク、株式会社アメニティーズ）を対象に第5回評価調査が開始された。

8月に社員会社である株式会社ダイナムの持株会社株式会社ダイナムジャパンホールディングスが、香港証券取引所・メインボードにパチンコホールとして初めて株式上場を実現した。また、これを受け、PTB協賛の臨時セミナーがホテルニューオータニ鶴の間において開催された。

第9節　2013年のトピックス

2013年2月に有識者懇談会から「有識者メッセージ（第4弾）」が発表され、PTB事務所会議室において記者会見が開催された。この様子は、「月刊遊技経済」等に掲載された。

3月から計4回に亘り、「PTB Quarterly Report」が、7月に2013年版として「パチンコ・パチスロ産業関連データ」が、8月に「PTB BOOK 2014」が発行された。

8月に一般社団法人パチンコ・チェーンストア協会（以下「PCSA」という）との共催経営勉強会がアルカディア市ヶ谷において開催された。第1部はパネルディスカッション形式で『パチンコホール企業のIPO（株式上場）実現に必要とされること』、第2部は『PTBパチンコホール会計基準』と題して田宮PTB評価委員より講演が行われた。

10月にPTB評価調査を受けることとなる社員会社担当者向けの「社員会社実務者セミナー」を開催し、同月から社員会社3社（株式会社ニラク、株式会社ダイナム、夢コーポレーション株式会社）を対象に第6回評価調査が開始された。

≪各委員会等の活動≫

3月に有識者懇談会の委員の一部交替、9月に評価委員会に新たな委員が就任した。

第10節 2014年のトピックス

2014年3月に社員会社（株式会社 TRY & TRUST）が退社し、9月と12月に新たに社員会社（株式会社パラッツォ東京プラザ、王蔵株式会社）が加入したことにより、社員会社は6社（株式会社ダイナム、夢コーポレーション株式会社、株式会社ニラク、株式会社アメニティーズ、株式会社パラッツォ東京プラザ、王蔵株式会社）となった。

3月と7月に「PTB Quarterly Report」が、9月に2014年版として「パチンコ・パチスロ産業関連データ」が発行された。

10月にPTB評価調査を受けることとなる社員会社担当者向けの「社員会社実務者セミナー」を開催し、翌11月から社員会社4社（株式会社ダイナム、株式会社アメニティーズ、夢コーポレーション株式会社、王蔵株式会社）を対象に第7回評価調査が開始された。

第11節 2015年のトピックス

2015年4月に社員会社である株式会社ニラクの持株会社株式会社ニラク・ジー・シー・ホールディングスが、香港証券取引所・メインボードにPTB社員会社として2社目の株式上場を実現した。また、これを受け、PCSA・PTB共催の公開経営勉強会がホテルニューオータニ芙蓉の間において開催された。

8月に有識者懇談会から「有識者メッセージ（第5弾）」が発表された。

4月から計4回に亘り、「PTB Quarterly Report」が、9月に2015年版として「パチンコ・パチスロ産業関連データ」が発行された。

11月にPTB評価調査を受けることとなる社員会社担当者向けの「社員会社実務者セミナー」を開催し、同月から社員会社3社（株式会社ダイナム、株式会社アメニティーズ、株式会社ニラク）を対象に第8回評価調査が開始された。

第12節 2016年のトピックス

2016年9月に有識者懇談会から「有識者メッセージ（第6弾）」が発表された。

5月と12月に「PTB Quarterly Report」が、9月に2016年版として「パチ

ンコ・パチスロ産業関連データ」が発行された。

10月にPTB評価調査を受けることとなる社員会社担当者向けの「社員会社実務者セミナー」を開催し、翌11月から社員会社3社（株式会社ダイナム、株式会社ニラク、株式会社アメニティーズ）を対象に第9回評価調査が開始された。

2017年のトピックス

2017年5月に社員会社である王蔵株式会社の持株会社 Okura Holdings Limited が、香港証券取引所・メインボードにPTB社員会社として3社目の株式上場を実現した。また、これを受け、7月にIPOセミナーがフクラシア八重洲において開催された。

4月に2017年版として「パチンコ・パチスロ産業関連データ」が、6月から計3回に亘り「PTB Quarterly Report」が発行された。

10月にPTB評価調査を受けることとなる社員会社担当者向けの「社員会社実務者セミナー」を開催し、翌11月から社員会社4社（株式会社ダイナム、株式会社アメニティーズ、株式会社ニラク、夢コーポレーション株式会社）を対象に第10回評価調査が開始された。

2018年のトピックス

2018年3月に有識者懇談会から「有識者メッセージ（第7弾）」が発表された。このメッセージは巻末の資料編に収録する。

7月に「PTB BOOK 2018」が、7月と12月に「PTB Quarterly Report」が、9月に2018年版として「パチンコ・パチスロ産業関連データ」が発行された。

10月にPTB評価調査を受けることとなる社員会社担当者向けの「社員会社実務者セミナー」を開催し、翌11月から社員会社2社（株式会社ダイナム、株式会社ニラク）を対象に第11回評価調査が開始された。

2019年のトピックス

2019年3月に社員会社（王蔵株式会社）が退社し、4月に社員会社（株式会社アメニティーズ）が休会したことにより、社員会社は4社（株式会社ダイナム、夢コーポレーション株式会社、株式会社ニラク、株式会社パラッツォ東京プラザ）となった。

4月にPTB事務所がプレリー銀座ビルから東上野の坂田ビルへ移転した。

10月にPTB評価調査を受けることとなる社員会社担当者向けの「社員会社実務者セミナー」を開催し、翌11月から社員会社3社（株式会社ダイナム、株式会社ニラク、株式会社パラッツォ東京プラザ）を対象に第12回評価調査が開始された。

2020年のトピックス

10月にPTB事務所が東上野の坂田ビルから同じく東上野内のジェラーズタウン・オーラムへ移転した。

2021年のトピックス

2021年1月から社員会社株式会社ダイナムを対象に第13回評価調査が開始された。この調査は全項目調査とせず、前回評価4以下および前回から体制変更があった項目のみの評価調査となった。

2022年のトピックス

2022年12月から社員会社株式会社ダイナムを対象に第14回評価調査が開始された。

2023年のトピックス

2023年3月末日にPTBは当初の目的についての進展および成果が得られたことにより19年の活動に幕を下ろし、解散した。

PTB 年表（2005〜2006 年）

年	月	トピック	各委員会等活動
2005 年	2 月	「有限責任中間法人パチンコ・トラスティ・ボード」設立（株式会社ダイナム、ダイエー観光株式会社（現：夢コーポレーション株式会社）、株式会社ニラク、株式会社 TRY & TRUST）	
	4 月	PTB 記者会見を開催	第 1 回コンプライアンス部会を開催 第 1 回コーポレートガバナンス部会を開催 第 1 回監視委員会を開催
	7 月		監視委員会合宿ミーティングを開催 第 1 回有識者懇談会を開催
	8 月	社員会社（ピーアーク株式会社（現：ピーアークホールディングス株式会社））が新規加入	合同全体委員会を開催
	10 月	日本経済新聞に全段意見広告を掲載	
	12 月	社員会社（株式会社正栄プロジェクト、株式会社マルハン）が新規加入	
2006 年	1 月	PTB 記者会見を開催	
	2 月		第 1 回監視調査を開始
	4 月		第 1 回法律研究委員会を開催
	5 月		法律研究委員会業法集中勉強会を開催
	6 月		第 1 回会計研究委員会を開催
	11 月	PTB 記者会見を開催 「PTB BOOK vol.1 & 2」を発行	
	12 月	第 1 回 PTB 公開セミナーを開催 広告記事を「週刊ダイヤモンド」に掲載	

PTB 年表（2007～2010 年）

年	月	トピック	各委員会等活動
2007 年	1 月		第 1 回会計税務 WG を開催
	3 月	「PTB によるパチンコホールのための統一会計基準」を発行	
	5 月	第 2 回 PTB 公開セミナーを開催	
	8 月		第 1 回 IT 技術会議を開催 第 2 回監視調査を開始
	10 月	PTB 記者会見を開催	
2008 年	6 月	有識者メッセージ（第 1 弾）を発表	
	7 月	第 3 回 PTB 公開セミナーを開催 社員会社実務者セミナーを開催	有識者懇談会委員が一部交替
	10 月		第 3 回監視調査を開始
	11 月	有識者メッセージ（第 2 弾）を発表	
	12 月	法人格の変更（有限責任中間法人から一般社団法人へ）	
2009 年	7 月	PTB 記者会見を開催	
	8 月	有識者メッセージ（第 3 弾）を発表	
	9 月	三堀法律事務所三堀清弁護士による講演会を開催	
	11 月	「PTB 監視調査活動の記録」を発行	
2010 年	1 月	「PTB 会計基準実務実例集」を発行	
	3 月	社員会社（ピーアークホールディングス株式会社、株式会社正栄プロジェクト、株式会社マルハン）が退社	監視委員会委員が退任
	4 月		委員会名称変更（監視委員会から評価委員会へ）
	6 月		評価委員会委員が就任
	8 月	社員会社（株式会社アメニティーズ）が新規加入	第 4 回評価調査（旧：監視調査）を開始
	11 月		第 1 回パチンコ懇談会を開催

PTB 年表（2011～2013 年）

年	月	トピック	各委員会等活動
2011 年	2 月	「パチンコ PR_DVD」を発行	
	3 月	「PTB によるパチンコホール統一税務処理基準」を発行	
	7 月	「PTB Quarterly Report」を発行	
	8 月	「パチンコ・パチスロ産業関連データ」を発行	
	11 月	「PTB Quarterly Report」を発行	
2012 年	2 月	「PTB Quarterly Report」を発行	
	4 月		第 5 回評価調査を開始
	5 月	「PTB Quarterly Report」を発行	
	7 月	「PTB Quarterly Report」を発行	
	8 月	株式会社ダイナムジャパンホールディングス香港上場 臨時セミナーを開催 「PTB Quarterly Report」を発行	
	9 月	「PTB Quarterly Report」を発行	
	11 月	「PTB Quarterly Report」を発行	
	12 月	「PTB Quarterly Report」を発行	
2013 年	2 月	有識者メッセージ（第 4 弾）を発表 PTB 記者会見を開催	
	3 月	「PTB Quarterly Report」を発行	
	4 月	「PTB Quarterly Report」を発行	有識者懇談会委員一部交替
	7 月	2013 年版「パチンコ・パチスロ産業関連データ」を発行	
	8 月	「PTB BOOK 2014」を発行 PCSA・PTB 共催経営勉強会を開催	
	9 月		評価委員会新委員就任
	10 月	「PTB Quarterly Report」を発行 社員会社実務者セミナーを開催	第 6 回評価調査を開始
	12 月	「PTB Quarterly Report」を発行	

PTB 年表（2014～2016 年）

年	月	トピック	各委員会等活動
2014 年	3 月	社員会社（株式会社 TRY & TRUST）が退社 「PTB Quarterly Report」を発行	
	7 月	「PTB Quarterly Report」を発行	
	9 月	社員会社（株式会社パラッツォ東京プラザ）が新規加入 2014 年版「パチンコ・パチスロ産業関連データ」を発行	
	10 月	社員会社実務者セミナーを開催	
	11 月		第 7 回評価調査を開始
	12 月	社員会社（王蔵株式会社）が新規加入	
2015 年	4 月	株式会社ニラク・ジー・シー・ホールディングス香港上場 「PTB Quarterly Report」を発行	
	5 月	PCSA・PTB 共催公開経営者勉強会を開催 「PTB BOOK 2016」を発行	
	7 月	「PTB Quarterly Report」を発行	
	8 月	有識者メッセージ（第 5 弾）を発表	
	9 月	2015 年版「パチンコ・パチスロ産業関連データ」を発行	
	11 月	社員会社実務者セミナーを開催	第 8 回評価調査を開始
	12 月	「PTB Quarterly Report」を発行	
2016 年	5 月	「PTB Quarterly Report」を発行	
	9 月	有識者メッセージ（第 6 弾）を発表 2016 年版「パチンコ・パチスロ産業関連データ」を発行	
	10 月	社員会社実務者セミナーを開催	
	11 月		第 9 回評価調査を開始
	12 月	「PTB Quarterly Report」を発行	

PTB 年表（2017～2023 年）

年	月	トピック	各委員会等活動
2017 年	4 月	2017 年版「パチンコ・パチスロ産業関連データ」を発行	
	5 月	Okura Holdings Limited 香港上場	
	6 月	「PTB Quarterly Report」を発行	
	7 月	IPO セミナーを開催	
	8 月	「PTB Quarterly Report」を発行	
	10 月	社員会社実務者セミナーを開催	
	11 月		第 10 回評価調査を開始
	12 月	「PTB Quarterly Report」を発行	
2018 年	3 月	有識者メッセージ（第 7 弾）を発表	
	7 月	「PTB BOOK 2018」を発行 「PTB Quarterly Report」を発行	
	9 月	2018 年版「パチンコ・パチスロ産業関連データ」を発行	
	10 月	社員会社実務者セミナーを開催	
	11 月		第 11 回評価調査を開始
	12 月	「PTB Quarterly Report」を発行	
2019 年	3 月	社員会社（王蔵株式会社）が退社	
	4 月	社員会社（株式会社アメニティーズ）が休会 事務所移転（銀座→東上野）	
	10 月	社員会社実務者セミナーを開催	
	11 月		第 12 回評価調査を開始
2020 年	10 月	事務所移転（東上野内）	
2021 年	1 月		第 13 回評価調査を開始
2022 年	12 月		第 14 回評価調査を開始
2023 年	3 月	「一般社団法人パチンコ・トラスティ・ボード」解散	

第3章

PTB 評価基準について

第1節 評価基準の分類について

PTB 評価基準は、以下のとおり 10 の分類で構成されている。

PTB 評価基準は財務分野だけでなく非財務の分野も幅広く網羅していることが特徴となっている。

PTB 評価基準

分類	分類の概要
ガバナンス体制	経営の意思決定機関および当該機関に対するチェック機能などの仕組み
経営者による基本的姿勢	社会的責任を果たす上での企業（経営者）の基本的な姿勢
基本的フレーム	適切なコンプライアンス経営を行う上での基礎となる態勢
財務管理体制	個別法令やリスクに関する手続（財務に関連する諸手続）
反社会的勢力への対応	個別法令やリスクに関する手続（反社会勢力に対する基本的姿勢および対応）
社会的要請への対応	個別法令やリスクに関する手続（社会からの要請への対応）
法令遵守体制（重要法規）	個別法令やリスクに関する手続（その他の法令・規制への対応）
法令遵守体制（風適法）	個別法令やリスクに関する手続（風適法および業界関連諸規制への対応）
法令遵守体制（労働法）	個別法令やリスクに関する手続（労働関連法令への対応）
内部監査体制	経営活動の遂行状況を公正かつ客観的な立場から監査する仕組み

本書の冒頭でも触れられているとおり、PTB評価基準はパチンコホール企業における経営の健全性等を評価するものであるが、上記分類の多くは業態を問わず企業経営の体制を評価する指標となり得るものである。

第2節　分類の解説

分類ごとに複数の調査目的・項目が以下のように設定されている。

（例）分類：「ガバナンス」の目的と調査項目

番号	目的	調査項目
G1	株主総会の開催・運営	株主総会は、その招集手続を含めて適法かつ適正に開催されているか。
G2	株主管理	株主の管理が適切に行われる制度が整備されているか。
G3	株主配当に関する決定プロセス	株主配当に関する方針を明確にし、株主の意向と経営環境や経営戦略との均衡を十分に考慮して配当案を決定しているか。
G4	取締役会の開催・運営	取締役会は、業務の必要性に応じて適切に開催されているか。
G5	役員報酬の決定プロセスの適切性	役員報酬等（役員賞与、退職慰労金を含む）は定められた手続により適正に決定されているか。
G6	取締役の利益相反行為	取締役と会社との間に直接または間接の取引がある場合、取締役の自己の利益とならぬように法令に準拠して適切に審議しているか。
G7	監査役による業務監査の実効性	監査役による監査は実効的なものとなっているか。
G8	独立役員	経営陣と利害関係のない独立した役員がいるか。

調査項目ごとに原則として1～5までの5段階の基準とその解説が用意されており、社員会社各社は各基準を充足していることについて、裏付け資料を用いて調査員に説明をすることで評価を得る仕組みとなっている。

また、調査項目によっては、調査員によって評価に差が出ることを防ぐために、調査上の留意事項が用意されている。

（例）G1「株主総会の開催・運営」における5段階の基準とその解説、留意事項

基準1	株主総会が所定の場所・時間に株主が会合して開催されている。
基準2	基準（1）に加え、株主総会招集通知への事業報告書の添付など、適法に株主総会招集手続が取られている。
基準3	基準（2）に加え、会社法・定款で定める事項について株主に諮り、個別に実質的な決議をしている。
基準4	基準（3）に加え、事前の書面による質問や総会当日の質疑応答状況から、適正な議事運営が行われていることが具体的に検証可能である。
基準5	基準（4）に加え、株主から質問が行われ、経営者が具体的かつ誠実な回答を行う等、株主総会における議事の状況や総会終了後の株主からの意見聴取等から積極的なコミュニケーションが行われていることが具体的に検証可能である。

調査上の留意事項	・全体：100%オーナー企業の場合は、本項目を対象外とする。 ・全体：本項目の調査対象は、パチンコホール事業に関する実質的な意思決定が行われている会社のみを対象とし、グループ会社における株主総会については調査対象外とする。 ・基準3：株主総会決議事項が漏れるケースは一般的に多くはないため、基準3において様々な事案が株主総会の決議事項か否かについて、スクリーニングの有無の証明までは必要としない。 ・基準5：株主構成割合に応じた対応をとっているかどうかがポイント。株主からの質問内容を吟味して、実質的に株主からの質問に相応したものかどうかについても検討が必要（さくらによる発言となっていないか）。また、あくまで「株主総会の場で」コミュニケーションがとられていることがポイント。

5段階の基準については、調査項目によって多少の相違はあるが、概ね以下のガイドラインに沿ったレベル感での設定となっている。

5段階の基準のレベル

基準	企業としての水準	統制のモデルケース
基準1	企業として統制すべき最低限の水準	・手順が統一されていない、属人的である。 ・最低限の対応となっている。
基準2	上場会社には満たない水準	・仕組化されている。 ・規程化されている。 ・法令の要件を一部満たしていない。
基準3	上場会社と同等の水準	・仕組化されていることが検証可能である。 ・全従業員に周知されていることが確認できる。 ・法令の要件を満たしている。

基準４	上場会社でも上位の水準	・内部監査等で定期的に確認されていることが検証できる。 ・基準３を超える水準の取組みがある。
基準５	上場会社の中でも突出した水準	・内部監査等で定期的に確認されており適時適切に改善が行われている。 ・業界水準を超えた先進的な取組みがある。

第3節　評価の格付けについて

ヒアリングや裏付け資料の確認を通じた評価の結果、分類ごとの基準の平均得点に応じて８段階に格付けされる仕組みになっており、格付け符号と定義については以下のとおりである。

格付符号の定義

格付符号	格付の定義	平均点
AAA	経営管理の仕組みが、上場会社において模範となるレベルに達している。	4.5 以上
AA	経営管理の仕組みが、上場会社の一般的なレベルを超えている。	4.0 以上
A	経営管理の仕組みが、上場会社の一般的なレベルにある。	3.0 以上
BB	経営管理の仕組みが、非上場会社の一般的なレベルを超えている。	2.5 以上
B	経営管理の仕組みが、非上場会社の一般的なレベルにある。	2.0 以上
C	経営管理の仕組みが、部分的に構築されているものの、非上場会社の一般的なレベルに達していない。	2.0 未満
D	経営管理の仕組みが、ほとんど構築されていない。	1.0 未満
—	評価することができないため、格付けを付与しない。	—

第4節　分類別　評価基準項目の推移

PTB 評価調査は 2006 年から開始され、最後となる 2023 年まで合計 14 回実施されている。なお、PTB 内の組織の見直しや、2011 年の東日本大震災、2020 年の新型コロナウィルス感染症の流行などの影響により、調査未実施の年がある。

PTB 評価基準は、法改正、世の中の潮流や業界および一般社会の関心事などに基づき毎期見直しを行ってきた。手続きとしては、評価委員、調査員、事務局、社員会社から案が提示され、評価委員で構成されるPTB評価委員会の審議を経て見直される。

第1回から第14回までの分類別調査項目数の推移

分類		第1回	第2回	第3回	第4回	第5回	第6回	第7回	第8回	第9回	第10回	第11回	第12回	第13回	第14回
G	ガバナンス	17	14	14	14	10	9	9	8	8	8	10	9	8	8
K	基本的姿勢	10	7	7	7	5	5	5	5	5	5	5	5	5	5
TA	フレームワーク	19	17	17	17	19	18	18	19	19	19	19	19	17	17
TB	財務プロセス	16	13	13	13	11	11	11	11	11	11	11	11	11	11
TC	反社会	7	7	7	7	4	4	4	5	5	5	5	5	5	5
TD	社会的要請	13	12	12	13	10	9	9	9	9	9	8	8	7	7
TE	その他法令	8	7	7	8	7	7	7	7	7	7	6	6	6	6
TF	風適法	5	5	5	5	7	7	7	7	7	6	7	7	7	6
TG	労働法	24	22	22	22	20	20	20	20	21	21	21	21	21	21
TH	内部監査	5	5	5	5	5	5	5	5	5	5	5	5	5	5
合計		124	109	109	111	98	95	95	96	97	96	97	96	92	91

調査項目数の推移は上表のとおりであるが、見直しの内容については調査項目の追加、削除に留まらず、各調査項目における基準（どのような条件を満たせばよいのか）の見直しも含まれる。社会的要請の変遷や法改正等への対応で調査の対象範囲は広がっているが、調査項目は同質項目の統合や最適化が進み、当初の124項目から最終的には91項目まで絞り込まれた。

（1） G ガバナンス 17項目⇒8項目

当初から大幅に減少しているが、複数あった「取締役会運営関連」の項目を統合したことと、同じく複数あった「監査役の業務監査の実効性」について統合したことによるもので、評価基準やその内容に大きな変更は見られない。

なお「社外監査役」の項目は「独立役員」に変更され、当初の社外監査役の有無を問うものに、社外取締役も含まれるようになり、基準も当初は基準4「活発に活動議論に参加している」、基準5「社外監査役が複数いる」から基準4「東京証券取引所が定める要件を満たす独立取締役がいる」、基準5「独立役員が、経営に対する実質的な牽制機能を十分に発揮していることが具体的に説明可能である」に変化し、より実効性が問われるものとなっている。

(2) K 基本的姿勢 10項目⇒5項目

評価項目数の減少は、同質の項目が集約されたものと、他分類に統合されたもの、項目自体が削除されたものがあった。

集約されたものは、「行動規範」と「情報開示」の項目であり、それぞれ独立していた行動規範の整備状況と運用状況を問う項目を1項目に集約している。他分類に統合されたものは、「懲罰規程の整備・運用」の項目であり、TG労働法の項目の中の1つに統合された。

削除されたのは「株主と会社の関係について」と「社会的要請の観点から」であり、前者は評価を受けている社員会社と当該社員会社の株主等との係争・訴訟事件の有無を問うもので、後者は警察OBの受け入れ実態を問うものであった。

(3) TA フレームワーク 19項目⇒17項目

評価項目数は19項目から17項目に見直されており、項目数の変化は少ないが、最終版までに多数の統合や新設がなされている。

8項目あった「コンプライアンス」関連の項目が「グループ管理体制」と「内部通報」の2項目に集約され、「第三者（当事者以外）の検証」は、内部監査の体制が判断の視点に入っていたことから、TH内部監査の分類に統合された。

「緊急事態への対応」は「不祥事発生時の事後対応」と「災害等発生時の事業継続」に分けられた。

また「人事評価制度の適正性の検証」、「昇給・昇進に伴う制度の透明性」、「給与・報酬の決定基準」の3項目が「人事評価制度」と「給与・報酬の決定基準」に集約されている。昇給の制度は「給与・報酬の決定基準」に、昇進の制度は「人事評価制度」に集約されている。

「ITに関する内部統制」はその重要性が高まっていることを受け、当初1項目であったものが「保守管理体制」・「運用管理体制」・「安全性の確保」・「外部委託の契約管理体制」の4項目に細分化された。

(4) TB 財務プロセス 16項目⇒11項目

評価項目数は16項目から11項目に見直されており、同質の項目が集約されたもの、細分化されたもの、項目自体削除されたものがあった。

「決算の具体的な作成方法について」は、「月次決算の迅速化と正確性確保について」、「年次決算の迅速化と正確性確保について」、「財務情報の外部報告の適時かつ適切性」の３項目に細分化された。

「税務申告書を作成する体制の整備状況について」と「税務申告の適正性」は「税務申告を正しく行うための内部統制」に集約されており、１項目で点検されるようになった。

削除された項目は「景品交換の適正性」、「景品取扱業者との関係について」、「景品の信頼性の確保に向けて」の３項目であるが、このうち「景品交換の適正性」、「景品取扱業者との関係について」の２項目についてはTF風適法の分類に移管し統合されている。

また財務プロセスの調査にあたって基準３を満たすためには、項目ごとに様々な証憑や調査が求められたが、最終的には３点セット（業務の流れ図（フローチャート）・業務記述書・リスクと統制の対応（リスクコントロールマトリクス））の整備・運用が求められるようになった。

（5） TC 反社会 7項目⇒5項目

評価項目数は７項目から５項目に見直されており、同質の項目の統合と新設がなされた。「反社会的勢力等との不適切な取引関係の排除」に関する２項目が統合、「反社会的勢力に対する危機管理」に関する２項目が統合、「遊技機に対する不正への対応」に関する２項目が統合される一方、社員会社の香港上場が実現したことから、今後の香港上場を検討する企業を見据え「マネーロンダリングへの対応」が新設されている。

（6） TD 社会的要請 13項目⇒7項目

評価項目数は13項目から７項目に見直されており、同質項目の統合、他分類への移行と削除がなされた。独立していた「タバコの喫煙対策」は、2020年の健康増進法改正により業界としての受動喫煙対策が一般的となったことから、「遊技環境の整備」の基準１に取り込まれた。「射幸心の抑制と広告宣伝」に関する３項目と「18歳未満者への対応」は社会的要請よりは風適法への対応の側面が強いため、TF風適法に統合されている。

また「地域社会への配慮（異臭）」と「店舗内の無許可営業の排除」が削除さ

れているが、実例がほぼないことから見直された。

なお「駐車・駐輪スペースにおける安全の確保」は項目に変化はないが、基準の内容は当初駐車場内の全般的な安全確保であったものが、乳幼児の車内放置による死亡事故が散見されるようになったことを受け、具体的な乳幼児の車内放置対策を中心としたものに変化していった。

(7) TE その他法令 8項目⇒6項目

評価項目数は8項目から6項目に見直されており、削除と新設がなされた。

当初は「独占禁止法への対応」「不正競争防止違反」「優越的地位の濫用」3項目があったが、調査を重ねるごとに、実例がなく実効性に乏しいことから1つに統合された後に削除となっている。

また東日本大震災後、社会的に環境問題への関心が非常に高くなってきたことを受け「環境・省エネ対策」が新設されており、ゴミの削減や節電に留まらず、取引先も含んだ環境問題への対応を問われるようになっている。

(8) TF 風適法 5項目⇒6項目

評価項目数に大きな変動はないが、前述したTB(財務プロセス)「景品関連」の項目、TD(社会的要請)から「射幸心の抑制と広告宣伝」と「18歳未満者への対応」が統合されこちらに移管されている。

また、パチンコ・パチスロへの過度なのめり込みが一部問題となったこともあり、新たに「過度なのめり込み問題対策」の項目が追加され、業界団体のガイドライン遵守を含めた実効的な体制が求められるようになっている。

(9) TG 労働法 24項目⇒21項目

評価項目数は24個から22個に見直されており、同質の項目が統合されたものがある一方で新設項目もあった。

統合されたものは、「労働時間管理」に関する項目が4項目から2項目に集約され、「賃金の支払い」、「就業規則」、「労働安全衛生」に関する項目がそれぞれ2項目から1項目に集約されている。

新設されたものは、「ストレスチェック・メンタルヘルスケア」と「労働保険・社会保険の加入と上乗補償」があり、前者は2014年の労働安全衛生法の改正に対応するため、後者は基本的な法令対応項目として2回目の調査から新設されている。

なお、調査項目自体に変化はないが、基準の内容が時流に合わせて変更となっているものも複数見られる。「セクハラ防止」の項目は「ハラスメントの防止」に項目名を変え、内容もパワーハラスメントやカスタマーハラスメントにも対象が広がっている。「管理職の範囲及び管理職に対する割増賃金の支給」においては基準5において「労基法上の管理監督者の範囲が適正であり広すぎない」とされていたが、後に「労基法上の管理監督者の範囲を正社員に対する2次考課権限を有する者か、経営上の重要事項に関する企画立案等の業務に従事する者に限定している」と具体的な表記に変化している。同様に「年次有給休暇の確保」の項目も、当初基準5で「前日までに届け出ることにより自由に取得できる」から基準4で「取得率が当年度付与数の50%を超過」、基準5で「取得率が当年度付与数の70%を超過」と具体的に変化している。「家庭責任に対する休業の確保」においては、当初男女別に育児・介護休業の実例を問うものから、「「子育てサポート企業」(次世代認定マーク［くるみんマーク］)の認定基準を満たすレベルでの雇用環境の整備となっている」と求められるレベルが上がり、また明確になっている。

(10) TH　内部監査　変更なし

当初から最終14回まで5項目を維持し、項目数や項目内容の変更はなかったが、評価基準においては難易度が1段階ずつ引き上げられるような変更がなされている。具体的には基準1と2が統合され、難易度の高い基準5が新設されている。一例を挙げると「監査結果の報告」では、当初基準5は「積極的に問題点を指摘し、結果についてもフォローアップしており改善状況の確認を行っている」とあったが、これは基準4となり「指摘事項に対する改善提案の内容は、表面的な是正に留まらず、問題事象の原因分析に基づく再発防止策を含むものとなっており、さらに、他部署にも共通し得る問題事象については、会社全体としての抜本的な改善策を提案し、改善の横展開を促進していることが検証可能である」が基準5として新設されている。他項目の基準5は5章の「評価項目とその解説」を参照のこと。

実際の社員会社の評価推移

実例として、社員会社であった株式会社ダイナムの初回から第14回までの評価推移は以下のとおりであった。

株式会社ダイナムの評価結果の推移

評価対象分類		第1回	第2回	第3回	第4回	第5回	第6回	第7回	第8回	第9回	第10回	第11回	第12回	第13回	第14回
G	ガバナンス	A	AA	AAA	AAA	AAA	AAA	AAA	AAA	AAA	AAA	AAA	AAA	AAA	AAA
K	基本的姿勢	A	A	AA	AA	AA	AAA	AAA	AAA	AAA	AAA	AAA	AAA	AAA	AAA
TA	フレームワーク	A	A	AA	AA	AA	AAA	AAA	AAA	AAA	AAA	AAA	AAA	AAA	AAA
TB	財務プロセス	A	A	AAA	AA	A	A	AAA	AAA	AAA	AAA	AAA	AAA	AAA	AAA
TC	反社会	AA	A	AAA	AAA	AAA	AAA	AAA	AAA	AAA	AAA	AAA	AAA	AAA	AAA
TD	社会的要請	AA	AA	AA	AA	AA	AA	AA	AA	AAA	AAA	AAA	AAA	AAA	AAA
TE	その他法令	A	A	AA	A	AA	AA	AAA	AAA	AAA	AAA	AAA	AAA	AAA	AAA
TF	風適法	A	AA	AAA	AAA	AAA	AAA	AAA	AAA	AAA	AAA	AAA	AAA	AAA	AAA
TG	労働法	A	AA	AA	A	AA	AA	AAA	AAA	AAA	AAA	AAA	AAA	AAA	AAA
TH	内部監査	A	AA	AA	AA	AAA	AAA	AAA	AAA	AAA	AA	AAA	AAA	AAA	AAA

第4章

実務者インタビュー

本章ではPTB関係者へのインタビューおよび座談会を掲載します。インタビューの対象者は、PTB評価委員5名およびPTB調査事務局の調査員1名そしてPTB社員会社のうち4社の方です。また、座談会は評価委員全員と調査員1名に参加していただきました。

評価委員および調査員はPTBの最終評価時（2023年）を担当された方です。また、社員会社については、代表者またはPTBの評価調査の担当者へのインタビューです。

聞き手は株式会社ダイナムの田村、須藤両氏です。なお、文中ではご両人の氏名は省略しました。

評価委員および各社員会社の担当者の肩書、経歴についてはそれぞれの方の記事の最初に掲載していますのでご参照ください。

記事の内容は記事末尾に掲載しましたインタビュー時のものですが、その後の状況変化により一部改めた箇所があります。また、業界用語など一般になじみの薄い語句については、記事の編集段階でカッコ内に説明を適宜補いました。

PTBの評価調査は原則、毎年1回実施し、調査に掛かった日数は1社につき概ね6〜7日でした。調査結果は調査の数カ月後に当該社員会社の代表者に報告されました。また、PTBは『評価調査結果について』と題する報告書を毎回発行し、「評価調査の概要」「調査の実施体制」「調査対象会社の平均格付」「評価調査結果の総括」「PTBの基本情報」などを公にしてきました。

本章によって読者の皆様にはPTBの活動実績および社員会社の評価調査への対応の一端を実態に即してご理解いただけるのではないかと考えています。

評価委員インタビュー

横山委員長

―― PTB評価委員会における委員長の役割、委員長から見たPTBの社会的意義についてお伺いできますか。

横山 豊富な経歴をお持ちで社会的評価も高い委員の方たちが集う会ですので、就任以来19年間私はあくまで皆さんのご意見の取りまとめをするのが役割であると思ってきました。

また、就任の経緯はダイナムの佐藤洋治さんから依頼されました。この業界を上場させるという業界の方の夢の一貫としてPTBを作るという考えに大変共鳴し一緒に夢を実現したいと思ったのです。意見も色々出ましたが、見識の高い委員の方たちの発言ですので、重く受け止めながら調整役、司会役をしてまいりました。少しでもいいものを作るという皆さんの気持ちが明確に表れていましたので、楽しい19年間でした。

実際の評価基準作りについては、私が学んで来た企業診断のレベルを超えた話でしたので大変驚きました。私は専門が会計ですから、会計の数値での企業診断については論文も執筆していてある程度実績もあったのですが、PTBの評価基準では財務は全体の一部なのです。法務なども含めた包括的な企業診断ということで画期的と思いました。これまでは狭い視野からの企業診断が多かったと思います。総合的な企業診断の取り組みは社会的な意義があるとずっと思っていましたが、予想を超えたものができたと考えています。

この社会的意義からして、推奨される利用方法は業種を越えてどの企業にとってもこの診断項目は的確で理想に近いものと思っています。おそらく評価基準の第4段階が優良上場会社のレベルと思いますが、その上の理想的なレベルまで求めるということですから。私は少なくともこの評価基準で4点以上の平均点が取れたならいつでも上場できる企業という社会評価をいただけると思っています。皆さんにこの評価基準を知っていただき、アレンジしてどんどん利用していただきたいのです。19年間の成果としてこの評価基準を残せることをこの上なく嬉しく思っています。

■横山委員長
公認会計士　横山和夫氏
1937年生まれ　愛知県出身
1959年　税理士試験合格
1960年　日本大学商学部（二部）卒業・横山税務会計事務所開設
1960年　公認会計士第2次試験合格
1963年　公認会計士第3次試験合格
1964年　横山公認会計士事務所開設
1985年　朝日大学教授　（1991年3月まで）
1991年　東京理科大学　教授（2012年3月まで）
2005年　PTB監視委員会委員長（2023年3月まで）
2012年　目白大学大学院経営学研究科博士後期課程修了　博士（経営学）
【講師】
日本大学・横浜国立大学・札幌大学・立教大学・上智大学・東京理科大学等非常勤講師、大蔵省財務研究所・運輸省運輸研究所・会計検査院研修所・総務省自治大学校・国税庁税務大学校等講師
【主な著書】
『引当金会計制度論』、『現代企業簿記論』、『法規会計』、『図解財務諸表論（新版）』、『財務諸表論の基礎と応用（改訂版）』ほか

■丸山理事

丸山正博氏
PTB理事

丸山（PTB理事）　社会的意義について、横山委員長のお話にプラスするとすれば1つはパチンコ業界の中堅企業の経営幹部にとって、この評価基準は非常に役立つと思っています。もう1つは、同族会社は、ガバナンスやコンプライアンスについては今でもできていない。有名企業でもできていない。そのような中で、この評価基準が出来上がったことは意義深いと思います。

横山　私は委員長を受任したと同時期に事務所を倅にほぼ譲り、新しい道を模索しはじめました。その中で企業の経営コンサルティングに魅力を感じていました。それは、この監視委員会（評価委員会の前身）に加わったことによるのです。私が長年してきた会計事務所は主に税の仕事でしたが、経営コンサルタントとしては、会社は本来法的な側面も整備する必要があると痛感する場面が多々ありました。ですから、パチンコホール業界では小企業であってもこうした評価基準に基づくチェックを受けて、法的な手続きを全部踏んで、企業がいかに社会貢献できるのか、あるいは従業員にいきいきと働

いてもらうにはどうすればいいのか、を考えてほしいということです。今色々な問題で世間を騒がせている企業がありますが、その企業経営者は経営者としてのイロハのイが欠けている。コンプライアンスをあまり考えていないのではないかと思っています。その企業のトップは、会社のことは外に漏らさないという念書を取ったということです。そうではなく、外に自慢できる会社にすべきなのです。そのことを思うと、この評価基準を活用していただきたいと痛切に思っています。

―― 委員長が就任を受諾されたときの心境をお話しいただいたのですが、その当時の状況を含めてもう少しお話を伺えたらと思います。

横山 私が就任したときは既に評価委員のメンバーは決まっていました。このメンバーで頼みますとのことでした。評価委員決定については丸山さんがよくご存知です。

丸山 確か2005年4月に監視委員会が発足したのですが、横山委員長の就任前の1月から4月に委員になる方に順次就任の快諾をいただいていました。

前年の秋ごろからPTB設立準備委員会が動いていて、委員候補はPTB設立時の社員会社であるダイナム様、ニラク様、夢コーポレーション様（当時の社名はダイエー観光）、そしてTRY & TRUST様の経営者が弁護士、公認会計士、大学教授などの先生を推薦してくださいました。そして人選、PTBの組織構想を検討する会が数回開かれました。発足の経緯はこのようなものです。

横山 そうですね、今のPTB第三者監視機関には有識者懇談会というものがあり、経団連の事務総長をされた三好さんが座長に就き、錚々たる方が参加されました。これらのメンバーの方々は個性豊かでご自分の主張を曲げない方たちでしたが、自分の夢を追おうと参加されたのです。現在は女性が重視されるようになっていますが、20年ほど前に木下先生という女性の弁護士を選定されたのも特筆に値すると思っています。こうした人たちがいたから基礎作りができたと思います。

10年経った頃に監視委員会は評価委員会という、監視から評価をする組織に改組されました。そのときの人選は委員長の私に委ねられましたので、監視委員に引けを取らない方にお願いすることにしました。まず横浜トヨペットの監査役をなさっていた弁護士の永沢先生にそのお人柄と会社法の見識の深さからお願いしました。その後、ある社員会社が公認会計士の末川先生を推薦くださいました。お会いしてみると、この人なら間違いない、と思いましたので加わっていただきました。

それから学者であり公認会計士の有資格者で、外国企業の監査経験もある田宮先生にお願いしました。田宮先生はかつて横浜国立大学で私の講義を受講し、その後もお付き合いが続いていました。それから私が会計監査をしていた女子大学の顧問だった木下弁護士に、労働法のエキスパートの山中先生を推薦していただきました。それから実質、評価委員といっていい事務局の井出さんには留任していただきました。それでしばらくして香港での株式上場に詳しくこの業界にも精通しているということで、曾我先生に加わっていただきました。

監視委員会の発足当初の方々のご尽力によって基礎がしっかり固まって、評価委員会に繋がったわけです。評価委員会では委員の先生の意見を取り込みながら現状に合うより良い評価基準にブラッシュアップできました。

―― 評価基準についてはいかがでしょうか。

横山 評価基準を10項目5段階にした理由とその経緯ですが、5段階にしようというのはかなり前に決まっていました。

丸山 監視委員会がスタートした翌年の2006年1月に記者会見で5段階評価について触れています。このときにはもう監視委員の先生方の中でやり取りがあったようです。評価結果案についてという資料に10分野とあります。また、評価項目についてAAA以下の格付けをするということが、2006年当時、監視委員会で議論されています。そして議論して10分野百数十項目の監視項目が資料としてできている。だから翌年の初めまでの1年間で監視項目作りの骨格はできている。5段階評価というのもこのときに固まってきたことになります。この当時はまだ「案」と言っていましたが大きくは変わらずに最終的なものができたと感じています。内部統制の考え方ももうこのときに入っています。

―― 財務会計において評価する基準は一般的に5段階なのですか。それともPTBの基準は非財務なケースなのでしょうか。

丸山 非財務情報ですね。財務だけでなく非財務の様々な基準が同じように評価されていくのが一番PTBの画期的なところと思っています。

横山 現在では総合評価の考え方を取り入れて、非財務についても触れられるようになりましたが、それを先取りはしていたと思います。5段階評価というのはおそらく評価基準にするのには一番いいのではないでしょうか。3段階、

5段階、10段階が考えられますが、5段階か一番いいステップでしょう。基準についてそのほかにかなり議論していただいたのは、基準で重なりあう恐れのある項目を明確にしていただいたことです。基準の作成や改正がスムーズに運ぶようにするためです。

―― 委員長の役割として意見の取りまとめや調整をされる上で心がけていたことを教えてください。

横山 監視委員会のときはたたき台を作り、修正していく作業ですから、意見の違いがあったのですが、それを調整して纏め上げました。評価委員会は手直しが主体でしたので、担当の方が言われることを確認することがほとんどでした。

丸山 横山委員長が委員の先生方の意見に反論することはほとんどなかったです。各委員の意見を生かして調整・統合していく役割に徹していたと思います。

横山 各専門家が主張されていることを優先していました。そのような役割を期待して佐藤洋治さんが私を選んだと思いましたから。それに応えることで、ここまで来られたというのが実際かもしれません。

―― 委員長として社員会社へのアドバイスあるいはメッセージがあればお願いします。

横山 途中で退会された会社も含めて、関与された会社のご尽力によって胸を張って残していけるものになりました。佐藤さんの夢である東京証券取引所への上場が成就するのも近いと思っています。香港で上場できて日本で上場できないのはおかしいと思うわけです。今は開業早々の会社が上場するのも当たり前の時代ですのに、この業界だけ取り残されるのは不思議でしょうがありません。私が利用している個人タクシーの運転手の奥さんが喜々としてパチンコに行くというのです。これまで苦労をかけたから、パチンコで楽しんでもらってほっとしますという話をしてくれました。この業界の大きな存在理由の1つがこの老後の楽しみの一助になるということです。設立からちょうど足掛け20年ということで一旦PTBの活動を休止するとしても、評価基準の改定とPTBのポリシーを次代に引き継いでいくことは続けていただきたいと思っています。

―― PTBでやり残したこと、やり直したいことが何かあればお聞かせください。

横山　現段階で最高のものができましたのでやり残したことはないです。ただ将来を見据えると古典にしたくないですね。社会の変化が激しいですから。それから他業種での具体的使用方法、例えばここを直せば使いやすいなどについてもう少しPRできればいいと思っています。

丸山　委員の先生から他業種で役立てる具体的方法についてアドバイスしていただくのがいいと思っています。

――　複数の先生方がいいものができた。やりきりましたとおっしゃっていました。

横山　ほんとにそう思います。これ以上のものはできないというところまできたのですが、私はまだまだ将来に生かしたいと念じています。これだけ尽力し、これだけの時間と資金を使ったのですから。社員会社さんのご負担も大変だったと思います。

丸山　監視委員の先生そして評価委員会の先生にも十分な報酬ではなかったかもしれませんが、お引き受けいただいて感謝しています。

横山　それでも通常の会社にとっては軽い負担ではないと思いますがそれだけの価値があったものと思われます。第三者から企業チェックを受けること、企業のあるべき姿はこれにつきます。業界のポリシーを示せたことは間違いありません。現代はものごとを表面だけで評価する時代になって本質をみないようになっています。生き馬の目を抜くような資本主義社会の中で、企業はいかにあるべきかという本質を真剣に考える必要があると思います。人材育成もこの本質に関わってきます。従業員の人材力を磨くには、自分の勤務先を誇れる環境を作る必要があります。そのためには、経営者が経営に自信を持っていなければなりません。この自信を裏付けるのが第三者による評価だと思うのです。現場の人たちの接客態度も人材評価の具体的項目かもしれません。

――　人材を評価する項目をもっと設定したいということですか。

横山　そうです。やはり人を育てるのは面白いものです。この会社に来て良かったと思って働いてほしいものです。評価基準には従業員の会社への愛着度、親和性のようなものを測る基準はありませんので、加えるものを問われるならばこのような人に関するものがあるような気がします。

丸山　評価基準は最初129項目ほどからスタートしました。これを集約し、重複しているものを統合しました。一方、新しい基準も取り入れました。新しい基準は時代の要請として入れる必要がありました。そういう意味では、女性をもっと登用しないといけない。女性の項目をより充実した内容にしたいというのがありました。これは委員長の考えでもあるわけです。時代とともに評価項目を変更していくことは、企業をよりレベルアップするには必要なことだと思っています。

横山　ついでに言いますとあと2分野増やしたいものがあります。1つは今言った働いている人、もう1つは企業組織というものも考えられると思っています。先ほども言った接客、女性の登用も組織のあり方を考えるきっかけになるとも思っています。私の知る500人規模の製造会社では溶接の現場に女性が入っています。その女性はもの作りが好きだからというのです。これまでは溶接は男の仕事と考えられていたのですが、男女の垣根がなくなってきているものと思われます。それから文系、理系という区分けも変化していくと思っています。文系的発想、理系的発想ということではなく、両者を融合する発想の中から新しいものが生まれてきそうですね。

最後に、PTB社員会社の皆さんには長期にわたりPTBを支えていただいて心から感謝申し上げます。同時に、社会貢献できるものを評価委員をはじめ関係者の皆さん方の経験と叡智の蓄積によって、本として残せましたことに感謝申し上げます。特に本書については株式会社ダイナムジャパンホールディングス相談役の佐藤洋治氏のお力を借りなければ出版することはできませんでした。本当にありがとうございました。

（2023年9月8日インタビュー）

田宮委員

——　PTB評価調査での専門分野を教えてください。TB（財務プロセス）でしょうか。

田宮　TBが中心です。ただし、TBは、情報システム関連、あるいはガバナンスの問題もありますので、TBを中心に関連する分野と考えてください。

——　財務プロセスの分野で、社員会社と、これまでご覧になってきた一般企業とのギャップ、比較したときの長所、短所、あるいは課題としてあるもの

■田宮委員
公認会計士　田宮治雄氏
1950年生まれ　東京都出身
1973年　横浜国立大学経営学部卒業
1975年　横浜国立大学大学院経営学研究科修士課程修了
1976年　公認会計士登録
1976年　アーサー・アンダーセン・アンド・カンパニー　コンサルティング部門（現・アクセンチュア）入社
1989年　東京国際大学商学部助教授
1995年　東京国際大学商学部教授
1999年　ミシガン大学客員研究員（2001年3月まで）
2008年　東京国際大学商学部会計学科長（2011年3月まで）
2014年　東京国際大学大学院商学研究科長（2017年3月まで）
2021年　東京国際大学特命教授（現在に至る）
【主な著書】
『会計情報システムの機能と構造』、『会計情報システム設計ハンドブック』（共編著）、『なぜ作る・何に使うキャッシュ・フロー計算書』、『バランス・シートを理解する』、『現代会計実務の諸相』（共著）、『横山和夫先生古希記念論文集』（共著）ほか

をお伺いしたいと思います。

田宮　私のこれまでの経歴をまずお話しておきたいのですが、私は38歳で大学の教員になる前は、外資系の監査法人でコンサルティングを10年間ほどしていました。その前は、日本の監査法人で監査をしていました。コンサルティング部門では監査のヘルプ、特にコンピューター回りのヘルプという形で監査と関わりをもっていました。教員になってからは、監査との直接的な関係はありませんでした。2010年にPTBの仕事をして、こんなに進んでいるのだと感心しましした。

かつての監査は貸借対照表で資産が会社にあるかどうか、負債は全部載っているかどうかをチェックするのが中心でした。それでは全体が分からないということで、トランザクション・フロー・オーディティングという考えがアメリカから入ってきました。取引の一点一点の流れをチェックして、その取引の流れの統制が取れていれば、全体の財務諸表が信頼できる。逆に、その取引がいい加減であったり、セキュリティホールが手当てされていなければ、調査範囲を拡充したり評価を低くする。このトランザクション・フロー・オーディティングへの移行期が1980年代でした。

そのころに、私は外資系監査法人の監査に関与を始めました。フローをチェッ

クするのです。既に、大型のホストコンピューターの業務利用が広がっていましたが、コンピューターと業務処理の接点部分の監査が、オーディターだけだと甘くなってしまう。そこで業務フローを創る立場からチェックを入れろということになったのです。

上場会社を含めた当時の企業に内部統制への意識はあまりありませんでした。当時、アメリカから送られてきたコンピューターと業務との接点をチェックする10ページほどの英語のチェックリストを日本語にしてチェックをしていました。今のようにRCM（リスク・コントロール・マトリックス）があるわけでもないし、おそらくチェックリスト方式にしてもずっと甘かったと思います。

それでもある上場会社では、監査のためになんでこんなことをするのだと言われました。これが普通のレベルだったと思います。当時はPTBが現在している内部統制評価が始まった時期だったのです。

私の経験は80年代、90年代始めまでです。2010年にPTBの仕事を始めて当時は100項目ほどだった評価基準を見てびっくりしました。それも全項目を完璧にチェックする。しかも、評価が結構厳しい。さらにびっくりしたのは、会社がそれにきちんと応じていることでした。

ただ、すべての会社が本当に分かって監査を受けているのかというとそうとも言えず、書類ができていればいいんでしょ、というレベルの会社もありました。

―― 大学では会計学科に所属されていましたが、どのようなことを教えていらっしゃったのでしょうか。

田宮　会計関係の科目は監査を除いて全部教えていました。私は財務会計の人間ですが、教員の数の問題もあり管理会計、例えば原価計算を教えたこともあります。

会計学科は私が会計学科長として実質的に立ち上げました。その後大学院の研究科長を定年まで7年しました。

―― 大学で会計学を教えることと、PTBの社員会社のような企業と会計面でコンサルタント、あるいはアドバイスをするのとはまったく違うものなのでしょうか。

田宮　大学で教えている内容を、例えばPTBの会計セミナーで教えたら、皆さん怒ると思います。何回同じことを言うのだと。逆に、学生には1回言っても分かりません、業務経験がないからでしょう。それと会計の検定試験を受ける学生が少なからずいるので、実務でやってないことでも、試験に出る以上教えなければならないというようなこともあります。

―― PTBの社員会社に関わられて、パチンコホール業界の企業には財務会計上どのような課題があるでしょうか。

田宮 2012年頃に香港市場に上場したいとの話が出てきて、上場するのに適切な会計基準に改めることになり、そこで私も末川先生と一緒に関与させていただくことになりました。国際的な会計では、実質優先、表現の忠実性が非常に重要な項目になります。例えば法的な形式と経済的な実質が違ったら、どちらに合わせた処理をするのかという議論が1960年にアメリカでありました。そして結局、経済的な実質に合わせた財務諸表を作ることになりました。これをパチンコ業界に当てはめて考えると、三店方式が経済的実態と違う場合どうするのかが最大の問題となります。香港の場合は国際会計基準とほとんど同一ですので実質優先でなくてはいけない。そこでアメリカのカジノなどのエンターテインメント業界、日本ではオリエンタルランドの会計基準を調べました。パチンコホール業界の実態は何なのか。PTB事務局の丸山さんとは玉貸し業、景品販売業という認識もできるけど実態とは違うねという話をしました。やはりお客様は楽しみに来ているので、エンターテインメント業、サービス業として位置付けないと実質を見誤ると考えました。とはいえ、サービス業としてホールが提供しているものは何かと考えると結構難しい。そこでお客様が楽しみのために払うコストが何なのかを考えたわけです。お客様が玉貸し機で払うお金がお客様のコストの全部かというとそうではなく、玉を借りた代金から景品代金を引いたものがお客様が楽しんだコスト、つまりホール業界の収益と考えたのです。これと同じ形でできていたのがカジノの会計基準です。ですので、この会計基準を作るときに、かなり厳しい基準とは思いましたが、ネット方式、つまり貸し玉代から景品代を引いたものをホール業界の売り上げとするネット方式を末川先生とも相談して提案しました。

それともう1つ、例えば、オリエンタルランドの財務諸表を見ていきますと、売り上げは入場料、グッズ購入代といったお客様が払った代金です。では売上原価はというと、ディズニーランドとディズニーシーでかかったコスト全部です。従業員のコストなども全部含んだものが売上原価に該当します。では販売業一般管理費はというと、オリエンタルランド本社で働いている人の人件費や発生したコストが該当します。これに合わせるとパチンコホールの売上原価は景品だけでなくホールにかかったコスト全部になる。エリア担当マネジャーの方については除きますが、ホール、お客様と接する場所で働いている人の給料、建物の減価償却費、機械の償却費といったものすべてが売上原価になるわけです。これは日本のパチンコホールの会計と違っています。そこで、結論から言うと、両論併記、売り上げもグロスとネットの両論併記、売上原価も両論併記にしました。できたらネット方式を採用してほしかったのですが、実際に採用できない会社もあるだろうと考えて両論併記という形を取りました。

さらにもう1つ挙げると、それまではパチンコ機の使用年数は平均すると1年未満なので、会計上はコストとして1年で落としていました。他方税務上は2年としていました。日本の会計基準では、確かに1年未満であればコストで落としていいのですが、それは主要なものでない機械を想定しています。一般的にはメジャーな設備が1年以内で費用になることはあり得ないわけですから。一方、国際会計基準では期末に保有し、次期も使用する固定資産に該当するものは貸借対照表に計上することになっているのです。つまり、使用期限に関わらず、期末に存在するものは計上するという考え方ですので、これについても両論併記にしました。香港上場時に向こうの監査法人の要求に応えられる会計基準にすべきと考え、いま述べた3つを計上しました。実際には、各社とも最初のネット方式だけの採用に留まったと思います。

―― グロスからネットに変更する際に、企業側に求められる手続きはどのようなものですか。

田宮 まず、ネット方式が実態に合っていることを会社が確認する必要があります。もちろん、監査法人の理解を得ないとできませんし、変更したことを注記し、その理由も説明しなければいけません。

―― 評価調査をする際に意識された点がありましたら教えてください。また、社員会社の調査で特徴的だったことなどをお聞かせください。

田宮 内部統制を評価するときに一番意識するのは、統制する側もされる側も人間だということです。まず、内部統制の評価がなぜ必要なのかを話しましょう。誰でも仕事に慣れてくると、業務の流れが見えてきます。例えば、売上金を他人がチェックするのは、来月の15日だと分かってくる。そうすると、それまで寸借しておこう、来月に入って返却すればいいという考えがよぎる。しかし、チェックが毎日入ると、寸借しようという気は起こらないわけです。つまり内部統制のチェックがきちんとできていることは、人に過ちを犯させない、人を育てる上で有効なわけです。会社には不正が発生する余地を残さないことが求められるのです。リスクがどこにあるかを見据えて、それが十全にコントロールされているかを評価していくことが内部統制評価なわけです。これは従業員を守り、企業価値を高めることになります。

もう1つ、評価の面では、経営者の不正の問題もあります。この問題は内部統制では評価できません。そのために内部通報制度があるのではないかとよく言われます。しかし、内部通報制度はないよりはましというレベルの機能です。ですから社外取締役、監査役、あるいは会計監査法人に期待せざるを得ない。取締役会で監査、社外取締役、監査役が忌憚なく意見を言えるか、ドキュメントに残っているかが企業価値を下げないことに繋がると考えています。

調査で意識したことは、調査する方、される方の双方によって企業価値が上がるのだという共通の目標を持つようにすることです。評価基準の一言一句に従うのではなく、その趣旨を生かすということです。評価基準だけ見ていると、担当するPTBの評価委員によって評価がまちまちになってきます。そこで回を重ねる度に留意事項を充実させていくことを心がけました。これにより、評価委員の間でかなり擦り合わせができていくわけです。

―― 各社員会社の調査への対応は回数を重ねるにつれて変化しましたでしょうか。

田宮　主査は社員会社への調査を2年連続して担当しました。その後は別の会社に移ります。ある会社では、初回は担当者によってRCMの作り方、説明の仕方などに差がありました。なぜRCMを作るかが分かっていなかったのです。しかし、1年後に行くと、RCMをはじめこちらが期待するレベルに中身が近づいてきている。またそれを作る意味も少なくとも言葉の上では分かっている。すごいなと思いました。これは内部監査の主査の方が、自分でチェックをされて指導されていたからです。社内の担当者、特に内部統制担当部門の上席の方が意識を持っていただくと、全然違ってくることを実感しました。

―― 主査として経営者インタビューをする際に注意されていたことを教えてください。

田宮　私のバックグラウンドは会計ですが、ガバナンスの問題を中心にして経営者インタビューをし、会計の要素は極めて小さくしていました。経営者の全般を評価するよりも、経営者が内部監査をどう位置付けておられるかが評価の中心で、内部統制に重要性があると思っておられるのか、を軸にしてお聞きしていました。

それと経営者が出たとこ勝負でなく、きちんとした軸、ポリシーを持って経営をしておられるかを考えて評価をしていました。また、社長が交替された場合には、会社としてきちんと連続性が保たれているかを意識してお聞きしておりました。

――　印象に残った経営者についてお話しいただけますか。

田宮　皆さん、従業員を大切になさっている。ある項目の評価が５より低かった会社で、経営者がその理由を質問されました。「基準からするとここができてないので３です。しかし、御社の規模で４以上の評価を得ている会社は少ないのです。このPTBの基準は上場会社、それも上位のレベルを基準にしているので、３という評価は決して低くはないのです。」と説明しました。経営者は、担当社員がその努力にもかかわらず批判されることがないように配慮されてそのような質問をなされたのです。話していてそのことが私たちに伝わってきました。

――　ホール業界の社会的評価にPTBが果たした役割について、評価委員としてどのようにお考えでしょうか。

田宮　PTBが監査における内部統制の評価をすることは当然承知していましたけども、どういう形で行うのかは最初知りませんでした。前に申しましたとおり、評価基準を初めて見たときはびっくりしました。そしてホール企業さんがかなりのレベルで遵守されて評価を受けている。評価基準を達成できないと、自分たちに甘さがあったと認識されるのでまたびっくりしました。パチンコホール業界は、社会的になかなか認知されないところがあります。ダイナムの佐藤会長（当時）もその当たりを考えて上場を意識されたのだと思います。それは業界の職員、そして家族を考えると何とかしなければならない。社会の理解を得て、その意識、モラルを変えたいと思い、上場を考えていることがひしひしと伝わってきました。そういう意味では、社会の評価を上げていくことにストレートには繋がらなかったかもしれませんが、内部統制をしっかり行うことで企業の経営姿勢を示すことができたと思います。現金が目の前にある業種ですので、ともすると不正が起こりやすいと考えられがちなのですが、そこが極力起こらない仕組みを構築していることを世間に向けてアピールできたと思っています。第三者から高い評価を得ていることが直接に売り上げに結び付くものではないとしても、企業価値のアップに結び付いていくと思っています。佐藤会長のこのような認識がよく分かったのは、東日本大震災のときです。まず真っ先に現地のお店を心配されました。営業を心配されているのかと思ったら、従業員のそしてお客様のことを心配されているのです。できるだけ早く店を再開して、先頭に立って被災した方の居場所をつくれというのです。すごい方だなと思いました。こういう経営者だからこそ、企業としての発想ではなく、従業員、そしてお客様のことを考えて評価を受けてきたのだなとこのとき理解できました。

―― 最後に社員会社に送るメッセージをいただければ嬉しいのですが。

田宮 企業評価を受けたことは絶対無駄にはならないと思います。むしろPTBが評価しようとしまいと、会社にとっては必要なことだと思いますので、今後もレベルアップを図っていただきたい。組織は生き物ですから、今できているからといって、5年後にもできるとは限らない。常に時々の組織に合った内部統制のあり方を考えていただきたいのです。忘れてはいけないことは人間はミスをするということです。ミスを早期に発見し、リカバーし、大事に至らないようにする。あるいはミスの発生を事前に食い止めるのが内部統制であると思っています。よりよい内部統制の仕組みをこれからも築いていくことが、従業員の福利に、お客様の満足感に、ひいては社会を良くしていくことに繋がっていくのだと思います。

（2023年8月30日インタビュー）

永沢委員

―― 先生の専門分野を教えてください。

永沢 ガバナンスに加え基本的姿勢のリスク管理に関する経営者の取り組み姿勢を担当させていただいております。

—— ガバナンス、リスク管理という専門分野におきまして、PTBの社員会社とあるべき姿を照らし合わせた場合に、ギャップとしてはどのようなものがございましたか。

永沢 ガバナンスに関しては、やはり仕組みとしてガバナンスが機能しているかどうかが非常に大事なポイントになるのかなと。オーナーがリーダーシップを取ってすべてを決めることで発展していった部分もあろうかと思いますので、それをいかに人に頼るのではなく、仕組みに裏付けられた意思決定にできるかが非常に大事なポイントだと思います。それはきちんと取締役会で議論をされているとか、あるいは株主総会で株主の意見を聞くようなプロセスがビルトインされているのかどうかです。やはりそういう意味では、オーナーが中心に運営されているところから、きちんと仕組みとしてガバナンスが効いているような経営に脱皮できているかというのがポイントではないでしょうか。

—— 社員会社の間でも会社の規模がかなり異なっているのが実情です。ガバナンスの部分の評価には、ばらつきがあるのではないかと想像するのですが。

永沢 各社やはり色々とばらつきがあるのが実態だと思います。あるいは、私が初めて調査をさせていただいたときと、最後に調査をさせていただいたときでは、随分同じ会社でも変わっているなというのが印象です。そういう点では、やはり調査期間において相当ガバナンスの仕組みが出来上がっているという印象を受けました。

—— 成長してきたという評価をいただいたのですが、まだまだ課題がある点をお伺いしたいと思います。

永沢 リーダーシップをトップが取っているという形では、トップが変わっていく仕組み作りはどの会社でも難しいのかなと思います。そういう意味では、後継者育成プログラムについては、機能するのが難しいのかなと思います。

—— 次に、ガバナンスの部分を調査されるときに、他に意識的に確認されていたポイントはありますか。

永沢 1つは俯瞰して、中立的に、その会社の事情というよりは、普通の会社として見たときにどうかという物差しで見ることが大事と思います。個々の会社の事情をあまり忖度しすぎると客観的な調査にはなりにくいところがあると思います。そういう点では、俯瞰してというか、鳥の目で見て、虫の目でさらに掘り下げるというような点が、気をつけたところと思います。

■永沢委員

弁護士　永沢徹氏

1959年生まれ　栃木県出身

1977年　開成高校卒業

1981年　司法試験合格

1982年　東京大学法学部卒業

1982年　司法研修所入所（36期）

1984年　弁護士登録、梶谷綜合法律事務所入所

1995年　永沢法律事務所（現・永沢総合法律事務所）設立（現在に至る）

【委員等】

東京地方裁判所鑑定委員（2016年～）、国土交通省予算監視・効率化チーム有識者委員（2011～2015年）、公益財団法人損保保険事業総合研修所評議委員（2008～）、ウエインズトヨタ神奈川株式会社社外取締役（2021年～（2004年～社外監査役））、株式会社グロービス社外取締役（2021年～（2004年～社外監査役））、あおみ建設株式会社監査役（2012年～）、東邦ホールディングス株式会社社外取締役（2015～2022年）、ランサーズ株式会社監査役（2015年～）、株式会社めぶきファイナンシャルグループ社外取締役（2016年～）

【管財人等】

〈会社更生〉　北部通信工業株式会社管財人、株式会社ハヤシマリンカンパニー管財人、アサヒゴム株式会社管財人代理、日本国土開発株式会社管財人代理、東京生命保険相互会社管財人、三洋証券株式会社申立代理人他、株式会社ユニコ・コーポレーション管財人、あおみ建設株式会社申立人代理、株式会社太平洋クラブ管財人、日東通信機株式会社管財人

〈破産管財〉　株式会社アール・ビー・エム（エステdeミロード）破産管財人、株式会社北浦ゴルフ倶楽部およびノースショアカントリークラブ株式会社破産管財人、エイ・ジー技研工業株式会社破産管財人、株式会社グランリッツおよび株式会社グランザム破産管財人他、株式会社メッツ・コーポレーション破産管財人、株式会社エス・アール・シー・シーおよびエス・アール・シー・シーオート株式会社破産管財人、ヤマト樹脂光学株式会社および千代田光学株式会社破産管財人、小杉産業株式会社破産管財人、医療法人社団博美会破産管財人、米山商事株式会社破産管財人、株式会社さとうベネック破産管財人、株式会社レナウン破産管財人、

〈民事更生〉　永雄商事有限会社管財人、アキヤマ印刷機製造株式会社監督委員、株式会社北浦ゴルフ倶楽部およびノースショアカントリークラブ株式会社監督委員、株式会社ニッソー監督委員、産宝商事株式会社監督委員、学校法人上田学園監督委員、新化食品株式会社申立人代理、株式会社ビジョン・メガネ申立人代理、株式会社レナウン管財人

【主な著書】

『「株式会社」の表とウラがわかる本』、『永沢徹のやさしいＭ＆Ａ』、『大買収時代』、『中小企業も知っておきたいＭ＆Ａ活用法』ほか

――　社員会社とは別に、それ以外の一般企業も含めて中立的な視点で俯瞰してということですが、弊社も自社の事情に基づく意見を多々申し上げたと思

いますが、社員会社の人たちに俯瞰的な視点が足りないと感じられたところがございましたでしょうか。

永沢　そうですね。その会社の中の常識にとらわれるところは、PTBの調査対象会社に限らないのですが、「こういう事情があってこういう仕組みになっているのです」というようなことは多く見受けられます。それを踏まえた上で客観的な調査をどう進めるかということになるかと思います。

――　調査をされる上で、この項目については少し評価に苦労したということはございましたでしょうか。

永沢　全体として非常に真摯に対応していただいたと思っています。各社ごとに差はあるものの、非常に熱心に事前準備もされて、その上で、「資料のこういったものはありませんか」と言われたときには、一生懸命探してその場で出していただくなど、非常に協力的にご対応をいただいたと思っています。

――　評価項目についてはいかがでしょうか。最終的にガバナンスでは8項目でしたが、前半の方がより形式的なところの点検と思うのですが。例えば株主総会の開催・運営（G1）とか、取締役会の開催・運営（G4）などは、比較的形式要件が満たされていれば、ある程度丸がつくと思うのですが。

永沢　おっしゃるとおりです。

――　G5（取締役報酬の決定プロセスの適切性）あたりになると客観的な資料をもって検証可能である基準になっていますので、この項目で評価が難しかったものがあればお教えください。

永沢　G5（取締役報酬の決定プロセスの適切性）、G6（取締役の利益相反行為）は非常に難しい項目だったと思っています。上場会社でも役員の報酬を明らかにしている例は少ないですから。ましてや非上場の会社で、報酬額を事実上トップが決めるような中で、どうやってその決定プロセスに適切性を保たせるかという問いは、かなりハードルが高いと思います。特に、株主や社会の理解を得るために、個別役員報酬を開示し、あるいは社外者を含む報酬委員会の設置等を実施して、透明性の確保に努めるようなことは、相当ハードルが高いです。これについては、各社とも相当苦心した部分なのかなと思います。それからやはり利益相反行為についても、どうしてもオーナーと株主がほとんどイコールのような会社が多いですから、少数株主の立場を守る視点があまり必要ないというか、弱いように思います。一族で会社を丸ごと持っていて、しかも運営をしていると、個人の資産と会社の資産を必ずしも峻別する必要がない場面も多々あるでしょうし、そうでなくとも、個人の事業と会社の事業をどう切り分けていくかは、難しいテーマなのかなと思います。

―― 先生は社外取締役等を多くなされていると思うのですが、例えばG5の実行ができている企業はあまりないのでしょうか。

永沢 日本の会社はプライム市場のレベルでも、個別開示はされていないのが実態です。それを非上場会社に求めるのは、チャレンジングな部分があったと思います。ただそうは言っても、少なくとも初めて調査をさせていただいたときに比べると、各社とも相当透明度が上がっているとは思います。それでも、この基準G5に当てはまるのは、なかなか厳しいものがあると思います。

―― PTB社員会社と、先生が今まで関わられてきた一般企業とを比較した場合、優っている点、劣っている点も含めた相違点、共通点はございましたでしょうか。

永沢 共通点としては、少なくとも他の上場会社に遜色ない程度に、相当レベルが上がってきていると思います。優れている点としては、意思決定が非常に早い点です。オーナーが「こうする」と言ったときには、一糸乱れずすぐに実行するなど、非常にレスポンスが良いと思います。一方で、ボトムアップで改善するのが難しい面はあるのかなと。これは裏腹の関係なのでしょうが、非常にリーダーシップが強い状況の中で、意思決定に社員が関わることが難しい部分があるのではないかと思います。これも会社にもよると思いますので、一概には言えないかもしれません。そうは言っても、オーナー企業では、オーナーが中心となって会社を成長させてきたことは間違いないのですから、オーナー以外の人がオーナーの意思決定に対して異議を唱えるのは、社外役員を含めたとしても、それが機能するのは難しいかなと思います。そういう点では、一般の上場企業と比べるとリスクコントロールには難しい面があるのではないかなと思います。それが先ほどの後継者育成の難しさにもなっているのではないかなと。上場企業でも、一部の会社には同じような要素があって、トップのリーダーシップで発展してきたので、トップの代わりはなかなか見つからないというケースはまれにあるのです。しかし、多くの会社では、比較的次の世代になったからガラッと変わるとか、オーナーがいなくなって求心力が落ちることはないと思います。

―― 次に評価委員会の中で、あるいは新聞記事では社外取締役のあり方や、監査委員会のあるべき姿についての話題が結構多かったと記憶しています。大企業も含めて不祥事がポツポツとある中で、PTB評価基準にはG7（監査役による業務監査の実効性）、G8（独立役員）のような基準があり、あるいは基準G4（取締役会の開催・運営）、G5（取締役報酬の決定プロセスの適切性）のレベルの態勢が、実際に機能していれば、不祥事がある程度予防できると想像するのですが、いかがでしょうか。

永沢 特にG8と、G4、G5というのは、随分違うのです。つまり、形式的に要件を備える独立役員がいるところまでは、そんなに難しくなく多くの会社がそれを満たしています。3割基準とか、3分の1基準も満たす会社がプライム市場では圧倒的に多数になってきているのです。しかしそれが、経営に対する実質的な牽制機能を十分に発揮しているところにまでとなると、相当難しい。それは執行側が社外取締役を選ぶ立場にあるわけで。そうすると、本音を言ってほしくないということで選ばれると、選ばれた方もどこまで牽制機能を発揮したらいいのかが分かりづらい面もあります。発揮しすぎると次に採用されないことになるケースも少なからずあると思うのです。形式的に独立した役員がいることと、実質的に独立役員としての牽制機能を発揮していることの差はとても大きいのです。それはPTBの社員会社に限らず、上場会社でも難しい面があるのではないかなと自戒を込めて思っています。

―― 何か不祥事が起きるとそれを予防する制度が取り上げられることがままありました。

永沢 確かに評価委員会で、同じ事件について色々な委員の方々の意見を聞ける場面があったのは良かったと思います。私なりの意見はあるものの、「なるほど。そういう見方もあるのかな。」と気づかされることも多々ありました。他の専門家の意見を率直に伺えるのは、非常にありがたい機会でした。

―― ガバナンス分野の質問と直接関係ないのですが、社員会社の平均点は大体どのレベルでしょうか。一番できていないラインは、点数で言うとどのくらいでしょうか。

永沢 会社の平均というのは難しいのです。会社それぞれの事情がありますので、平均して測るのは難しいし、意味がない。ただ全体として、かなりレベルアップしているとは言えると思います。上場会社も、色々なレイヤーがありますので。上場会社のレイヤーと比べて乖離があるわけではありません。上場会社でも、比較的スタートアップに近い会社から、ガバナンスの先進的な試みをしている会社まであるわけです。そのゾーンの中には、社員会社の方々は入っていると思います。

―― 基準、特にガバナンスの部分ですが、調査をしてきた中で、もう少し変えるべきだった、追加すべきだった、あるいは今だったらこれを入れるだろうというものがあれば教えてください。

永沢 書面で見るだけではなくて、インタビューを色々な方にできれば、また違った調査になったのかなと思います。我々は、経営者インタビューは必ずします。他の担当の方々には資料の説明をしていただくことはありますが、深掘りしてインタビューをさせていただける機会があればもっと本音が出たと思います。例えば、社外役員の方にインタビューをしたら、また違った面が出てきたかもしれないと思ったりします。上場審査のときには、社外役員に東証の方が話を伺う、あるいは今だとアナリストミーティングなどでも社外役員が出席することがありますので。ガバナンスの点でも、そういった方々とコミュニケーションを取れる機会があったら、また違った面が出てくると思います。

―― 経営者のインタビューを必ずされたとのことですが、気を使う部分とか、こういっところに注意をしていたということがあれば教えてください。

永沢 経営者のインタビューは、調査の中でも最も興味深いものだと思います。それぞれの経営者が、自分の経営ビジョンであるとか、ミッションであるとか、あるいはバリューをそれぞれの言葉で語っていただきました。一部の会社では、なかなか経営者が出たがらないこともあったのですが、私はインタビューを必須としていました。経営者のインタビューでは、いかに雑談をするかが大事かなと。本題を初めから話すと、どうしても用意した答えをそのまま話すということになりやすいのです。そうではないお話を伺うと、面白い話が出てきます。いずれにせよ、PTB の社員会社のガバナンスは香港上場のレベルには達していると思いました。

―― 評価基準作りや、実際の企業評価調査にあたって、評価委員会の役割や機能で良かった点、もう少し改善が必要であった点についてお伺いします。

永沢 評価基準をどう変えていくかは、大事な要素でした。例えばガバナンスについての世の中の考え方が、どんどん進化しているので、それをキャッチアップしなければならない。そういう点で、常に評価基準を見直す必要があるという考え方が一方であり、もう一方では定点観測なのだから同じ基準で時系列的に変化を見たいという考え方もあって、どちらが正しいとは言えないと思うのです。私は、今までの基準にとらわれずにどんどん進化していけば良いと思ったのですが、そうではない意見もあって、それはそれでもっともかなと思いましたけど。また、無理やり評価を５段階に当てはめるのがあまり適切でない項目もあると思ったのですが、全体と平仄を合わせる意味では、何とか５段階評価をしたいという意見もありました。そういう点では忌憚のない議論ができたと思います。色々な意見があって面白いなと思いました。

—— 今後、社員会社に期待することがあればお言葉をいただきたいと思います。

永沢 ずっと調査をさせていただいた中で、随分進化されているなというのが率直な印象です。今後、調査がないとしても定点観測を各社ごとにすることができれば、非常にありがたいと思っています。色々な評価項目について、できていないところをどのように引き上げていったら良いのか、という視点を各社で持っていただくと、我々調査に携わった者として非常にありがたいと思います。まだまだ道半ばの部分が残っているわけで、これで完璧ということはないと思います。より良い進化をし続けていってほしいというのが、私どもの期待です。もう１つ、M&Aなどするときにデューデリジェンスを行い、その中でガバナンスとか労務とかの調査をさせていただき、その結果で最終的に買収するかどうか、その条件をどうするかを決めさせていただく場面があるのですが、それと本調査のインタビューは非常に近い部分があったと思います。ベンチャーの会社のインタビューとか、それなりの歴史のある会社の法務デューデリジェンスとかがありますが、どちらかというと、PTB社員会社にはベンチャーのスピリットに近い部分があるのかなと思いました。強烈なリーダーシップで会社を発展させてきたという。規模としては非常に大きい規模に皆さんなっているのですけれども、マインド的にはかなりスタートアップベンチャーに近いようなマインドを残されているかもしれないなと。だから経営者の理念がかなり浸透している。それは良い面であるとともに不都合もあるわけですが、いずれにせよ強烈なリーダーシップで会社が運営されていると思いました。

—— ありがとうございました。

（2023年8月23日インタビュー）

曾我委員

―― PTB評価調査における専門分野はガバナンスでしょうか。

曾我 法務全般ですが、セミナー等はガバナンスを中心に担当させていただきました。

―― ガバナンス、法律分野において、PTBの社員会社あるいはパチンコホール企業としてでも結構ですが、そのあるべき姿はどのようなものなのかをお聞かせください。また企業の現状とあるべき姿とを比較した場合のギャップ、そのギャップを埋めるための方策をお聞かせください。

曾我 まず企業としてあるべき姿は2つに分かれると思います。1つは公開企業、もう1つは非公開企業です。大雑把に上場企業と非上場企業と申し上げても良いと思います。上場企業になれば、株主を意識した経営を徹底していかないといけないので、会社法に忠実な機関設計をして、ガバナンスの効いた経営体制を確保する必要があります。他方、非上場・未公開の会社の株主は特定少数者であり、株主イコール経営者であることが通常ですので、株主に向けた経営をあえて標榜する必要性は相対的には低いものとなります。自分の財産であるから自由にすればいいわけです。しかし、ホール企業、特にPTBの社員会社ともなると、社会において大きなプレゼンスを占めるので、従業員とか、あるいは自分の各ホールが所在する地域社会とか、株主とは別のステークホルダーが存在します。ですからガバナンスの効いた体制、つまり株主イコール経営者に対するコントロールがある程度効くような仕組みを作っていくことが必要です。しかし、実際そこはなかなか簡単にできるものではないので、PTBはそれを補う形で、ガバナンス体制がどうなっているのか、あるいはもっと最終的にはガバナンスの目標であるコンプライアンスがきちんとできているのかをチェックするために機能していたわけです。あるべき姿は、株主である経営者の自立を促すこと。そういう仕組みができていることが、非公開会社については必要になってくると思います。公開会社と非公開会社で、基本的に株主構成が違います。公開会社は分かりやすいですが、非公開会社はコントロールされるべき経営者が株主であるという構造なので、やや分かりにくいのです。しかし、経営者や株主から独立した組織をいかに構築していくのかが大切です。そうは言っても会社法の枠組みの中ですから、大きく違うわけではないのですけれども、株主である経営者の自立を求められる組織にしていくことではないかと思います。これは組織というよりは体制と言えるかもしれません。組織自体は、会社法の枠組みでそう大きく変わらない。繰り返しになりますが、体制としてどれだけ株主をコントロールし得る体制ができるかというところが違っているでしょう。

―― 公開企業と非公開企業の違いをご説明いただきました、一方でPTBの評価基準は、公開企業と非公開企業共通の基準になっていると思います。先生がチェックされる上でも、相手が公開企業だから、非公開企業だからというような線引きをして、その違いに着目して同じ評価項目のチェック方法を変更したことはあったでしょうか。

曽我 それは当然ありました。公開企業にとっては、評価基準にあるガバナンスの項目は、上場規制の関係でも、あるいは会社法の関係でも、当然満たさなくてはいけない部分なのです。公開企業にとって基本的にガバナンスの項目は日頃から留意しているという意味で特に重い負担を課すわけではありません。他方、非公開企業だと、総会の開催運営などは、一人株主あるいは特定少数の株主であれば、手続きを形式的に満たすことはもちろん可能なわけです。例えば、配当に関する意思決定のプロセスとか、あるいは役員報酬の決定のプロセス、そういうお金に関わる部分については、実質的な判断が公正妥当になされているのかといったことをより重視していく必要があります。

―― 公開会社ですと、このガバナンスの項目の得点が高いのでしょうか。

曽我 一般的にはその傾向にありますが、利益相反行為について、厳しい観点で審査されて、厳しい点が付くといったことは上場会社であってもありうるところです。

―― 利益相反の部分は、一般的な上場企業でも、基準としてハードルが高いのですか。

曽我 一般的な上場企業でいうと、もう成熟した何十年も上場しているような会社は評価5にならないといけないし、なっていることが多いと思います。ただ、上場して間もないところは、分離の過程でどうしても残る部分が出てく

■曾我委員
弁護士　曾我貴志氏
1965年生まれ　神奈川県出身
1987年　司法試験合格
1988年　東京大学法学部卒業
1988年　司法研修所入所（42期）
1990年　弁護士登録
1990年　アンダーソン・毛利・ラビノウィッツ法律事務所
1993年　ミシガン大学ロースクール卒業（LL.M.）
1994年　米国ニューヨーク州弁護士登録
1998年　アンダーソン・毛利法律事務所、パートナー、北京事務所所長
2000年　糸賀・曾我法律事務所、パートナー
2005年　弁護士法人キャスト糸賀、代表弁護士、上海事務所所長
2008年　弁護士法人曾我・瓜生・糸賀法律事務所、代表弁護士
2012年　曾我法律事務所、代表弁護士
2023年　シティユーワ法律事務所、パートナー（現在に至る）

るわけです。上場後間もない時期、すなわち資産リストラ（切り離し）を行う過程で関連取引等を当面残存させることが会社の利益に資するという場面も多々あるのですが、PTBの基準ではそのような利益相反的な状況は、やはり減点要因になります。だから、そこはもう上場企業としての成熟度、あるいは歴史によって、評価5でなければいけない部分と、そうでない部分は当然分かれてしまう。成熟度、歴史、それから規模ですね。上場会社といっても一括りにはできないと言えます。

―― 専門分野であるガバナンスの調査をされる際に意識をされていた点はありますでしょうか。

曾我　まずは最低限、形式において問題がないかということ。手続きをきちんと取っているかですね。形式的な側面では最低限これを満足していただきたいと。その形式がたとえ形骸化していても、少なくとも形だけは確保してくださいとお願いすることとなります。次に、実質的に見て何が重要なのかという観点を、非公開会社と公開会社で分けて考えていくことです。株主の保護をより考えるべき公開会社では、例えば先ほど申したように利益相反の問題です。非公開会社ですと、例えば監査役とか社外役員とか、そういう外部のチェック機能がどの程度、実質的に果たされているのかです。形式的にそういう役員が

いるだけではなく、実質的にどこまで機能しているのかが重要になってくると思っていました。

—— 実際の評価調査における社員会社の諸対応についてお伺いします。経営者、担当者に聞き取り調査をされたわけですが、調査回数を重ねるごとに調査への対応にどのような変化があったでしょうか。

曽我 私の場合、サンプルが多くはありません。PTB で長年活動されてこられた先生方に比べると、私が一番の新参者なのですが、それでも 10 年近く関わらせていただきました。年 1 回の調査で持ち回り制だったので、サンプルはそう多くないですが、他の先生方のご意見、あるいはご感想等を聞くにつけて、回数を重ねるにつれて、最初の頃とは各基準に対する遵守度とか取り組み方が大きく変わってきていると承知しています。私自身は、ダイナム様を何回か調査させていただいたのですが、もう十分に成熟していて非常にレベルが高いと思いました。私はダイナム様が香港上場されたときから関与させていただいてよく分かっているのですが、上場するためであるとか、あるいは上場後の開示のためであるという意識を持って対応されれば、自然とこの PTB の基準の到達度のレベル感は上がっていくと感じております。

—— 逆に、あまり変化していないと思われたところはどこでしょうか。

曽我 どこの会社もそうですけれども、やはりできることと、できないことがある。例えば、従業員の時間外労働の管理とか女性管理職の比率とか、性質上なかなか改善が進まない項目、あるいは会社の置かれた状況の下で、どうしても理想型に近づきにくいことがやはり残存します。そこは致し方ない面もあろうかと思います。特に労務面ではそのような感を強くしました。これは、コンプライアンスや倫理的な規範はすべての企業に画一的に適用される基準を定めているものであって、業態や規模等の状況によってはそれを実現するには時間がかかるという点がどうしても残るわけです。

—— これまで PTB の社員会社以外にも様々な業態・業種の企業にかかわられてきたと思うのですが、そのような会社と比較した場合に、社員会社が優っている点、劣っている点をお聞かせください。

曽我 会社によって例外はあるのですが、上場会社として成熟すればするほど、株主に対応した経営がしっかりできている。特定の支配株主のコントロールからの解放度が高いといえます。他方、ホール企業についてみると、上場した会社であっても未だ日も浅く、創業家の持株比率も高いので、特定の支配株主の影響力が強いことは否めない。それでも上場した会社では、少数株主保護のための上場規制上の手当がなされているし、支配株主の意識も高いので、より成熟したガバナンスを目指して努力されている過程であると思います。またPTBの社員会社は規模が大きいので社会の目を意識した経営が浸透してきています。それが他の上場企業等と共通する部分です。ただ、そこに至るまでの動機付けが少し違う。株主向けではなく、その他のステークホルダー向けにコンプライアンスを高めていく努力をされておられるのかなと、少なくともPTB社員会社については感じました。

―― ガバナンスの部分は、時代による変化はあまりないと思いますが、PTBの最終的な基準ができてから既に3年程度経過しています。現在から見て入れておくべきだった項目、あるいは時代の変化に対応して新たに入れるべき項目があれば教えてください。

曽我 時代はSDGsですので、役員の構成における男女比の問題を問う項目があってもいいのかなと感じています。男女の構成比については他の項目、人事体制のところで取り扱っています。ですから役員に関してもガバナンスの箇所にあってもいいのではないでしょうか。

―― 主査として社員会社の経営者インタビューをされましたが、印象に残った経営者、あるいは発言がございましたでしょうか。

曽我 私がインタビューしたのは、ダイナム様の経営者およびダイナム様の傘下に入られる前の夢コーポレーション様の経営者の方々ですが、非常によく勉強されておられると感じました。経営に真摯に取り組んでおられることが感じられました。

―― 評価委員会の中で、丸山様が新聞記事をよく持って来られて、公開企業の不祥事について話題になったことが印象に残っています。不祥事を起こす会社をPTB評価基準、特にガバナンスの基準に沿って点検するとあまり高い得点結果にならないと想像するのですが、いかがでしょうか。

曽我 ガバナンスというのは、会社組織としてきちんと機能しているかを評価する部分です。企業不祥事の事例は、ガバナンスというより日常のオペレーションにおけるコンプライアンスの問題であると感じることが多い気がします。ただ、当然ガバナンスが効いていなければコンプライアンスも緩んでくることに繋がり、間接的にではあるものの最終的にはガバナンスの問題に帰着することもあります。

—— コロナ禍において、業界としてかなり厳しい偏見にも近い見方を世の中からされたこともあります。世間からの評価を上げていくために、何をすべきかについてお考えがあればお伺いしたいです。

曾我 社会の見方というのは一朝一夕でどうにかなるものではありません。第三者評価の結果ですぐにどうなるものでもない。国内で上場するぐらいのことがあれば変わるとは思いますが。国内上場が困難な理由は法的な部分がグレーだからではない。基本的に法的な問題を指摘されることなく営業しているわけですから。それよりも根深い社会における偏見のようなものが影響していると思われますので、時間をかけて解決していくしかないでしょう。この辺りは、社会や地域に根ざした活動や広報活動を展開することによって、以前より改善されているので地道な継続が大切だと思います。難易度は非常に高いでしょうが、多業種にも展開することで会社全体として信頼や名声を獲得していくことも1つのアイディアかなと思います。

—— 最後になるのですが、社員会社にメッセージをいただけますでしょうか。

曾我 この10年近くお世話になりどうもありがとうございます。PTB社員会社はパチンコホール企業の中でもエリート企業であることは間違いないので、今後もガバナンス、コンプライアンスを十分に意識していただきたいと思います。淘汰も激しく、非常に厳しいホール企業の競争の中で勝ち抜くチャンスを有しているのがPTB社員会社だと思いますので、ぜひ頑張っていただきたいと思っております。

（2023年9月6日インタビュー）

末川委員

—— PTB評価調査における専門分野を教えてください。

末川 決算財務関連です。決算財務というのは決算業務を言いますが成果物としての財務諸表を作れば足りるものではなく、財務諸表を作成するプロセス

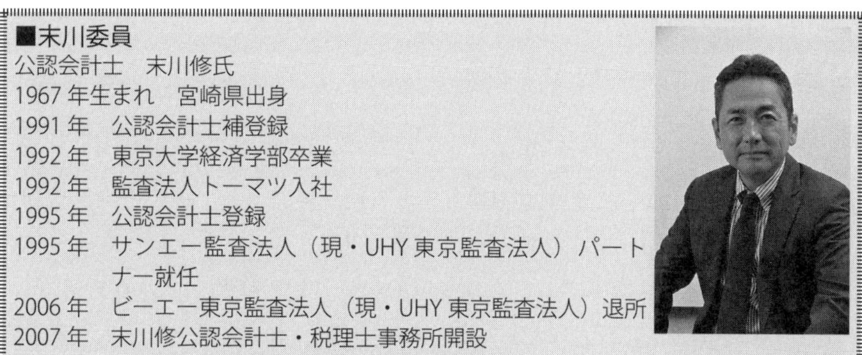

■末川委員
公認会計士　末川修氏
1967年生まれ　宮崎県出身
1991年　公認会計士補登録
1992年　東京大学経済学部卒業
1992年　監査法人トーマツ入社
1995年　公認会計士登録
1995年　サンエー監査法人（現・UHY東京監査法人）パートナー就任
2006年　ビーエー東京監査法人（現・UHY東京監査法人）退所
2007年　末川修公認会計士・税理士事務所開設
2011年　東京さくら監査法人開設（現在に至る）

を主眼に置いています。決算財務報告プロセスと言いますけれども、そのプロセスが適正に運用されているかどうかが、今回、PTBの評価調査での私の担当でした。

―― 決算財務報告プロセスにおいて企業としてあるべき姿はどのようなものでしょうか。また実態とあるべき姿とのギャップ、課題についてはいかがでしょうか。

末川　企業としてのあるべき姿について内部統制的な観点で申し上げます。内部統制というのは何かというと、リスクに対応できる仕組みが会社の中にあるのかどうか、有効に機能しているかどうかということの観点だと思います。2つありまして、1つは予防的対応です。つまり、不正が起きづらいような仕組みで、例えば仕事を従業員1人にさせず、複数でさせることです。もう1つは発見的な対応です。予防的対応をしてもやはり問題というのは起きるわけです。不正というか問題が起きたときに早期に発見できる仕組みがあるのかどうかということです。こういったことが企業の中で仕組みとしてビルトインされていることが企業としてのあるべき姿ではないかと考えています。

―― 企業としてビルトインされているとのことですが、個人的な素養ということもかつておっしゃっていたと思うのですが。

末川　仕組みも必要ですが、企業経営は変化していきますし、色々な問題が起きます。同じことをずっと続けていいのかということもありますので、個人的な素養というのが内部統制の根幹になっていると思っています。

―― アップデートしていくことが必要ということでしょうか。

末川　昨年の申し送り事項をなぞるということではなく、進化していかないといけないのかなと思っています。

――　あるべき姿とのギャップ、課題についてはいかがでしょうか。

末川　実態とのギャップですね。今、オーナー経営、同族経営というのが問題になっていますが、パチンコ業界もまさに同族経営でして、この内部統制というのは管理の仕組みですけれども、一番大事なもの、一番基礎となるのは経営者の誠実性です。土壌がしっかりしていないといい作物が育たないように、経営者の誠実性が大事だと思っています。PTBの社員会社さんは、大きな目的、つまり上場するという目的がありましたので、誠実性は皆さん高いと思いました。目的の前に経営者と企業が一体となってご対応いただいたと思っております。ただパチンコホール全体として見た場合はどうなのでしょうか。我々は社員会社の評価調査しかしておりませんので分かりませんが、我々が対象とした社員会社さんは業界では稀有な存在だったのかなと思っています。

今後の課題ですが、評価というのは基本的に自己点検というのが原則です。内部統制監査は、自己点検を含めて適正になされているかどうかで監査していきます。第三者の目を入れるということです。それがPTBの評価調査の役割だったと思うのです。外部の目が行き届かないと馴れ合いになったり、手続き自体が陳腐化していくのかなと思っています。本当は評価調査でなくとも構わないのですが、せっかくこの仕組みが出来上がったのですから定期的に外部の方のアドバイスを受けることも大事だと思っています。

――　社員会社を見てきた中で、全体的な面、あるいは個別の会社の課題で、社員会社が内部統制の分野で今後取り組むべき課題はございますか。

末川　パチンコホールの業務プロセスとか決算財務報告プロセスとかは皆さん一緒なのです。だから企業間でどういう対応をしているのかを相互に情報交換することも重要だと思います。お金の入出金、本部への送金プロセスは、多分ダイナム様とニラク様とではほとんど変わらないのではと思っています。パソコンが何台、人が何回介在するかという違いはあるのかもしれませんが基本的な流れは一緒だと思います。内部統制というと手間ばかりかかると考える経営者もいらっしゃいますが、確かにある意味無駄な作業もあるわけです。無駄な作業の洗い出しにもなりますので、社員会社同士で無駄を省き、効率化の観点から情報共有されるとよりいいものができると思っています。

―― 調査においては、どのような点を意識されていましたでしょうか。

末川 日本で上場するときは、監査法人の内部統制監査が義務化されています。日本で上場したいという大きな目的がありましたので、日本で上場できるような内部統制の仕組み作りをするという形で、このPTBの財務報告の評価調査を作っていたという経緯があります。昔のPTBの内部統制の評価調査は、今の評価調査の項目とだいぶ違っていたのです。それは日本の上場会社が、内部統制監査が義務化されたというときからしばらく経って、PTBでも7、8年経ってから改定を試みたということなのです。やはり上場会社が先をいっているのでだいぶ後れを取ってスタートしています。上場会社の方はスタートも早かったですし、準備期間も結構ありました。PTBでは勉強会もしましたが、十分な準備期間がない中、後れを取った形でスタートしたということです。私は上場会社の監査をやっていますので、それと比較すると、どれくらいキャッチアップできたのかを1つの目安にしながら評価調査をしていきました。

それと内部統制監査を監査法人からお墨付きをもらえるくらいのレベルにもっていくことを最終のゴールにしていました。最後の段階ではほぼ上場会社の監査としてもOKをもらえる水準というか、すぐにはもらえないとしても1年くらいの手直しの期間を経ればOKをもらえる水準まで到達したのかなと思っています。そこまで高めることが我々の役割と考え、それを意識しながら評価を行っていました。

―― 上場会社の監査としてもOKをもらえる水準というお話がありました。内部統制への対応については、上場会社の中でも二極化しているとのことですが。

末川 内部統制に取り組んでいる会社というのはブルーチップの会社（優良企業）です。トヨタ自動車などは何百人規模で内部統制をやっています。そこまでは求められてないと思うのです。かたや小さい会社も最近は上場していますから、かなり二極化してきています。標準的なレベルというか、東証の上場の審査ではそこまでの水準を求めていないのです。トヨタ自動車のレベルまで、あるいは高度に進化した内部統制までは。東証の審査を通るくらいまでのレベルまではきていると思っているということです。

―― その二極化している東証のどちらの極でも結構なのですが、社員会社と比較したときの違いはどこにありますか。

末川　人の企業規模ですよね。100人くらいで上場する会社も最近は多いですが、そのような会社の内部統制部門というのはそんなに充実させられません。専門部隊を作れない上場会社は結構多いのです。リソースが足らない。100人規模くらいの会社だと、経営者は現場に人を回してしまう。人が足りないですから組織的な対応はなかなかできない。大きい会社と小さい会社では内部統制のレベルに雲泥の差があります。

――　内部統制部門に社員会社が割いている人の規模はどうなのでしょうか。当時、ダイナムはすごく人を割いていたイメージがあるのですが、それでもまだ全然足りないのでしょうか。

末川　ダイナム様は標準的なレベルより高いと思います。もちろん他社ではもう少し低い場合もありますが、東証の審査で問題になるかというと多分クリアしていく水準だと思います。

――　今はだいぶ人数も減って、内部監査には10人程度です

末川　事業規模からするとそれくらいでいいと思います。内部監査は合っているものをだらだらとチェックしていくよりもメリハリが大事です。大きなリスクがあるところを重点的にやっていく。官僚組織はどんどん肥大化していくので、誰かが音頭を取ってやっていかないと、内部監査部門はどんどん肥大化していきます。

――　評価調査の現場における各社員会社の対応、例えばヒアリングへの対応はいかがでしたか。

末川　先ほどと重複するのですが、社員会社さんは大きな目的を持っていらっしゃいましたので、それに向けて真摯にご対応いただいたという印象です。評価基準を改定したときは、最初は戸惑われたと思います。準備も含めてフローチャートを作ったり、事前の色々な資料を作ったりするのが結構大変ですから。最初の作り込みにとても時間がかかるのです。それで大変ご苦労をされたと思います。何回か事前講義をしましたし、評価調査の段階でも説明しましたので慣れていかれたと考えています。最後の方は評価の趣旨まで理解していただき、事前に対応していただいて、質問するまでもなく社員会社さんの方からご回答いただけるレベルになっていたと思います。

――　これまで関わって来られた企業とPTB社員会社とを比較した場合、相違点や共通点はありますか。

末川　上場会社さんはもう義務化されているのでやらざるを得ません。やらないと監査意見が出ません。社員会社さんは真面目に取り組まれているなという印象です。義務化されてない中で自主的に内部統制監査に準じて評価調査を受けていただいたと思っています。

事業会社の場合、リスクの洗い出しが大事です。上場会社の場合は事業形態がかなり複雑です。同じソフトウェア販売をするのでも請負だったり、売買だったり、月額のサブスクリプションであったりと。パチンコホールの場合は比較的ビジネスフローが同一で各社間で違いが少ないと思っています。つまり、PTBの社員会社はパチンコホール運営会社だけですから定型化しやすかったと思います。だからPTBとして1つの基準が作れたのだと思います。

あとリスクの洗い出しがまだ十分にできてない部分もあると思っています。私の知り得る範囲内でリスクの洗い出しをし、評価基準を作成したのですが、本来ならばその企業が社内でディスカッションして、どこにリスクがあるかを皆さんで共有することが大事だと思うのです。つまり、最初にひな形をお渡ししたわけですけれど、本来は自分たちで考えるところから取り組まないと魂が入らないと思っています。

遊技台の売却プロセスを入れたのは良かったですね。遊技台の購入も入れたのですけれども、普通は遊技台の購入というのは、自動車会社でいう部品の購入に当たると思うのですが、自動車会社でそれを評価調査に入れることはあまりしません。この点は自分では思い切ったなと思っています。遊技台購入というのは頻繁に行われているので、様々なことが発生しますから、これを入れたのは良かったと思います。あるいは遊技台の購入であっても、売り上げの計上であっても、もう少し多面的に見ることが必要かもしれません。そこは社員会社さんが独自に考えていただきたいと思います。

しかし、売り上げに関してはもう大丈夫でしょう。他でリスクがあるところがあるのかないのか。そこは自分たちでリスクの洗い出しを検討されたらいいと思います。

――　最終的な評価基準を作られてから時間が経過していますが、現在までの諸状況の変化からして評価基準に追加すべき点、あるいは修正すべき点は何かございますか。

末川　遊技台の購入と売却を入れた段階で自分の中では出しきった感があり

ます。あるとすればもう少し深く掘り下げていくことが大事かもしれないと思います。

—— 売り上げの計上に関連してですが、先生は税務処理基準とか会計処理基準の作成、見直しにも関わったのですか。

末川 はい、そうです。統一会計基準の話ですね。一番のポイントは収益認識です。今までグロスで業界はやっていました。お客様が入れた金額が売り上げで、戻した金額が仕入れという形でグロスとしてやっていた。統一会計基準ではネット基準を提案しました。選択可能な形で提案しています。グロスもあるけどネットもあるみたいな形です。上場会社では収益認識基準が2022年から変わっています。ネット基準です。今の新しい収益基準ではネット基準しか取り入れないと思いますが、先見の明があったなと思っています。ただ当時は業界の慣行もグロスが主流でしたので、選択可能な形で行いましたが、これから上場する会社は全部ネット基準でいくのだろうと思います。ただ税務の世界では、グロスがしばらく走るかもしれませんが、新しい収益基準を取り込みつつありますから、税務の世界もネット基準になりつつあるのかなと見ています。貯玉（パチンコ店に出した玉を預けておくシステム）もそれが絡んでいます。だから貯玉も含めて統一会計基準も税務会計基準も、先を読んだ基準をご提案できたのかなと思います。

—— 主査として経営者インタビューもされたと思いますが、その経営者に共通する特徴があれば、あるいは印象に残った経営者がいれば教えてください。

末川 それは皆さん印象に残っています。今、評価調査の全項目を見直してみると、内部統制監査の項目とほぼ相似形で似ているのです。基本的姿勢やガバナンスという項目がありますが、内部統制の分野では全社統制といいます。いわゆる経営者の誠実性や企業文化です。今の評価調査は全体の内部統制を意識して全体が再構成されています。我々は、内部統制監査の一貫として上場会社の監査をするときにも経営者インタビューから始めます。私は上場会社と同じような形で経営者インタビューをしました。私の経営者インタビューの内容はPTB評価委員である弁護士の先生の質問内容とは異なっているかもしれません。それぞれのバックボーンが違いますから。弁護士の先生は法令遵守、私は内部統制、経営者の誠実性という観点からということで、聞く内容が違ってきているのかなと思います。上場会社の監査で経営者インタビューをするような形で質問して、上場会社の社長のようにお答えいただいたというのが主査としての感想です。

―― 株主や関連企業などのステークホルダーあるいは店舗のお客様に対して、企業価値をアピールするためにこの内部統制監査はどのように利用できるでしょうか。

末川 第三者から定期的にチェックを受けていることを出すだけで、会社としてはアピールになるのではないでしょうか。ポイントは第三者からということだと思います。よく第三者認証とかありますが、PTBはそういう役割を担っていたと思っています。だから上場するためにPTBの評価調査を行うというのではなくて、広く利害関係者にアピールするため、あるいは、企業が永続的に強い会社として存続していくために第三者の評価を入れることは大事だと思います。内部監査部門が力を持っているところはいい会社ですが、力のないところが多いわけです。だいたい握りつぶされていくと風通しが悪い会社になっていく。PTBという形でなくても何かしらの外部チェックが必要でしょう。例えば現在、会計監査を受けていらっしゃるわけですから監査法人からアドバイスをもらえばいいと思います。

―― では最後に、社員会社へのメッセージを一言いただければありがたいのですが。

末川 業界が小売業と同じ宿命になってきている感じがします。商店街のホールがなくなって郊外型・大型化して、イオンモールみたいになってきている。小売りも売り場面積は増えてきているけど、店舗面積あたり売り上げは減っているという話なので、多分同じような形になり、どんどん寡占化が進んでいくのでしょう。だから贈る言葉というのは儲けてくださいというしかないです。ダイナム様とかニラク様がなくなるというのは、日本からパチンコホールがなくなるというレベルの話だと思いますので。娯楽産業として、ぜひ頑張っていただきたいと思っています。

低価格路線の導入などは時代の先読みだったと思います。ローコストでやっていくという仕組みが今の時代に合っていますから。早く業績が元に戻るといいなと思います。そうすると社内にも活気が生まれてきますし、従業員の士気も上がり、気分も明るくなりますから。

―― ありがとうございました。

（2023年9月5日インタビュー）

山中委員

―― 評価調査における専門分野は労働法（TG）と承知しております。労働法の分野において社員会社の評価調査を実際なされてお感じになった理想と実態のギャップ、課題について教えていただけますでしょうか。

山中 法令、つまり関連する法律、省令、政令を正確に理解していることが基本的大前提です。あるべき姿としては、法令の理解を前提に、関連規定に法令がしっかり反映されていること、法令を企業内で実際に起きた事例にもしっかり当てはめて対応していることなどが挙げられます。評価調査の目的でもあるのですが、当初の段階では労働法に限っても、すべての法令についての十分な理解が行き届いていないケースもありました。労働法には抽象的な判断基準も多いので、会社としての検討が十分ではなかったケースが当初は見られたのです。例えば、管理監督者の範囲をどこで線引きするかについて、形式的に「ここから上は管理監督者だから残業代は出しません」という運用が見られました。そうではなく、判断要素を会社として当てはめて、なぜここのラインで線引きするのかを客観的事実に基づいて具体的に説明できるようになることがポイントになります。現実の事例や組織における線引きの基準を考える場合、法律知識を学んで整えた規定に従って判断を行うわけですが、例えば解雇であれば、客観的合理的理由と社会通念上の相当性が判断要素になりますので、客観的、合理的な事実を積み上げて最終判断に至った相当な理由を明確に説明できなければならないわけです。退職に向けた話し合いの場合でも、最終的に納得をしてもらうためには、同様な判断要素に照らして会社なりの説明ができることが重要となります。ですから、専門家が答えを見つけて教えるということよりも、社内の担当者がしっかり事実を拾い、考え方を整理して経営サイドが判断できるようにしていくことが組織のあり方としては望ましいと思っています

―― 労働法部分の調査で特に意識された点、また、社員会社ごとに意識されたポイントを教えてください。

山中 繰り返しになりますが、法令の基本的な理解に基づいて規定がつくら

■山中委員

弁護士　山中健児氏

1970年　東京都出身
1994年　司法試験合格
1996年　京都大学大学院法学研究科修士課程修了
1996年　司法研修所入所（50期）
1998年　弁護士登録、石嵜信憲法律事務所入所
2007年　石嵜信憲法律事務所パートナーに就任
2011年　石嵜・山中総合法律事務所に事務所名を変更
2013年　石嵜・山中総合法律事務所代表パートナーに就任
2022年　石嵜・山中総合法律事務所代表弁護士に就任（現在に至る）

【教歴】

専修大学法科大学院客員教授（現在）、中央大学大学院戦略経営研究科（ビジネススクール）客員教授（2020年まで）、大阪大学大学院高等司法研究科招へい教授（2020年まで）

【委員等】

日弁連労働法制委員会委員（2010年まで）、日弁連司法制度調査会特別委嘱委員（2018年まで）、第一東京弁護士会副会長（2017年度）、厚生労働省在宅就業者総合支援事業検討委員会委員（2019年まで）、厚生労働省仲介事業に関するルール検討委員会（2019年まで）、関東弁護士会連合会理事（2019年度）など

【主な著書】

『労働関係ADRに必要な「民法」を学ぶ』、『実例式人事労務トラブル防止の手引き』、『人事労務・転籍援助施策マニュアル』、『混成職場の人事管理と法律知識Q＆A』はか

れているのかどうかをまず意識して確認をしました。そこがクリアできると、あとは実際に作成した規定を踏まえてどのような対応をしているのかを、段階を追って確認していったことがまず挙げられます。

調査がスムーズにできるのは、過去の取り扱い事例を記録にしっかり残している会社です。いつどういう案件が発生し、それを社内で調査して、最終的にどのような結論になったのか、客観的な形で説明がスピーディーにできる会社と、まだそこが十分でない会社がありました。しかし、そういった部分も調査を重ねていく中で徐々に問題が解消されていきました。同種の事案が起きたときに、過去の取り扱い事例を参考にできることは、労働法分野で何らかの処分をするときに、処分の相当性を考える上で大切です。そして、過去の事例の集積を将来の対応にどう生かしていくのか、PDCA（Plan、Do、Check、Action）のサイクルがしっかり回っているのか、つまり、法令に基づく規定の存在とい

う形式面の整備、事例へのあてはめと対応、その事例対応を将来的にどう生かしていくのか、そういうステップを常に意識していました。

―― 社員会社はすべてパチンコホール企業ですので、そこで発生する事例に大きな差はないと思いますが、事例への社員会社の対応に違いはありましたでしょうか。

山中 評価委員の指摘を課題として捉え、速やかな対応で修正、改善する会社と、そうでなくそのままになってしまう会社がありました。繰り返し調査をしていると、会社ごとの取り組み意識の違いがありました。組織として全般的、網羅的に対応するには担当者が替わっても過去の対応がしっかり引き継ぎされていないと、事案対応がスムーズに進まないことになってしまいます。継続的に調査を実施してみると、毎年の評価結果を踏まえて、経営サイドが良い方向に改善する意識を持っていただけるかどうかで、その後の結果が変わってくることが分かりました。

―― 評価調査を受けるという消極的な姿勢ではなく、評価結果を改善に生かしてほしいということですね。

山中 はい。将来的な改善に活かせている会社は、担当者が十分に評価結果を理解して、課題の改善方法をご自身で考えている。それが最終的に組織としての決定に繋がっているのでうまい流れができているのだと思います。

それと、時間的な流れで申し上げますと、初期の頃は、調査に対して強いこだわりを持っている担当者もいました。評価結果に盲従する必要はないのですが、これまで会社やご自身がつくってきたものへの修正を指摘されると、「いやいや」、「そうはおっしゃっても」などと反応する方が初期の頃はいたのですが、そういった担当者の方とも、毎年継続的にコミュニケーションが図られることで、次第にスムーズなやり取りができるようになりました。

―― 社員会社の諸対応は調査の回を重ねるにつれて変化していきましたか。自己評価シート、ヒアリングへの受け答えなどがスムーズにできるようになった社員会社もあれば、そうでなかったところもあったと思うのですが。

山中 最初は自己評価表を記入していただく際に、各基準点に当てはめた根拠の説明をお願いするのですが、添付される参考資料と評点がどう関係しているのか分からない。１点、２点、３点はクリアしていると自己評価されても、その理由をうまく説明できないケースもありました。しかし、回を重ねるとスムーズに説明ができるようになりました。必要な資料をすぐイントラネットから出してくださる。「この件はこのように周知されています」とか、「ここにある資料を参考にして結果を出しました」とか、「各店舗のシフトの実態はこうです」などの資料がすぐに出てくる。

そういった資料を本社で店舗管理も含めてしっかり把握できるようになっていき、それもテーマごとにすぐに提示できる。最初の頃は、1点、2点をクリアできなかった会社が、毎年継続的に調査を実施していく過程で、根拠資料とともに5点までに当てはめて毎年の自己評価ができるようになってくると、この1年間で何が課題となってどのような見直し・点検がされたのかとか、どんな事例があってどのような対応をしたのかという点もしっかり説明できるようになってきます。それができるようになったことは組織として全般的な対応ができているということになります。

—— 労働法の分野では基準の見直しが頻繁に行われました。また、項目数も多いのですが、社員会社間での評価点の揺れ、あるいは項目による到達レベルの違いがありましたでしょうか。調査結果は先生の予測とどのように相違していましたでしょうか。

山中　各会社共通してここは結構厳しいなというテーマは確かにありました。それは労働時間管理に関係するところです。広い意味では「休憩時間の確保」も含まれます。休憩時間が取れていないと、結果的にサービス残業になる可能性があるので、休憩時間がしっかり把握できているかが大切です。それと管理職の範囲の見直し、割増賃金の支払い、いわゆる実労働時間の把握の部分が本社だけでなく店舗も含めてできているか。例えば、タイムカードで終業打刻したあとに社内に滞留していないことを照合できる体制が整っているかなどについては、共通して難しい部分だったと思います。

会社による違いでは、初期の頃は法改正への対応が十分でなかったケースがありました。例えば、パートタイム労働法の特定事項の明示が労働条件通知書で抜けているなど、基本的な部分でのエラーもありました。また、パチンコホール会社ではシフトで仕事をするのですが、シフトについていく通りもパターンがある場合は、原則的な始業・終業時間だけでなく、すべてのパターンを別紙などにして明示する必要があり、労働基準監督署もこの点を指導します。当初の段階で、そういった部分の対応が不十分であった会社が就業規則で定められた始業・終業時刻とは全然違うシフトで仕事をしていたケースもありました。こういった点は、個社特有の問題として改善をお願いしました。

さらに積極的な取り組みとしては、障がい者の雇用問題でしょうか。身体障がい者だけでなく、精神障がい者の方をどのような職種、立場で活用しているかは各社各様の取り組みがあって私自身も参考になりました。

―― 割増賃金、休憩時間、管理職あるいは障がい者雇用など今お話しくださった点について、PTB 社員会社あるいはパチンコホール企業を他業種の企業と比較してそれぞれの特徴、優劣について教えてください。

山中 回を重ねていくにつれて規定の整備が進み、それを活用して事例への適切な対応がなされ、かつ、それが過去の記録としてしっかり説明できる状態になっていきました。説明もスムーズにできるようになりました。一般的な会社、上場企業と比較しても、PTB 社員会社のパチンコホール会社の現状は非常に先進的であると思います。特に、多店舗展開しているパチンコホール会社の店舗ごとの労務管理は、同様に多店舗展開している会社、上場企業との比較でも優れていると思います。上場企業であってもそこまでできていない企業もまだまだあると思います。

その他、女性活用についても、上場企業と遜色ありませんし、労働条件も明確に周知されていて、社員の方が働きやすい労働環境が整っていると思います。

―― 現在の評価基準に変更されてから 3 年以上が経過しました。労働法分野の法改正あるいは経済・労働環境の変化により、基準を修正すべき項目がありますでしょうか。

山中 色々なテーマがありますが、思いつくところは以下のとおりです。

まず、この間、特に 2019 年、2020 年に、いわゆる働き方改革関連法が大企業から始まり、中小企業を含めた全業種に順次適用されました。まず、時間外労働の上限規制の問題があります。上限規制の中でしっかり業務を回しているかを見なければならないと思います。次に、非正規雇用と正規雇用との待遇格差の問題があります。非正規雇用を活用している企業では、正規雇用との待遇格差があるのが一般的です。ですから、実際上、各会社の中で、非正規雇用を活用する目的、業務内容、職務内容などが正社員雇用とどのように相違するのか、また、それぞれの待遇の性質や目的はどのようなものであるのかを明確にし、それらの点と待遇差との関連性を今後はより明確にしていく必要があると思っています。

また、ハラスメントについては、もともと基準がありましたが、2022年4月にいわゆるパワハラ防止法（労働施策総合推進法）が中小企業も含めて全面的に実施されるようになり、相談窓口の設置が各社に義務付けられました。PTBの社員会社からすると、ようやくという話なのでしょうが、他業種を含めて現在、ハラスメント全般、特にパワハラの申し立てに関する相談は非常に多くなっています。内容的にも、事実調査をはじめとする対応方法についての相談であったり、それが正規、非正規の不合理な待遇差に絡むこともあります。さらに、近時の裁判例を踏まえますと、配置転換に絡んで、育児休業からの職場復帰やこれまでの異動歴を踏まえた職業キャリアへの配慮として、これまで以上に丁寧な対応が求められるようになっています。また、配置転換に関連するテーマとしては、最近ではジョブ型雇用などという言葉が用いられ、職務評価に応じて職務や役割等級が上下すると同時に配転も行われ、さらに賃金が減額となるケースでトラブルになることも最近は増えています。最後に、令和5年の最高裁では、性同一性障害である経済産業省の職員の方のトイレ使用に関する判決がありました。この判決によって統一的な判断基準が示されたというものではないのですが、いわゆるLGBTの視点からの評価基準はまだありません。

労働法の分野は今もなお目まぐるしく法改正が行われたり、色々なトピック、事例が出てきていますので、常にこれらをキャッチアップしていただく必要があります。

―― 育児休業後の配置転換が紛争に発展してしまう会社は評価制度が整備されていないのでしょうか。

山中　それがすべてとは言いませんが、育休取得を理由とした不利益取り扱いではないかという点が問題となる事例では、過去の職務評価がどのようなものであったのかが、争点の1つとなることがあります。そのようなケースでは、客観的な評価制度に照らした具体的な判断の内容を示すことができるかどうかがポイントになります。

―― PTBの評価基準の意義をどのように捉えたらいいでしょうか。色々な視点から考えられると思うのですが。

山中　段階を追って自社の体制に当てはめていただくと非常に有用な指針になると思います。一般的には、元々部分的、属人的な対応であったものが組織的、網羅的な対応になって、さらにそれが企業として先進的な対応にまでなっていればエクセレントであるという段階付けする評価基準になっています。先ほど述べましたように、法令の基本的な理解と規定の整備、事例への当てはめと対処、そして、過去事例をまた今後の取り組みに生かしていく、そういう意識を持って活用していただけると、非常に貴重な羅針盤になると思います。また、そのような基本的な考え方を理解していただければ法改正や新しく発生する問題にも活用できるのではないでしょうか。

―― 最後に今後への期待なども含めて、社員会社へのメッセージをお願いします。

山中 評価業務に携わらせていただいて感じることは、各社員会社が当初に比べるとコンプライアンスの部分で非常に先進的になったという点です。労働法の分野で言うと、従業員にとっては労働条件が非常に分かりやすく、働きやすい環境整備に結び付いていると思います。パチンコホール会社は、今後新たな経営戦略の創出が求められる可能性があります。そうであるからこそ、こうした取り組みを今後さらに外向けに発信して、有為な人材を確保していただきたい、そして、エクセレントな会社としてなお一層発展していただきたいと思います。組織として評価基準の意味を理解して、継続的に調査に対応してくださったことは、外に向けておおいに宣伝できること、自慢できることだと思います。従業員の方も安心して今後とも業務に励んでいただきたいと思います。

―― ありがとうございました。

（2023年8月31日インタビュー）

事務局インタビュー

井出調査員

―― 評価調査における専門分野を教えてください。

井出 PTB発足当初は、K（基本的姿勢）、TA（フレームワーク）のリスクマネジメントの全般事項に関する項目、加えてTD（社会的要請）、TE（その他法令）の個人情報に関する項目、TF（風適法、風俗営業等の規制及び業務の適正化

■井出調査員
公認情報システム監査人　井出博之氏
1968年生まれ　静岡県出身
1992年　株式会社富士銀行（現・株式会社みずほ銀行）入行
2003年　KPMGビジネスアシュアランス株式会社（現・KPMGコンサルティング株式会社）入社
2005年　新日本インテグリティアシュアランス株式会社（現・EY新日本有限責任監査法人）入社
2017年　EYアドバイザリー・アンド・コンサルティング株式会社（現・EYストラテジー・アンド・コンサルティング株式会社）入社
2021年　株式会社フリークアウト・ホールディングス監査等委員会付
2022年　株式会社フリークアウト・ホールディングス取締役（常勤監査等委員）（現在に至る）
【主な著書】
『インテグリティマネジメント―コンプライアンス（法令遵守）を超えてCSRの実現へ―』（共著）

等に関する法律）を担当していました。その後、調査員の変更等に伴い、TD、TEの個人情報関連項目およびTAのIT（情報技術）の部分のみを担当することとなりました。

―― ヒアリング調査以外に店舗調査については初回からご対応いただいていたようですが。

井出　監視委員の方に店舗設備やホール業務の運営状況を確認していただく観点から、1回は店舗調査への同行をお願いしましたが、基本的にはすべて私が行っていました。

―― 店舗調査における具体的調査はどのようなものですか。

井出　店舗調査は、評価基準が今100項目ほどありますが、その中で店舗業務との関連が深いものを30項目ほど抽出して調査対象項目としています。例えば風適法の遵守に関する調査だとしたら、まず本社調査において、風適法を管理する部門にルールの内容や店舗への周知状況についてヒアリングします。ルールがあっても実際に店舗で運用されているかどうかは本社のヒアリングでは分からないので、店舗のマネジャーや従業員の方にヒアリングを行い、ルールを正確に認識して遵守しているかを確認するのが店舗調査です。

―― 次にパチンコホール企業あるいは企業一般でもよろしいのですが、そのあるべき姿はどのようなもので、また、それと比較して現在のPTB社員会社とのギャップをお聞かせください。

井出　私は調査事務局の一員として評価基準を作ることにも関与していました。最初に評価基準を作る上で評価をどのようにすべきか、という議論がありました。最初は「できている」、「できていない」の○×方式にするという案もありました。しかし、企業のリスク管理、コンプライアンスそしてガバナンスなどについては、必ずしも正解があるわけではなく、法令やガイドラインのように明確に定められているもの以外は、企業の規模や経営の方針等によって色々と差異があるわけです。それを○×にしてしまうと、コンプライアンス等への対応について特定のやり方に制限してしまうことになり、また、最低限のことしか対応していない企業と、ものすごくエクセレントな企業の差がほとんど出ないことにもなるので、様々な企業を適切に評価できるように、評価基準を5段階にしたという経緯があります。

企業のあるべき姿は改善を継続的にしていく姿勢だと思います。評価基準でいえば、3あたりが上場企業の平均レベルで、いわゆる善管注意義務違反にならない程度のレベル、4はそれがもう少し内部監査や継続的なPDCAサイクルを回すことで改善がなされていくレベル、5がエクセレントな企業、というように基準を作成していますので、5を目指しつつ、最低でも3、4というところが最初に取り組むべきこととなります。これは分野に関係なく、基準全体について言えると思っています。

実態とのギャップや課題は当然のことながら企業によって異なります。その当時は会社法が施行当初で、リスクマネジメントや内部統制などに企業が取り組み始めた時期でしたのでPTB社員会社に限らず大きなギャップがありました。その後の20年に色々な企業が体制整備を進め、PTB参加企業の中でもダイナム様、ニラク様はかなりギャップを埋めてきたと思います。

課題は企業それぞれですが、課題解決が一過性に終わってしまい継続的に行うことが難しい企業は少なくありません。また、全社的に平均点を上げること、つまり部署間での「できている」、「できていない」の凸凹を統括部門が組織横断的に管理して改善していくことができない企業が多いと思います。

―― 各社員会社は、専門に担当する者を置いてこの評価調査に臨んでいたのでしょうか。

井出　PTBの評価調査をするに当たっては、担当者をどこの企業でも決めていました。誰かが旗を振らないとなかなかできないことなので、全体的なレベルの底上げという観点から、担当者が周りに声かけなどをされていたり、調査員からのヒアリングに対応したりするなどしていたと思います。それでは一般的な企業ではどうかというと、全社的な対応が必要となるため、兼任で片手間にできるほど簡単ではなく、かといって横断的に統括する部門の設置はコストがかかりすぎるため、一定以上の規模がある企業の方が専任者を設置して取り組みやすいような気がします。

——　専門分野の調査をする上で意識されていた点、特に注意されていた事柄などがあればお聞かせください。

井出　まず、評価基準を理解していただくことを特に意識していました。基準に沿って自分たちの業務を見直すことは、日常的に行っているわけではないですし、評価基準も5行ほどのシンプルな文章で作られているので、基準をきちんと説明することを心がけました。また、他社事例なども踏まえて、世の中の企業はこのくらいのレベル感でやっているということについても説明しました。企業の環境、ビジネス、組織体制、諸要因を考えた場合、このくらいの対応が必要となるため、評価が不足しています、というように、評価基準の理解を促すことにより、今後の改善に繋げられるような評価結果を提示することが重要と考えています。

一方、店舗調査では、最初の頃は、本社から外部の監査人が差し向けられたと、店長さんなどがすごく構えてしまい、円滑なコミュニケーションがとりづらいことがあり、中には、緊張して回答がしどろもどろになってしまう方もいました。あくまで本社調査が評価の基準であって、店舗調査はそのための参考に過ぎないことと、店舗の方が話された内容は本社には一切伝えないことを説明し、警戒しないで本音で話していただけるように心がけました。また、どうしたら顧客や従業員に優しく、安心できる環境を作れるかを強く意識して調査しました。店舗によって建物の造作が様々ですし、目の行き届かないところに障害となる物があったりするので、隅々まで見るように意識していました。

——　そうはおっしゃっても、誰が発言したかが分からないだけで、評価には影響しますよね。

井出　基本的にはPTBの評価は本社の仕組みを見る評価ですので、店舗調査で、例えば回った5店舗のうち3～4店舗が本社の説明と違うことを言っている場合に初めて評価を変えることになるのです。5店舗のうち1店舗の店長だけがマニュアルのことを何も知らなかったとしても、評価結果にはまったく反映されませんし、本社へも報告しません。

この点については最初の頃は、経営者の方と考え方がなかなか合わないところがありました。店舗での店長の発言について話をすると、どこの店長が言っているのだと咎めるような経営者もいらっしゃいました。そこは経営者の方に、PTBでは、コンプライアンス等の体制構築について全社的な評価をするために、あくまでも本社でどういう仕組み作りをしているかを重視していると説明し理解を求めました。

―― 評価基準や評価結果を付けた理由を理解していただくことに、非常に注力されたということでしたが、社員会社の中で理解していただけなかった会社、あるいは逆にすんなりと受け入れてくださった会社とがあったと思います。調査の回を追うごとに社員会社には大きな変化があったのでしょうか。

井出 毎年の調査を2回、3回と重ねていかないと、調査対象企業の理解が進まず、また調査員に対する警戒感も解けません。経営者のPTBに対する理解もなかなか進まないこともあり、最初の3年ほどは調査についての理解を擦り合わせるのにすべての企業で時間がかかりました。外部監査に慣れている企業は多くありませんので、仕方がないことだと感じました。

ただ、企業による差もあります。真面目に取り組む意欲のあるところ、基準に示された考え方を前向きに捉える企業がある一方、調査回数を重ねることで本当に変わっていけるのかと不安を感じる企業も当初はありました。しかし、調査におけるヒアリングの受け答えや証票提示など、皆さん年を追うごとに慣れていきましたので、お互いに進めやすくなりました。事前準備が十分にできるようになり、前回の基準への回答も経験されているので、どうすれば評価が上がるかを理解するようになると、当然変化は出てきます。

最も前向きで先を進んでいたダイナム様ですら、担当者レベルの話になると、1年に1回やって、また1年で忘れて、1年後にまたやるみたいな、自分たちの業務を評価されているのに、それを自分たちの業務の一環だとまったく捉えることができていませんでした。去年と今年で体制やルールが変わっているのに、評価基準の結果に対する自己評価を去年のままコピーして出してくることも当初は多くありました。ダイナム様の場合、ある時期から、調査のときだけ対応するのではなく、年間の業務を通じて見直しを行うと決めたことにより、PTBへの対応がより実務的になり、実効性が高いものに変わっていったと感じています。

自分たちの本業の一部であるとの理解が、内部統制やガバナンスに対してないと、真の改善は実現しないと感じています。

また、ダイナム様は途中から幹部の方が調査員のヒアリングに参加するのをやめて、現場の担当者に任せるようになりました。最初は担当者のほかに、部長や、その上の取締役など多くの方が参加されて、ほとんどは上司の方が話し、担当者はフォローのために同席しているといった感じでした。ダイナム様の社長とこのことについて話した時期がありました。「ダイナム様ぐらいできていたら、こういう機会を活かさないともったいないので、もっと現場の人に話をさせたらどうですか」と提案し、その後担当者の方が直接話をするようになりました。当然、最初から上手に受け答えはできないのですが、その人たちがだんだんと自信を持ち、理解を深め、本質的なことを話せるようになる過程を見てきましたので、真摯に取り組む企業は、PTBの調査だけでなくて、組織力全体が上がっていると思っています。

―― これまで多くの企業に関わられた経験がおありでしょうが、それらの企業とPTB社員会社を比較した場合、その優劣が明らかな場面があるのでしょうか、あるいは五十歩百歩なのでしょうか。

井出　PTB社員会社には規制業種としての特質があると思います。金融関係、政府系や自治体の第三セクターなどの規制されている業種と同様に、社員会社も警察などに風適法によって規制されているので、規制部分はしっかりと遵守する。私はかつて銀行に勤務していたのですが、規制部分について過度なコントロールであってもものすごく頑張る業界でした。そういうところは社員会社も似ていると思いました。社員会社は風適法遵守と反社会的勢力の排除は徹底的に取り組んでいます。

相違点としては、1つは日本における上場がまだない業界なので、経営者の上場に懸ける熱意が社員会社の方は非常に強い。上場しても売り上げが大きく伸びるわけではないのですが、上場が社員や世の中に対する、他業界における上場会社と変わらないことを証明する1つのステータスであるなど、上場に伴う企業価値の向上にすごく熱意を感じておられるのが、他の企業にはないところだと思いました。

PTBに私が関わり始めた頃は、統制のレベル感はまだ低かったと思います。20年経ってダイナム様は国内上場のトップ企業と比べても遜色のない内部統制を構築していますが、PTBに参加していないパチンコホール企業は、そこまでできていないだろうと思っています。

おそらく業界では一般的に、警察行政にはきちんと対応するが、善管注意義務違反にならないように内部統制レベルを保つということにはなっていないような気がしています。他業界の会社は、行政以外の様々なステークホルダー向けにもう少し頑張ろうというところがありますが、パチンコ業界はその点は弱い気がしています。

ダイナム様については、第三者的に見た場合のガバナンスや労働基準法に関わる人事労務などは最初の頃は評価点が低かったので、かなり改善された部分があります。

―― 労働基準法、労働条件のところはPTBに参加してから劇的に変わりました。これは本当に会社にとってプラスだったと現場で実感して働いていました。井出様は、評価基準を作成するのに最初から関わられていたとのことですが、評価基準の中で5段階評価のレベル感に差がある項目があると思うのですが、どのように考えておられるのでしょうか。

井出 正直、今の基準でも、分類や項目によって基準の表し方が多少異なっているという感じはしています。基準の1、2、3、4、5というのは、基準1は属人的な段階、要は「担当者がただやっています」というレベルで、基準2は組織的なルールが部分的に整備されている、3は全体的にきちんと整備・周知されている、4はPDCAサイクルが回っている、5はエクセレントな取り組みがある、などといった統制の成熟度を表すように作成しました。しかし、項目によっては成熟度というより1＋2＋3＋4＋5のように1から順番に満たしていくような基準になっていたり、基準5のエクセレントなレベルにばらつきがあったりします。誰もが納得できるような100点の基準は非常に難しいと、最初に基準を決めた際の議論の過程で思っていました。したがって、分類全体として格付けを出したときに、概ねおかしくはないねというレベル感であれば、個別の評価項目のばらつきは、ある程度割り切った部分はあると思います。

これだけの基準、ガイドラインの作成には非常に高度な専門性と経験が求められます。多くの専門家の知恵を結集させて、多用な分類・視点で見て評価基準を作成したのは大きなメリットがあったと思います。

―― 最後の評価基準を作られてから既に3年以上経過していると思います。現在、基準の中で手を入れるべきだと思われている項目はございますか。

井出 法令の変わり目や世の中で大きなニュースになったトラブル事例を捉えて、それぞれの専門家の方にチェックしていただき、毎年、評価基準を見直していました。この3年で労基法関係も少し変わりましたし、内部通報関連法令や個人情報保護法も変わったこともあり、多少見直す点はあると思います。ただし、基準自体はそれらの項目を網羅して作られていますので、見直すとしても調査上の留意事項の部分を追加・修正する程度でよいと思っています。

―― 確かに普遍的に使える構成になっていたと思います。

井出 ニュースで連日、数カ月も取り上げ続けられるような法令の改正等がない限りは、基準自体を大きく見直す必要はないと感じています。

―― PTBで基準作りなどに関与されてきて、率直な感想をお聞かせいただけますでしょうか。

井出 PTB社員会社で日本市場に上場する企業を見たかったですね。唯一そこだけが心残りです。20年近く見てくると、明らかに担当者レベルや企業レベルで変わってきているのがよく分かります。毎年少しずつ変わっていくのですが、3年単位くらいで見ると、著しく変わっている感じがします。そういった企業の成長を見ることができたのは、PTBに携わった者として達成感はあったのかなと感じています。一方、心残りもあります。もっと多くの企業に携われれば良かったとか、もっと長くできたら良かったなどとは思います。

―― 最後に社員会社へのメッセージをいただければと思います。

井出 どの社員会社もPTBによる調査を通じて貴重な経験ができたものと思いますので、今後もPTBのような活動を何らかの形で続けていただきたいと思います。PTBは、本来であればリスクマネジメントの統括部門や内部監査部門がやるべきことを実施していただけです。PTBは第三者的、強制的なところもありましたので、社員会社の皆様はご自身の本来業務であるとの実感が湧かなかったかもしれませんが、これはまさに会社としての本来業務なので、PTBがなくなっても、この業務を何らかの形で社内に根付かせ、継続して、持続的な成長をしていただきたいと思っています。

これは法律が変わらないと難しい部分があるのかもしれませんが、各社の業務改善に留まらず、業界を変えていくことで、私が元気なうちに国内で上場することができるといいなと思っています。最後に、20年近くの関わりによって、私自身がとても成長させていただいたことに心から感謝しています。

―― ありがとうございました。

（2023年9月20日インタビュー）

第3節 評価委員座談会

―― PTB評価委員への就任を依頼されたときの心境はどのようなものでしたか。また、お引き受けいただく上で決め手となったのはどういったことでしたでしょうか。

横山（委員長） 私の場合は、PTB設立準備委員会のときから設立のお話を伺っておりました。その後、ダイナムの佐藤洋治会長（当時）から「まとめ役をやってよ」と直接お話があったのです。お付き合いが長かったので喜んで引き受けさせていただいましたが、これだけの頭脳が集まってこれだけのものを作っていくことを予想していませんでした。最初の心境は、長いお付き合いですから何か私で役に立つことがあるのなら喜んで、という比較的軽い気持ちでした。

永沢 私は、尊敬する横山先生からのお声がけでしたので、喜んでお引き受けいたしました。これまで関わりのない産業分野でしたので、30兆円産業（当時）の一端を垣間見ることができるのは非常に面白いことだと感じました。

末川 私はお付き合いがあった夢コーポレーションの松田会長（当時）からお声がけいただきました。私の顧問先にいくつかのパチンコ関連企業があるもので、色々な方との出会いがあり、見識も広がるだろうと思いお引き受けいたしました。

曽我 私は2012年のダイナム様の香港市場上場に関わらせていただきました。無事、香港上場を果たしたあとで、佐藤会長からPTBを手伝ってほしいというお話を頂戴し、喜んで引き受けさせていただきました。PTBがきちんと企業評価をしていたことが、上場審査の中の開示文書でも示されていて、我々の法律的検証でも適応性意見書に引用させていただきましたので、PTBには非常に興味がありました。そのころニラク様もこれから香港上場するに際してやはり法律業務をご依頼いただくということでしたので、私自身にもPTBの中に入って勉強・経験させていただきたいという気持ちがありました。

丸山（PTB理事）　当時のダイナム様の佐藤会長から「PTBという組織を作るのだが、丸山さん、事務局を受けてくれないか」という話がありました。PTB発足の2005年の前年冬の話です。2005年1月からは業界団体の事務局に事務局運営の勉強に行きました。次いで2月、3月、4月と準備を進め、横山委員長と委員会を立ち上げるお手伝いをしました。

井出　PTBの立ち上げをした人物の1人が私の上司でした。ある日、その上司から「パチンコ好きな人」と言われて私は「はい」と手を挙げました。「じゃあ明日ミーティングに行くからついてこい」というのがPTBとの関係の始まりでした。心境も決め手も何もなく、やらされたという感じなのです。ただ、私自身は、大学時代も社会人になってからもパチンコのヘビーユーザーでしたので、業界の裏側、特に大当たりの確率はどうなっているのかというところにとても興味がありましたので、引き受けたときは非常に嬉しかったのです。それとコンサルタントはコンサルとクライアントという関係で仕事はしますが、弁護士先生、監査法人の会計士先生、大学教授と一緒に仕事をする機会はめったにないので、大変光栄なことだと思ってとても期待しました。

山中　私も前身の監視委員会のときに、労働法分野の調査委員としてお手伝いをさせていただいていました。私は調査委員時代、色々な社員会社さんの調査を労働法分野で担当させていただきました。その中で、法令は1つでも各社様々な考え方でそれぞれの制度を構築していることを直接見聞きできて非常に良い経験になりました。そういう流れの中で今回、評価委員会が立ち上がるということで、横山委員長の方から今度は評価委員としてぜひ入っていただきたいとお声がけをいただき、喜んで引き受けさせていただきました。

田宮　私は今、大学に所属していますが、半世紀以上前の学生時代から横山委員長にお世話になっていたご縁からお声がけいただきました。私は、PTBで担当することになる内部統制の評価の仕事を1980年代にオーディターのサポートとしてしばらく手がけていましたが、それ以来本格的に取り組んだことはなかったので不安もありました。しかし始めてみると、非常に協力的で、才能に富んだ、素晴らしい評価委員の方が揃われているので、本当に引き受けて良かったと思っております。

横山　私は評価委員をお願いするときに、学識経験者であったり、それぞれの分野の第一人者であったりすることはもちろんですが、このお人柄なら間違いないという方に声がけを致しました。この業界を良くしていこうという気持ちを優先して活動を始め、最終的にはこの業界を日本で上場させたいという当時の佐藤会長のお考えを実現したいと思っておりました。現在もその気持ちは変わっておりませんが、香港で上場したときは途半ばまで来たなという感無量でとても嬉しく思いました。ダイナム様の佐藤会長を始め、ご担当の皆様にPTBにご協力いただき本当に感謝しております。縁の下の力持ちの丸山様は、友達のような関係で長年ご貢献いただき感謝しております。

――　次に、他の評価委員の方の印象はいかがでしたでしょうか。

横山　本当に和気あいあいとしていました。また、どなたも委員会を休みませんでした。こういうことはあまりないと思います。PTBに多くの時間を割いていただいたことに感謝しております。

井出　私もまったく一緒の気持ちなので、ほっとしました。前身の監視委員会の先生方は考え方もお話の仕方も非常に厳格な感じでしたので、評価委員会ではどうなるのだろうかと思って臨んだのですが、とてもなごやかでしたので、とにかくほっとしました。監視委員会では持論展開する、誤解を恐れずに言えばどちらかというと劇場型だったのですが、評価委員会の先生方は持論がありながらも、何とか合意形成に持っていこうとする方が揃っている感じがしました。調査事務局として評価基準を提案して、ご意見をいただいたときも、纏めやすかったので、大変ありがたかったです。

横山　評価基準の見直しを次々に行いました。しかも新しい経済状況への対応も求められました。ご苦労された点などをお聞かせいただけますでしょうか。

末川　社員会社さんには異なるレベル感があるので、どこに合わせるかがなかなか難しかったと思います。非常に先進的な取り組みをしている社員会社さんもあれば、まだ緒に就いたばかりという会社もありましたから。さはさりながら、やはり上場を目指すからにはかなり要求水準が高くなりますので、基準を満たすためのハードルをどこまで上げるのかが結構難しかったと思います。

もう1つ定点観測するという意味では、あまり基準のレンジを変えると過去との連続性がなくなります。一方では、やはり情勢が変化するに従ってブラッシュアップしなければいけない。この2つの面で苦労した思いがあります。

田宮　私は先ほど申しましたように、80年代に日本の監査法人が、貸借対照表の項目をチェックすることから、内部統制の診断によって評価をするという移行期に内部統制評価に携わっていました。当時と比較すると、PTBの評価には大きな違いがあると感じました。非常にレベルが高いと思えることを平然と行っている。しかもそれがレベル3くらいというのにも驚きました。評価項目の数にも、社員会社が真っ向からそれを受け止めていることにもまた非常に驚きました。私が内部統制評価に携わり始めた頃には、「そんなことを聞いて何になるのですか」あるいは「資産をサンプリング調査するけれども、漏れたものに不正があった場合、誰が責任を取るのですか」といった質問が随分となされた記憶があります。その頃からすると10年ごとに内部統制の評価も大きく変わっているのだと感じましたし、その頂点近くにこの評価委員会があると思っております。

山中　基準には1点から5点まで5段階あって、属人的、部分的、網羅的対応、継続的対応、先進的対応という段階で設定されていました。法改正などがあると、このような段階的な考え方に基づいて基準の原案を作成していくのですが、原案の検討過程では他の基準との横並びで比較すると、このテーマの5点とこのテーマの5点だと、こちらの5点は甘いのではということもありました。そこで、できるだけレベル感あるいは統一感を持たせるためにさちに検討が必要になることもありました。レベル感については、社員会社からも実際に現場で業務にあたっている方々の意見をいただいた上で最終調整をしたこともあります。労働法分野は法改正が多い分野ですので、その都度の基準の改定では結構苦労したと思います。また、当初の5段階評価にこだわらずに、テーマによってはシンプルに3段階方式とすることを委員会で議論したこともありました。

井出　評価委員の中の多くの先生方が最初に見られた基準は既に出来上がったものだったと思います。おそらく先生によっては「何だこれ」と思われた方もいらっしゃると思います。私は基準を最初に作成した頃から携わっているのですが、永沢先生からは何度も基準が良くないと言われました。しかし、専門家の集まりで意見合意をして基準を作るのは至難の業だと思っていました。皆様、自分の論理があるわけですから。最初は夜中までかかって基準を作りました。合宿もしました。この作業は先生の間の調整を含めとても苦労したところです。

永沢　いやいや、そんなに叩いた覚えはないですけど。

井出　私なりに頑張っていたということでお赦しください。意見の擦り合わせは難しいなと思いました。

曽我　5段階評価は、テーマによってはかなり強引に設定している、というよりも強引に設定せざるをえないという面もあるのではないかと感じていました。法の適用は、本来は違法か適法か、白か黒かという世界です。そこに点数を付けなければいけないというのが、テーマによってはかなり難しい。上場基準も最終的にはクリアするか否かしかありませんが、上場した上で、機関投資家の基準で許容度というある程度幅を持つものもある。最近はSDGsの目標達成に重きを置く基準もあります。そこまで踏み込んでいる基準もある。基準によってどこに焦点を置くのかが違ってきているということもあり、色々な価値基準があり、しかも判断の基準も違ってくるわけです。そこが難しいところです。客観的に割り切れない、一義的に答えがでないという場面も不可避的に生じてしまうわけです。

末川　財務プロセスにおける内部統制が私の主たる担当だったのですが、日本の上場会社は内部統制に意識して取り組んでいるというか、法律で取り組まざるを得ない立場にあるわけです。パチンコ企業は日本では非上場ですから内部統制にこれまで取り組んでいない。内部統制への理解がまったくないところから内部統制の基準を作って進めていかないといけない。最初に基準を作るのですが、私としては基準を作ったことより、何回も勉強会でレクチャーをしたことがとても記憶に残っています。最初は理解度が当然に低いのですが、何年も調査をしていくとどんどんと理解が深まり、調査時に理解度の上昇を確認できる。そういうことの積み重ねだったのだと思っています。社員会社の方のこういった反応というのも調査をしていく上でおおいに参考になったと考えています。

――　次の質問に移らせていただきます。調査に長時間を要した、あるいはすぐ終わった、社員会社さんの説明が良く分からなかったなど、評価調査におけるエピソードがあればお聞かせください。

横山　エピソードですか。調査時間に関連すること、社員会社さんの対応などで何かございますか。

永沢　全体的に社員会社さんは非常に協力的で助かりました。書類もきちんと提出され、対応も真摯であったと思います。エピソードとしては、店舗の実査で、やはりパチンコ店はこんなに煙いんだ、こんなにうるさいんだと、驚きました。おそらく今は原則禁煙になっていると思いますし、もしかすると音もずっと静かになっているかもしれません。初めて入ったときは電車の騒音かと思うくらいの音と、たばこの臭いで大変でしたが、特にたばこに関しては、当時と今とでは、随分変わったと思います。また、軍艦マーチが流れているのが従前のパチンコホールのイメージだったのですが、意外におしゃれな曲が流れているなとも感じました。

田宮　この仕事を始めてみて、社員会社さんが準備を周到にしているのにまず驚きました。実際、仕事をしてみると、書類はこれだけ作っておけばいいのでしょうという感覚のところと、評価調査の趣旨を理解して内部統制についての調査を受けられたところの差が随分出てきました。ある社員会社の調査を2回しました。初回はこれでいいのでしょう、というような感じで受け止めておられました。1年後に2回目の調査を行ったのですが、また同じ調子かなと思っていましたら、そうではなくてしっかりと皆さん調査を理解されていました。びっくりして聞いてみると、1回目はその担当者は着任したばかりで、それから1年間かけて自分自身で内部統制調査の趣旨を徹底的に理解し、その趣旨を皆さんで膝を詰めて議論したというお話でした。提出されたペーパーが厚くなったわけではないのですが、対応された方がよく理解して説明していることが分かる内容でした。そのことに非常に感動しました。

山中　時間がかかった、すぐに終わったというところで言うと、様々なケースがありました。あるケースでは、基準1は規定があるかないかのチェックから始まるのですが、規定がないと最初におっしゃる。1点を満たさず0点ですぐに終わってしまうこともありました。一方では、人事の責任者を長年務めてこられて、基準の考え方や当てはめに対して当初ものすごく反論してこられた方もいらっしゃいました。これまでは長年やってきて特に問題がなかったとしても、法律的に言えば正しくないということも丁寧にコミュニケーションを図りながら進めましたので、最初はすごく時間がかかりました。しかし、調査回数を重ねるにつれてだんだんとスムーズになっていきました。社員会社の担当の方が、根拠資料に基づいた基準の当てはめに関する説明を法律的なポイントも押さえつつスムーズにできるようになります。こうなってくると１度３点を取ったところが再び１点に戻るということもありませんでした。調査を重ねると社員会社の担当者の方の成長度合いも手に取るように分かるようになり、私としても法律と実務対応上の留意点はこうやって伝えていくのだなと助言・指導のやり方として大変勉強になりました。

末川　内部統制の調査の場合、資料が膨大になるのです。本当は資料を見ないといけないのですが、調査評価は時間が限られています。だから評価調査をするときに時間の逆算をしていたのが実態です。実は内部統制が良くできている会社ほど資料がたくさんあるのです。そうなると、本当は資料を見なくてはいけないけれども、時間をかけられないのでポイント、ポイントで見ていくなど苦心しました。一方で内部統制がまったくできていない会社の場合は、普通は９時半頃からスタートして、５時頃まで行うのですが、資料などの準備がまったくできていないですから、午前中で質問が終わってしまって、午後は何もやることがなかったこともあり、結構苦労しました。

曾我　私は２社、そのうち同一社で複数回調査をさせていただきました。上場している会社とそうでない会社でした。それぞれ程度の差はもちろんあるのですが、いずれも準備をしっかりしていただいていました。自己評価書など事前に提出していただく書類や前年の評価についての書類もあるので、評価する側の仕切り次第で時間調整はできると思っていました。まさに末川先生がおっしゃったように、時間が決まっているので掛け算ではなくて、割り算で考えていくほかないし、それで対応できるということです。とにかく準備を丁寧にしていただいたので、膨大な資料はあるものの、それを簡潔に説明していただくことにより省力化を図ることができました。

横山　そういうご苦労も今から思えば懐かしいですが、評価委員を最後まで務められた感想はいかがでしょうか。

永沢　各社、相当に伸びしろがあったと思います。同じ会社を初めて担当したときと最後に担当したときでは、「これほど変わったのか」と実感として伝わってきたのがとても嬉しかったです。すべての会社が調査をするごとに進化していくのを実感しました。定点観測をすると、例えばガバナンスについても全社で劇的な改善が見られました。これらは評価委員冥利に尽きることでした。

横山　これまでにPTBのようなお仕事に携わったことがありましたか。

永沢　特定の会社について法務体制やガバナンスの調査をしたことはありましたが、同じ業種の複数社を横串で比較する経験は初めてでした。個々の会社だけでなく社員会社さんを並列で見られることはすごく楽しかったですし、勉強になりました。それと調査の過程で、社員会社さんの仲が良いと感じました。互いにやり方を教えたり、工夫を教わったりすることがあったのは、それぞれが競争相手だという部分もあるでしょうが、少なくともこの評価委員会への対応に関しては、先を進んでいる会社が会社として他社をサポートしていることを強く感じました。

末川　私は永沢先生がおっしゃったように、本当に社員会社さんのご協力があって基準ができたと思っています。私の担当はビジネスフローをどうしても作らなければいけないのですが、そういったことを社員会社さんから色々教えていただきました。最終的にはビジネスフローを見て、基準を作るのは我々ですが、業界やそのビジネスフローの理解は、社員会社さんから教えていただかないと作り切れるものではありませんから。色々勉強をさせていただいたと感じています。

曽我　私は国際法務中心で国内業務の経験は多くはないので、非常にいい勉強をさせていただきました。最後まで務めた感想としては、業界の方から様々な業界固有の話をしていただき、業界のこと、特にその厳しい目下の状況がよく分かり、その面でも色々勉強になりました。私は、約10年にわたって関わらせていただきました。その10年間、パチンコ業界全体としては下降曲線を辿るわけで、評価委員会においても必ずしも明るい話題ばかりであったわけではありません。その10年間中にも、ともに香港上場を目指してPTBに参加された王蔵様、パラッツォ様のうち王蔵様が上場され、パラッツォ様がその傘下に入られるという動きがあり、また従前からの社員会社である夢コーポレーション様は、上場後のダイナム様のグループ企業になられるという動きもありました。業界の再編が社員会社の中だけでも進んでいるわけで、業界の置かれた厳しい環境を象徴しているようです。しかし、再編によって企業として合理化され、ステークホルダーにとってメリットが生まれるということですから、前向きに捉えていいと思います。社員会社各社は業界の中でのエリートですから、合理化を通じて生き残っていただきたいと切望しています。

田宮　この仕事を始めて2、3年目に末川先生とご一緒にパチンコ業界の会計基準を改定しました。当時、ダイナム様が香港市場に上場されるという話がありました。そこで基準のあるべき姿を考え直し、基準作りをすることに非常に苦労しました。その中で業界にある三店方式と国際会計基準に基づいた香港で受け入れられている基準とが違うことが分かりました。しかし、香港で受け入れられている形の基準だけにすると、相当な反発が業界からあると予想されました。このジレンマをどう乗り越えるかに当初とても悩みました。しかし、ダイナムの佐藤会長にはきちんと理解していただきました。新たなネット方式とこれまでの基準を併記する方式を受け入れていただいたのです。これはとてもありがたかったです。結局、上場もうまくいきました。国際基準に沿いながらも、ある場面では日本基準を今までどおりに活かすという非常に多様な対応ができたと思っています。

山中　私は監視委員会の調査を含めると、16、7年は調査をさせていただいたことになります。労働法担当の委員としての活動が中心でしたが、複数の会社の各時代におけるレベル感も知ることができましたし、1つの会社の5年、10年単位の成長、変化も身を持って確認することができました。このことは私にはとても勉強になりました。評価委員会の議論で、基準には形式的に書かれていても、そこには実質的な意味があることや、形式的な基準の中身に関して専門家の皆さんと議論できたのも勉強になりました。私自身が専門的に分かっていない部分、特に税務会計や財務分野などは、なるほど、この基準にはそういう意味があるのかという感じで勉強させていただきました。

井出　最初にパチンコユーザーとして、コンサルタントとしても期待しかないという話をさせていただきましたが、17、8年担当して期待以上だったというのが偽りのない感想です。自分が思っていた以上に、集まられた専門家の先生が優秀で、勉強になることばかりでした。仕事を通じて勉強させていただける、こんなありがたいことはなかったです。先ほども永沢先生のお話にありましたが、競合するパチンコホール会社が一緒にプロジェクトをする。その中で教えあい、成長していく姿を見ることができたのも嬉しいことでした。また、個別調査の場面でも、最初の調査ではしどろもどろで黙ってしまった担当者が、年を重ねるごとに自分の仕事を雄弁に語るようになる、そのような成長する姿を見せていただいたことも大きな実りを得られた仕事であったと思います。皆様に感謝しかないというのが最後まで務めさせていただいた感想です。ありがとうございました。

横山　企業には夢がなければいけない、と思っています。ダイナムの佐藤会長が日本で上場するという夢を自社だけで実現するのではなく、数社に声をかけたわけです。この夢が香港市場で達成されたことは素晴らしいと思います。この次の夢も実現していただきたいと心から願っています。先ほども少し触れましたが、PTB を立ち上げ、評価基準を作る。しかも 20 年近く継続するということは、あまり聞いたことがない話です。PTB の成果をどうしても世の中に残していきたいというのが今回の出版の趣旨ですが、考えてみればこの基準はパチンコ業界以外の業種でも十分に活用できると思っています。この点皆様はいかがお考えでしょうか。

末川　まったくそのとおりだと思います。パチンコホール特有の基準項目もありますが、ガバナンス、人事、内部統制は、パチンコホールだけの問題ではありません。ほとんどが使えるのではないでしょうか。環境への配慮なども多くの業種に求められています。

——　ハードルが高いと思いますが、パチンコ業界の国内上場の可能性について何かご意見をいただけますでしょうか。

横山　私はハードルが高いと言うよりも、高くしているものがあると思っています。本当に高かったら、香港でも上場できなかったと思います。香港で上場しているのに、なぜ日本でできないのか、と感じています。

曽我　おっしゃるとおりだと思います。まさにそこの部分でやはりガラスの天井が日本にはあるのかなと感じます。上場できない理由は法的な問題ではないと思います。

横山　昔から先物取引と消費者金融とパチンコは上場できないと聞いていました。それは業種が問題なのだと聞いていましたが、前 2 者は上場できている。企業に上場の意思があれば上場させるのが、自由競争による供給社会の本来のルールではないでしょうか。

永沢　パチンコ業界そのものが上場できていないわけではなくて、遊技機のメーカー、周辺機器を納入している会社は多数上場していますし、上場会社がホール運営会社を買収するというケースもあるわけです。ですからパチンコホールそのものが駄目だとすると、関連業種も駄目なはずなのに、そうではない。ホール運営会社の一切が上場に適さないという話ではないはずなのです。曾我先生がおっしゃるように、ガラスの天井があるような気がしています。1社が天井を突き破るとほとんどの会社が障害なく上場できるようになるのではないでしょうか。その後は投資家が判断する形になると思います。

田宮 80年代に内部統制を担ったときには、まさかこのような姿で内部統制の業務が行われる、あるいは義務化されるなどとは夢にも思いませんでした。このように状況は10年単位で変わっていきますので、まだまだ決して諦めてはいけない。これから先、十分に可能性はあると思います。

横山 先にも申し上げましたように、企業が存続する以上、夢を持ち続けていただきたい。業界の3社が香港で上場し突破口を開いたのです。この評価委員会の成果があってこそ香港上場に繋がったと少しは自負してもよいのではないでしょうか。今後も夢を達成するために邁進していただきたいと思っています。

座談会参加者

PTBのまとめ役として委員長の役割をいただけたことと、皆様とともに人生の1ページを飾れたことは望外の喜びでした。しかし、まだもうひと頑張りいたしますので、ご協力を今後ともお願いいたします。ありがとうございました。

（2023年10月2日座談会開催）

第4節　社員会社インタビュー

王　蔵

―― PTBに参加された目的を教えてください。またその目的は達成されましたでしょうか。

香川　香港市場に上場しようと思い参加しました。結果的に目的は達成いたしました。経緯としては、2014年頃、香港でダイナムの佐藤洋治会長（当時）に弊社オーナーの山本と私とでお会いして、香港上場について相談をしたところ、まずPTBに加入することを勧められました。その後、ダイナム様の本社に役員の水谷様を訪ね、経理周りなどをご指導いただき、大変お世話になりました。

―― PTBの評価調査での自己評価シートの作成、あるいはエビデンスになる参照文書の収集などの準備作業でご苦労された点があればお聞かせください。また、自己評価において評価が難しいと思われた項目があればお教えください。

香川　率直に申し上げて、弊社は会計監査の対象会社ではありませんでしたので、会計監査すら受けたことがなかったのです。ですから当然のように会社としての体制整備が手つかずの状態でいきなり評価を受けましたので、当初は何から何まで項目を満たすのに苦労しました。会社法、会計、オペレーションなどの項目が並んでいますけれど、最も形式的な会社法の項目の確認から始めて、何とか自己評価シートの作成を終えました。かなり大変だったのを覚えています。

―― 初回の評価を受けられてから実際に上場を達成されるまでの期間が短かった印象を持っているのですが、例えばガバナンスに関する評価項目についてはどのように対応されたのでしょうか。

香川　トライアル評価を2015年に1度受けただけだったと思うのです。PTBの評価を受ける一方で、コーポレートガバナンスにおいては監査法人のPwCとコンサルティング契約を結びました。上場に適した香港法のコーポレートガバナンスに重点を置いて整備を一生懸命にしました。PTBは日本法をしっかり網羅しているので、両方行うのが困難になりまして、最終的にはPTBの評価項目の全部はクリアしきれませんでした。

――　香港上場のための準備に舵を切ったということですね。

香川　香港上場に全エネルギーを費やしたと言って良いと思います。2017年5月17日に上場したのですが、申請時が2016年4月でしたので、急ピッチで約1年で整備をしました。最初は、3点セット（「業務フローチャート」、「業務記述書」、「リスクコントロールマトリックス（RCM）」）の作成についてダイナム様の森様のご指導を受けた記憶があります。2015年だったと思いますね。

――　評価調査をトライアルで受けられたとのことですが、御社の役員の方、あるいはご担当者の方がスケジュール調整など調査を進める上でご苦労された点がありましたでしょうか。

香川　その辺については役員も含めて協力的でしたので、調整は大変だったのですがスケジュールどおりに進行できたと思っています。

――　実際には何名ほどの方でご対応いただいたのでしょうか。

香川　記憶があいまいなのですが、各部の部長と社長くらいでしょうか。確か永沢先生が評価担当でした。あえて一番厳しくて、評価委員会でもよく発言される永沢先生がいいのではないかと推薦された経緯があったと聞いています。

――　評価委員の先生から聞いたのですが、スケジュール調整には苦労されたようですね。

香川　そうですね。認識の違いがあって、こちらはできたと思っているのですが、評価委員の先生は、言うこと聞かないなと思ってらっしゃったと思います。当時、私は香港にいることが多くて、日本に帰国したタイミングでしか対応できませんでしたので、スケジュール調整に相当苦労した気がします。

――　実際に調査を受けられて、この項目の評価結果は非常に厳しいなとか、逆に比較的甘いなと感じられたことがございますか。

香川　全体にほとんどできてなかったので、すべて厳しかったです。

――　TFという風適法に関する項目があります。この項目は、どのホール企業も他の項目に比べると整備されているとの印象を受けるのですが。

香川　このTFに関連する三店方式については上場プロセスでも結構てこずりました。結果的には、景品問屋について既存取引先をすべて解約して、三本コーヒー様1本に変更して整備しました。そのプロセスが非常に大変でした。

——　経費はそれまでよりかかってしまいますよね。

香川　ある程度は上昇したと思います。当時、評価調査とは別に弁護士の方に法務相談をしていました。2015年1月4日作成のメモを見ると、三店方式、メンテナンス、そして労働法関係について相当聞き込んでご相談しています。最終的にはすべて三堀弁護士法律事務所に相談し、それとは別に上場の際にはアンダーソン・毛利・友常法律事務所と契約をしましたので、PTBで指摘された内容についてはすべて、別途アンダーソン・毛利・友常の弁護士を中心に全部整備するようにしました。労働関係では未払い残業代について、過去2年間に遡ってタイムカードを全部調べて、個別同意を得た上ですべて整理しました。それとあわせて就業規則の改定をしましたので、これまでの記憶にないほど大変でした。これら全部を1年ほどでやりました。

■王蔵

社員会社名：
王蔵株式会社
当時の担当者：
Okura Holdings Limited 業務執行取締役
香川　裕

——　自己評価をして、評価調査を受けて、結果がフィードバックされるというプロセスを踏むのですが、自己評価と異なる評価結果が返ってきた項目があると思うのですが、評価委員との考え方・認識の違いについてお感じになったことをお聞かせください。

香川　あまりないと思います。できてない項目が多かったので。他の社員会社、例えばダイナム様が今回は何点取りましたという状況の中で、弊社は初めてで何もできてない状況でしたので、評価委員の先生も相当戸惑ったのではないでしょうか。

——　調査員の方は、どの会社も調査回数を重ねるごとに評価はアップしていくとおっしゃっています。御社も、PTBの評価を続けていらっしゃったなら同様の経過を辿ったと思います。評価調査の結果が目標地点に届いていない項目があったと思いますが、それらの項目への個別の取り組みの中で特に苦労されたことがあれば教えてください。

香川　先ほども申しましたが、三店方式の整備に一番苦労しました。長崎県における歴史的経緯がありましたので。長崎方式という、景品業者から暴力団を排除して組合が主導する方式の1つですが、昭和30年頃に日本で最初にできました。長崎物産という会社の取締役を組合員である各ホールから出して、その会社を運営していました。それが2015年直前ぐらいまでは続いていました。この長崎方式の独立性についての議論を弁護士としました。結論からすると問題ないということになりました。取引については違法とは言えないということでしたが、長崎物産の役員は退任し、景品業者も変えました。三店方式発祥の地である大阪と違って、長崎県には買い取らせ禁止防止についての条例があるので、条例違反になるのかどうかもかなり議論しましたが、最終的にはアンダーソン・毛利・友常からも適正意見をいただきました。

――　役員は退任されたのですね。

香川　そうですね。そのことは香港上場目論見書の開示情報の中に項目として上げています。あとは先ほども申し上げました就業規則の整備に苦労しました。含み残業手当というのを役職手当の一部として支給していて、労働基準法の解釈においてもそれは問題なかったのですが、就業規則に明記していませんでした。概ね24時間の役職手当相当の残業含みの給与なので、未払い賃金はないと解釈していたのですが、「就業規則には書いてないだろう」ということで、この辺りは苦労しました。結局全部計算し直し、相当な金額となる社員は金銭解決をした上で就業規則も改定しました。全員の同意書を取って解決したのですが、非常に苦労しました。

――　従業員の方全員というと何百人ですね。

香川　はい。当時の正社員で350人ほどだったと思います。比較的短期間、1年ぐらいで一気に処理したと思います。

――　社内ルールもそのときに一気に変更したのでしょうか。

香川　そうですね。例えば経理の帳票に関しては、手間を省くようにしていたのですが、すべて手間をかけないといけないとのことでした。例えば、仕訳承認手続きが必要だと言われたことなどです。物を1個購入したときの仕訳書の承認者が誰かという考えはまったくなかったので、ここもアルバイトを10人ほど雇って3年間遡って元帳を書き出して証拠を全部ファイルに綴じて経理部長が目視確認して承認印を押していきました。仕訳10万件ぐらいですかね。2、3カ月かけて全部やりました。

—— それ以降、それが定常作業になったのですか。

香川 それ以降は、入力者と承認者とを全部システム上分けたので問題ありません。しかし、過去の遡及監査に当たっては、遡及監査はできるけれども、承認手続きは遡及できないので、最初にやるしかなかったのです。

—— 今の話はPTBの監査というよりは、上場対策ですね。

香川 ただ、PTBの評価項目でも当然網羅されているのですね。数年目に改めてPTBの評価項目を振り返ってみると、最初にトライアルを受けたときは何だこれはと思っていたことが、今では当然に全部できている。一通り会社のオペレーションとして全項目を網羅していて、ガバナンスが効いているなと改めて見て感心しています。当時は「過剰だな」と思ったのですが、当たり前ですが過剰なものはないですね。

—— 評価調査を受けられたことによって、改善の取り組みを浸透させやすかったということがあれば教えてください。また、大幅に改善できた点についてお話しいただけますか。

香川 PTBの評価調査は分類ごとに整理されているので、ひとつひとつ担当者を割り振って整備することができました。その点で改善が浸透させやすかったなと思います。大幅な改善に関しては、基本的には全項目改善していったという状況です。

—— PTBの評価調査を受けられたことによって、上場準備作業に有利に働いた点はあったのでしょうか。

香川 風適法についてはそもそもPTBの評価を基に弁護士が適法意見書を書いていますので、PTBの評価がないと適法意見書は書けません。PTBという第三者機関、評価機関によるとこの法人は適法に運営しています。その事実を持って弁護士として適法意見を書きますという論法でおこないました。ここが結果的にPTBへの参加の一番のメリットとなりました。PTBの評価項目が上場に求められるコーポレートガバナンスをカバーしているので、結果的に上場基準の水準としてのガバナンスの整備に役立ったというのが一般論だと思います。

—— 上場を目指されたときには、PTBの評価を受けていないと適格意見をいただけないということはご存知だったのでしょうか。

香川 知りませんでした。

—— 必須だから参加したわけではないわけですね。

香川 はい。

—— 上場を目指す会社が自己評価しているだけでなく、第三者評価を受けることによって、求められる水準を満たしていることを客観的に確認できたので、担当の弁護士先生も「この会社は問題ありません」と適法意見書を出すことができたということですね。

香川 実はそこが一番の肝だったと理解しています。PTBがなくなると上場できないわけではなく、弁護士の先生が責任を持ってそこまで適法だという意見書を書けばいいのです。しかし、現地調査などのエビデンスを積み重ねていく作業が別途必要になります。それはやはり困難が伴う作業であると思います。

—— お話をお聞かせくださりありがとうございました。

(2023年10月11日インタビュー)

ダイナム

—— PTB参加の目的と、その目的が達成されたかどうかをお聞かせください。

檜垣 PTB参加の最終的な目的は株式の上場と理解していました。上場のためには内部統制がきっちり構築されていることが必要ですが、私が最初に携わったときはまだ内部統制の仕組みは不十分でした。ダイナムジャパンホールディングスも設立されていませんでした。

—— ダイナムジャパンホールディングスの設立前なのですね。

檜垣 そうです。PTBへの参加を通じて内部統制の体制は、委員会設置会社に組織変更することなどで整備されていったわけです。その後、2012年に香港市場に上場したのですが、PTBの審査を受けずに、上場審査を受けたと想像すると怖いですね。よって、参加の目的は達成できたと思っています。

—— どういった部分が上場において有利に働きましたか。

檜垣 当初は外部に対して内部統制を客観的に説明できる社内体制になって

いなかったのです。例えば、不正対策はしていましたが、「どのような仕組みになっているのですか」と聞かれても説明できる仕組みになっていなかったのです。

また、パチンコでマネーロンダリングができるわけはないと当時主張したのですが、「裏付けをもって外部に説明できますか」と言われると、できなかったのです。それがPTBを通じて、成文化して規定に落とすことや、教育するなどの対応ができ、ガバナンスが強化されたと思っています。

■ダイナム

社員会社名：
株式会社ダイナム
当時の担当者：
株式会社ダイナムジャパンホールディングス
執行役
檜垣賢一

―― 評価調査を受けるに当たって、自己評価シートをの作成や、資料を集める作業があったと思いますが、苦労されたこと、あるいはエピソードがあればお伺いしたいと思います。

檜垣 第1回の調査時には、社内の各部署も忙しいので協力してもらえるか心配していたのですが、各部署とのやり取りは意外とスムーズにできました。事前準備で一番大変だったのは膨大な資料のコピーです。当時はまだ紙文化なので、日中はコピー機を使っている人が常にいる状態でした。平日の昼間使うと迷惑をかけてしまうので、土日に作業を行いました。3人体制で土日に6フロアを使っての作業です。最初はコピー用紙を何万枚も用意することから始めました。それから何回にもわたり土日にコピー作業を行うのですがこれが大変でした。実はコピー機はずっと回し続けていると、熱くなって止まってしまうのです。そんなことは知らないので、終わっているかと思って行くと、止まってしまっている。また、よかれと思って裏表コピーとか、ホッチキス止めをしてくる人がいるので、ホッチキスを全部外してやり直す。そんなことをしていました。今のようにデータでいただければ、もっと楽だったと思います。

ただ、スタートしてみると、各部署の対応は思っていた以上に協力的でした。ガバナンスやコンプライアンスなどについての深い理解がダイナムには元々あったということでしょう。パチンコが世間に認められるようになることに、今以上に強い思いをみんな持っていたのだと思います。

特にコンプライアンスなどについては、わが社は上場企業にも負けないという社内の意識を強く感じました。

―― 自己評価シートの作成において対応が難しかった項目はございましたでしょうか。

檜垣 客観的に説明できるものがなかったことと教育ですね。昔のダイナムでは役職者を教育して「何かあったら必ず役職者に言え」という方針でした。「判断するな、上にあげろ」ということです。役職者に教育していれば、必ずそこに上がるから、それで十分と考えていたのです。しかし、評価基準ではクルーも含めて全員に教育が行き届いていることが求められているので、当時は良い点を取れなかったですし、そこまで求められていることを知り驚きました。

これまでの考えと要求水準が違うことを評価基準によって知らされました。5点は上場企業の中でも優秀なレベルということでした。

ですから、模範的企業の段階に進むにはその基準をクリアしないと駄目なのだと思いました。弁護士の先生方は優しい語り口の方が多いのですが、評価基準については結構シビアに求めてくるのです。「いや、これはこうなのですよ」とこちらが説明しても、またその上を突かれるので、正直なところ厳しさを実感しました。人事労務畑の弁護士の先生が最も厳しかったとの印象を持ちました。一方で不正対策の項目の点数は比較的良かったのです。不正対策については昔から対策を講じてきていましたから。収益とか営業に密接に関連するところはきちんと対応していたわけです。

―― 次にヒアリング調査についてお伺いします。スケジュール調整が難しかったとか、進行がとても遅れてしまったなど、問題となったことはございましたか。

檜垣 ヒアリングは会社側も当初は手探りでしたので、予定以上に時間がかかることもあり、スケジュール調整は大変でした。特に初回時はどのくらい時間がかかるかまったく見当がつかず、時間が随分と前後したことがありました。

初回のヒアリング調査で、「できていません。駄目です」と言われるのは怖いので、結構粘ったりもしました。どちらかと言うと、部門長などは「確かにそれはできていませんでした」ときちんと受け止められていたのですが、立ち会いをしたPTB担当者が、「いや、こういうことはしています」と言って、点数を拾おうとしていました。自分たちの頑張りが点数に出てしまいますので、点数が低いのはやはり嫌でした。初回は平均が何点で出てくるか予想がつかないのでとても恐怖感を持ちましたし、他社は5点だったらどうしようと思っていました。

—— 初回の平均点は何点だったのですか。

檜垣 4点に届いていたのかどうか少し記憶があいまいです。確かに1点とか2点とかもたくさんありましたし、0点が1つだけありました。

—— 0点ですか。

檜垣 時間外手当です。当時、管理職の深夜割増手当を支払っていないことで0点になりました。これについてはすぐに是正しました。評価調査の結果が悪い点数だと、経営陣が早期に対応してくださったので助かりました。

—— ヒアリングの当初、1項目について平均何分くらいかけたのですか。直近でも、項目によっては30分ぐらい、長いと1時間ほどはかけていましたが。

檜垣 早いところはさっと進むのですが、一方で、時間のかかった項目もあります。これもエピソードになるのですが、最初の頃は先生たちに業界用語が通じないのです。通じないので調査員の先生から、昼休みとかに喫煙室で業界のことを教えてほしいと言われました。店舗に行ったことのない人だと、何を言っているのか理解できないのです。例えば、三店方式という言葉は知っていても、実態をよく理解できない。最初の頃はそういうパチンコ業界独自の世界を分かっていただくことも重要だったので、そこには時間をかけた覚えがあります。

—— 上場のときにも業界の独自システムの説明には苦労しましたよね。

檜垣 香港の人たちは、パチンコ玉を毎日、棚卸ししていると思っていましたから、「いつ数えているのですか、どうやって数えているのですか」と尋ねてきました。店舗の実態を知らないからです。

—— 次にヒアリングを実際に受けられて、調査項目でここは厳しすぎる、あるいはここは比較的簡単だなどと思われたところはありましたでしょうか。

檜垣 監査の項目については意外と良い点数をいただきました。また、先ほどの不正対策のように営業に直結している項目は、世間に比較対象がなかったからかもしれませんが、良い点数でした。逆に苦労したのは人事労務に関する項目でしょうか。深夜割増手当を支払ってないなど明確なので、反論できる余地がないのです。また、ガバナンスについて当時は理解が浅かったと思います。評価調査により世間ではこうなのだと初めて知りました。

―― 意見の食い違いや、ここは相容れないといったことはなかったですか。

檜垣 なかったです。先生方が説明して教えてくれますので。「こうでないと駄目なのです」、と言われると、「確かにそうですね」と思うのですが、「これじゃ駄目ですか」と粘ったりするわけです。先生方もこちらのレベルが低いので、一生懸命に教えてくださったのだと思います。ですから納得していました。絶対ここは違うというのはなかったです。

―― 調査員の井出様も、社員会社の担当者には「最初は基準の意味を理解していただくところから始めた」とおっしゃっていました。

檜垣 まさにそうです。私たちが分かっていなかったので、教えていただいたのです。こういう教育が必要だったのです。ですから、相容れないとか、違和感を抱くことはありませんでした。

―― 次に、調査結果と自己評価とのギャップが当然あったと思いますが、それに対する改善推進において何かエピソードがありますでしょうか。

檜垣 やはり自己評価との差は大きいなと思いました。何が求められているか正しく理解できていなかったということだと思います。

事象だけで説明していて、仕組み作りができていなかったのです。調査員の方からは、PDCA（Plan（計画）、Do（実行）、Check（測定・評価）、Action（対策・改善））が回ってないと何度も言われました。PDCA が分断されていると言うのです。「P と D だけでしたら、本当に一流企業レベルです」と言われました。C と A に行かない。やりっ放しがとても多かったと思います。

―― 評価結果を受けての改善の推進についてはいかがでしょうか。

檜垣 改善対策については経営企画部で担当したと記憶しています。確実にやってくださったと思います。私たちは事務局として、「そこを改善しなければいけない」と各部門に伝える。「なるほど、ではこうやればいいんだね」と率先して取り組んでくださり、スムーズに進めることができました。

―― 主管部門が主体的に動いてくれたということですか。

檜垣 まさにそうです。各部門が主体的に動いてくれました。各部門の方も参加して、調査員から、「こういう意味で、こういうことができないといけない」と教わる。「なるほど」といって、すんなりと進めてくれたと思います。改善によって点数は年を追うごとに徐々に上がっていきました。

―― 改善が進まなかった分野についてはいかがですか。改善の進み方が早いところと遅いところがあったと思いますが、最後まで残ったのは社会貢献のところの分煙でしょうか。

檜垣　遊技環境については確かにそうでした。喫煙環境については随分と変わったという印象です。世間が変化しましたから。

――　社会のルールが変わったというのはありますね。

檜垣　そうですね。当時は分煙なんて絶対に無理だと思っていたのです。これだけ世間が変わるとは思っていませんでした。あとはドル箱（遊技台から出た玉を入れておく箱）もそうです。ドル箱が通路にあることによって消防法の項目が悪くなっていたのです。ドル箱を置くスペースを空けるルールにしたのですが、あまり効果がない。玉が出れば通路に置くわけですから。今は各台計数やスマート機がほとんどでドル箱などないですが、当時は考えられませんでした。

あとは女性活用ですね。当時、女性の管理職はストアマネジャーに2、3人いるだけでした。そこは随分と変わったと思います。また、時間外手当も当時15分単位だったのを1分単位にしました。これはマクドナルドの件があって変わったということもあります。

――　外食産業のマクドナルドで、店長に時間外手当がまったく付いていなかったことが、訴訟に持ち込まれた件ですね。

檜垣　東京地方裁判所の判決を受け、マクドナルドは店長に時間外労働手当を付けるようになりました。ダイナムも東京地裁判決、労働基準法に従い、時間外労働手当の計算を1分単位にしました。このように自分たちで変えられることはいいのですが、遊技環境など顧客目線が必要なところについては、対応が厳しかったと思います。例えば、分煙です。分煙の項目は駄目だと最初から諦めていました。そうしているうちに2009年に「信頼の森」（ダイナムの運営する1円パチンコ、5円スロットの専門店で、店内は全席禁煙。）ができました。それでも分煙・禁煙の取り組みは一部店舗で始められただけで、全店を分煙・禁煙にはしていませんでした。

――　そうですね。ですから評価点は5にはならないわけで、分煙は2点でした。私が評価調査に関わるようになったときにも2点だったと記憶しています。

檜垣　分煙・禁煙をすると売り上げに悪影響があると思っていましたから。実際に「信頼の森」福岡直方店を開店してみると、お客様はすごく多いのですが、遊技台１台当たりの総打玉数があまり伸びないのです。途中でたばこを吸いに行ってしまうので。ですから顧客支持以外の部分でも分煙・禁煙の普及は難しいと思っていました。

—— 何かこの評価調査をきっかけに大幅に改善が行われた業務や分類がありますか。

檜垣 最初の頃は色々ありました。地道にできるところから取り組んでいった感じです。大幅な変化という意味では先ほど言ったように、労働法関連のところが大きく変わってきたのではないでしょうか。時間外手当が15分単位から１分単位になりましたし、当時のストアマネジャーには管理職と定義していたため、時間外手当を払っていませんでしたが、評価調査を受けたことで管理職の範囲自体が変わりました。当時、ストアマネジャーは管理職だったのですがその後は時間外手当が付くようになりました

—— 経営者や経営幹部に評価結果を説明し、改善への同意を取り付けることに困難を感じたことはありませんでしたか。

檜垣 いや、それはなかったですね。経営企画部で取りまとめて、然るべき会議体で報告して、役員にも報告していましたので、評価結果について経営から強く指摘を受けたことはあったかもしれませんが、説明と改善遂行に苦労したことはないですね。

—— PTBサイドで改善していただきたかったところ、例えば、こういう準備をしていただければ、もう少しやりやすかったところはございませんか。

檜垣 確かに業務負担は大きかったと思いますので、もう少し効率良くとは感じました。一方で、そこまで手間をかけたからこそ様々なことを取り込み、改善を進めることができたと思っています。それと一番は社員会社を増やしてほしかった。PTBに参加することで得られるメリットや成果をアピールできれば良かったと思います。もっと言うと、企業が一番望んでいるのは売り上げに繋がることですから「参加すると儲かるよ」と言えたら良いのですが。PTBは売り上げ増を目指す組織ではありませんので、企業価値の上昇には結び付いても、企業の業績の向上につながるというイメージを持ちづらかった企業が多かったのかもしれません。

—— PTBの活動資金も大きな負担と映ったのかもしれませんね。

檜垣 PTBの活動は、評価基準の作成や評価結果に対応することだけでな

く、企業価値を上げようということがあったと思うのですが、そこにはやはり人件費などのコストがかかることを認識する必要があると思います。ですから社員会社になることを検討している会社がメリットを感じられる内容を盛り込めば、社員会社数ももう少し増えたでしょう。

―― PTBの評価調査に携わって、会社ではなく一個人として何かメリットはありましたか。

檜垣 私にとってPTBはすごく大きな存在でした。なぜかというと、PTBを担当したのは入社してまだ2年未満だったのですが、各部門の人とやり取りをして、評価調査を受けることで会社の業務を網羅的に自分の知識にすることができたのです。自分にとってとても勉強になりました。

その後、広い分野で様々な部署を経験することができたのですが、これはキャリアの最初にPTBに携われたことが大きいと思っています。会社としてはもちろんですが、一個人としても大変感謝しています。ありがとうございました。

―― ありがとうございました。

（2023年9月21日インタビュー）

ニラク

―― 評価調査を受けてこられて自己評価書の作成や資料収集などの事前準備で苦労されたことがありましたでしょうか。また、自己評価の中で、苦労された項目があれば教えてください。

大石 それぞれ現場の担当者が対応してくれていたので、私自身はそんなに苦労したわけではないのですが、最近ですとTD（社会的要請）の項目は結構苦労したのではないでしょうか。

TD以外のところは、法律、規則などがありそれに従って進めていきますので分かりやすいのですが、例えばTDの環境対策となると何を基準とするか必ずしも明確ではない。騒音などについての自己評価には体感的な要素が入り込む余地があって結構難しいので、ここは苦労したと思います。

―― 点数を取りに行くために、「これやろう」とか、苦労されましたよね。

大石 おっしゃるとおりです。社内での自己評価はほとんどの場合高く付けできます。基準の中央値も分からない場合がありますし、自分たちのやっていることはやはり評価はされたいので、自己評価の際によく分からない場合は「できている」となりがちなのです。

—— やっぱりそうですか。

大石 私たちの場合はいつも自己評価から下がる方でした。20年近く前、当時のパチンコ業界にはまだ上場している企業はありませんでしたので、上場を目的として第三者から客観的な評価をしてもらい、上場に耐えうる内部体質を整え、来るべき上場に備えていこう、というのがPTBの設立の趣旨だったと思います。もちろん第三者評価ですので点数は高い方が良いに決まっているのですが、点数を取ることだけを目的に続けていくと、時には表面上無理してお化粧するようになってしまうこともあります。当然、現状の内部体制がその要求に耐えられないこともでてきます。私がよく言っていたのは、「とにかく正直に書いて、3点は3点で良い、2点は2点で良い。そこから優先順位をつけ、どのような状態を目標に組織や体制を改善していくかが重要で、この評価は毎年の通信簿として使おう」ということでした。点数が低いからといって無理して整えても、そのときの会社の状況においては維持継続が難しいということもあるわけです。理想の状態に近づけるには、人員体制の充実やコストがかかってくるものもあります。しかし、調査項目の中で我々が本当に重点的に整備すべきこと、例えば人事労務などは、当社には人財を大切にしていくという企業理念もあることから、少し背伸びして改善を推進してきました。

内部体制も整っていなかった部分もあるので、正直に申告をして評価をもらう。その中で「今年はこれに取り組もう」という形で、一歩一歩目標に近づいていくようにしていました。

例えば、企業における3点セット（業務記述書、フローチャート、リスクコントロールマトリックス）というのがありますね。

—— 業務フローとかですね。

大石 我々も全部作ったのですが、実際には活用、維持することはとても大変です。頻繁に業務内容や組織が変わるので、日常的にメンテナンスしないといけません。業務フローが変わると、リスクが発生するポイントも全部変わっていくので、結局事務的に手に負えなくなってきます。それと同じように、PTBにおける評価でもその傾向がありました。一生懸命作ったのは良いけど、メンテナンスができないとまったく意味がないので、維持できるレベルで止めそれ以上進ませないようなこともやりました。また、高評価で維持できるレベルで継続していても、点数が下がることもありました。評価尺度もどんどん上がっていってしまうので、維持ではいつの間にか追い付かなくなってしまうのです。上場基準という観点で新しい視点が入ったり、その時代が企業に要求する社会的な役割や責任が変わったりもしますので、評価の要求水準は変わってきます。そこに我々が追い付くように努力する、この繰り返しだったと思います。

■ニラク

社員会社名：
株式会社ニラク
当時の担当者：
株式会社ニラク・ジー・シー・ホールディングス執行役専務
大石明徳

―― 実際の評価の中で、ここの基準はすごく厳しいなと感じられた、また逆に少し甘いのではと感じられたところはありましたでしょうか。

大石 労働法のところはかなり厳しいと感じました。世間の評価が労務管理について厳しくなれば、基準のレベルを上げざるを得ないということになります。先生方も法改正や時代の要請に基づき、評価を受ける会社のレベルアップを願い、真剣に評価基準の作成を毎年検討してくださったものと思います。先生方の想いやその熱意には本当に感謝しています。

―― 評価基準に時代の要請が反映されていくのは確かにありがたいですね。

大石 ありがたいです。「こんな時代になっているのか。追い付かないな」みたいなこともありましたが、毎年楽しかったです。

また、先生方に対しても「この部分はしっかりやっているのになぜ分かってくれないのか」というようなこともでてきます。そのような場面でも説明の仕方が悪く、伝わっていない場合もあります。例えば、資料の提出の仕方、資料の内容もどういうものを用意して、どう説明すればいいか、先生方は弁護士や会計士ですので、論理だて冷静に事実関係をしっかり説明することが求められます。やっているうちにそれが分かってくるので、説明や説得という意味においてもそれぞれ対応した担当者の良い教育にもなったと思います。

―― 私が気になっていたのは、G（ガバナンス）の利益相反行為の項目です。杓子定規というか、「法的に解釈したら、それは利益相反行為ですよね」みたいな形なので、なかなか点数が上がらない。ニラク様はこの分野をどのように捉えていましたか。

大石　ガバナンスの部分はあいまいな部分も結構あると思います。現在、利益相反は我々の会社ではあまりありませんが、日本の上場企業では利益相反は絶対に許されないレベルの基準ですから、やはり苦労するところでした。色々齟齬というか、解釈の違いはあったと思いますが、ここは確かに杓子定規に、と捉えられますが事実は事実として受け止めなければなりません。

――　結果として点数は上がらずに、社内的には、「ここはやむなし」という判断になったことがあるのですが、同じようなことがありましたか。

大石　ありました。内部統制の部分も然りですが、「仕方がないな」としたものはあります。内部統制の場合ですと、もちろん違法行為はしていない、さらに内部の統制機関を通すなど一定のプロセスはすべて踏んでいて「何が問題なのか」と思うこともありました。しかし、先生方は上場基準のクリアということを目指していましたし、その意味ではここはまだ甘いなと認識することも多々ありました。それと、K（基本的姿勢）のリスク管理も苦労しました。社内にはリスク管理委員会があるのですが、リスク管理はまずリスクを洗い出し、そのリスクが発生した場合に潜在的な損害がどの程度出てしまうのかを数値化し、次に、そのリスクに現在どのような統制をかけているかという要素を加えます。それによって元々のリスクがどの程度なのかを再評価します。その結果に基づき、発生リスクに大きく統制がかけられていないものから、そのリスクに対してどうアプローチしていくのかの対策を考え実行していきます。それを実際の経営の中に落とし込まなければならないのです。理屈は分かっていても、実際に動かすのは人員も必要で非常に難しい感じがしました。

――　リスクが発現してみないと、どこまで対策に実効性があるか見えないところがありますね。

大石　まず、リスク管理とクライシス管理を混同しないように気を付けました。パチンコ業の場合の最大のリスクは風適法違反です。ここが統制されていないと企業の存続にかかわりますので、統制は日常のオペレーションの中で行うものと、横ぐしを入れる形で定期的なインスペクションでカバーします。これを日常のサイクルの中に組み込むことによって、リスクは大きいが統制を十分かけているので、実際の発生リスクは小さくなるということになります。クライシス管理という部分では、東日本大震災や水害を経験していることもあり災害への取り組みを重点的に行ってきました。コロナ禍においてもその取り組みは活かされたと思います。

―― PTB の IT（情報技術）の項目（TA13〜TA17）は、担当された先生から厳しい評価を受けたと聞いています。

大石　ここはなかなか難しい部分がありました。私たちは監査法人から毎年監査を受けていますが、その中で IT 監査も含まれています。そこで指摘されたものを一歩一歩進めてはいたのですが、PTB の基準レベルで全部できているか、という話になると厳しいものがありました。

IT に関する内部統制も、1度作ってしまうとそれをメンテナンスしなくてはいけないので、システム部門が大変です。人と手間とお金がかかるため、一定のレベルまでで抑えたところもあります。TB（財務プロセス）のところは、香港に上場した過程で整備もされましたし、問題はなかったです。

―― TC（反社会）もそれほど問題なく、比較的得点が取りやすいですね。

大石　TC は比較的やりやすかったです。上場後は特に日常的に行うようになってきたため、問題はなかったと思います。

―― TF（風適法）、TG（労働法）などはいかがですか。

大石　TF は、完璧でないと逆におかしいですね。

TG のところは役に立ちました。労務問題はとても大切なので、うまく改善や新しい試みを実施するなど良い循環ができていた項目だと思います。社内では「やり過ぎじゃないか」という意見もありましたが、労務の分野は仮にやりすぎたとしても問題がないと思い、少し背伸びをしても進めました。

―― TG1（女性活用）については基準が厳しいと思っているのですが、女性の管理職の実態はいかがでしょうか。

大石　私たちの現場は女性がいないと成り立ちません。ところが、現場には優秀な女性はいるのですが、管理職への登用となるとそれぞれの事情も相まって少なくなってしまいます。この問題は会社として女性活用の方針を出し、強制的に何人かを登用するようにしないと、日本の企業では進まないと思います。現在、私はベトナムとカンボジアにおけるゲームセンター事業の責任者として、ベトナムをベースに仕事をしています。ベトナムの会社では本社の人数は 40 名弱ですが、現地社員の 90%以上は女性です。ベトナムにおいては、概して女性の方が向上意欲も高いと感じています。部長職に抜擢しようとしている人財もいますし、現場のマネジャーにも当然女性はいます。正直なところ、意欲があり実務スキルもあり成果を出してくれれば、「男だろうと女だろうと、人種や国籍がどこであろうと構わない」というのが本音です。中には足らないスキルを自覚し、知らない間に仕事が終わってから学校に行って勉強をしている者もいます。その果実は、成果が発揮できれば昇進や給与のアップということで返ってきますし、本人たちもそれを望んでいます。それゆえにこちらも真剣に評価をしなければならなくなります。これは男性、女性という性別の問題が入り込むものではありません。

—— TG1で評価5を取った会社はなかったと思います。

大石 基準がものすごく高いところにあったと思うので、なかなか難しいなという感じでした。

男性側の理屈からすると、女性は転勤ができない、お子さんの世話で時間が自由にならないなどと言うのですが、それは本人の能力と持っているスキル、成果、実績とは違うものです。人財をどう活用して組織のパフォーマンスをどう発揮するのかが重要であり、それに向けてどのような体制を作り上げるか、つまり人財が組織内で活用されていない状況をどうしていくのか、という課題として捉えることが必要であると感じています。

—— 次に内部監査の項目ですが、ここはだんだんと基準が厳しくなり、レベルがかなり上がったと思うのですが、いかがでしょうか。

大石 上場している大企業で不祥事が多発したこともあり、内部統制とか内部監査の重みが増してきたことが背景にあったものだと思います。PTBの評価においては、このような背景もあり、社会的に内部統制を有効に機能させることを求められた結果、必然的にその評価基準のレベルが上がっていったのだと思います。ただ、急に「内部監査の質を上げろ」と言われても、確かに対応は少し難しい部分はあります。

あまり厳しくやっても、現場の負荷が高まりお客様対応という重要な仕事に割く時間が少なくなってしまう場合があります。例えば、「こう言われたから、こういう制度を落とし込まなければいけない」となったときに、書類作成業務などが増えてしまうこともありますし、さらにその業務をモニタリングするとなると大変です。そこはうまくバランスを取ってきました。当社の実情からすると、そこまで全部やりきるのは難しかったなと思ったことはあります。しかし、少しずつでも確実にそのレベルを上げていくことによって、会社の内部的な質は上がっていきますし、内部統制がきちんと効いているということは、従業員にとっても安心して働くことができる組織であることになるので、内部統制や監査体制が整っているということは実は組織全体の運営としては良いことです。表面的には現場に作業負担を強いるのは問題もあります。このような分野は目に見えないので分かりにくいですが、そのレベルが上がっていくのは組織運営上間違いなく正しい方向だと思います。

―― 上場するにあたり、例えば目論見書の作成であるとか、証券会社への説明等に役立った評価項目はありましたでしょうか。

大石 香港上場時においてPTBの評価を受けていたことは全般的に役に立ったと確実に思います。実際の上場作業においては、それらができているかどうかは上場を引き受けするスポンサーや弁護士チームなどが、ひとつひとつ全部自分たちで確認をしていくことになります。ただ、PTBでやっていたことが土台にあったため、とても楽だったことは事実です。また労務管理でもベースの体制ができていたことなどは、上場を担当していた私としても非常に楽でした。上場のときに一番気がかりとされたことは、TC（反社）と、三店方式のところです。この2つをどうクリアするか、仕組みとしてどう統制するのかについては大きな課題でした。他の部分は、財務プロセスがしっかりしていればそんなに大きな問題ではなかったと思います。三店方式のところは、ダイナム様が上場をした際にクリアされていたので、それをトレースするだけで十分でした。反社という観点では、上場作業の際にマネーロンダリングの統制をどうするのかということはやっかいでした。実はカジノもそうですが、マネーロンダリングはやろうと思えばでき、完全にそのリスクを統制してゼロにすることはできません。

しかし、カジノを基準にして同様の統制体制を杓子定規に適用されても困るわけです。パチンコ店では実際にカジノのように高額なマネーロンダリングができる仕組みはその構造上ありません。この辺りは結構議論をしました。PTBの項目にこれが入った時点で、正直「必要あるのかな」と思いました。上場作業の際に導入した仕組みがありましたので、PTBの評価項目が追加されても特に新たにやることはありませんでしたが、日本での上場という視点ではこれをゼロからやろうとすると大変だと思います。

―― 外部の人に説明する土台ができているということは大切ですね。

大石 そこはとても大事なところです。なぜならば「これどうなっていますか」と聞かれた場合に、相手を納得させるには「こうなっています。それはこういうことを行っているからです。それはこの資料で説明ができます」というように、事実に基づいて論理だって説明しなければならないからです。上場時において様々な説明が必要となるのですが、PTB 評価でやり取りをしたことは良い経験となっていて、大変有意義なものであったと感じています。この一例だけでなく、他にも PTB 評価を受け続けたことによって会社自体が上場に耐えられる体質になっていたことも事実です。

―― PTB に加入された目的は上場だったのですか。

大石 当時の社長に詳しく聞いてみないと分からないのですが、私が想像するに、やはり上場だと思います。上場の願いには、パチンコ業を本業とするこの会社が、普通の会社として世間から認められる存在になりたい、という強い想いがあったと思います。パチンコ業界に対する世論がまだしっかり形成されておらず、色々な面で厳しい時代においては、従業員がアパートを借りられないとか、クレジットカードを作れないとか、そのような状態があったのも事実です。いくら真面目に経営に取り組んでも、斜めな見方をされるわけですから、会社そして従業員が社会からどうしたら認められる存在になるのか、という悩みは常日頃あったと想像します。その 1 つの答えが上場だったのです。2005 年にあるパチンコ企業がジャスダックへの上場申請を行い、結局は審査されずに保留状態となったことで、日本での上場の道をある意味断念せざるを得ない状況になっていました。それでも、上場という手段で、会社そして従業員共々社会に認められる存在になりたいという想いは続いていたのだと思います。それが香港上場という形になっていくのです。

―― その目的は達成できたということでしょうか。

大石 達成できたと思います。ただやはり、本当は日本での上場が望ましいと今でも思っています。香港と言っても上場は上場ですし、メインボードへの上場ですので、内部の状況は実際に日本の上場会社と変わりありません。しっかりした体制になっているのですが、世間一般からすると「へえ」という反応になるのが常です。

私がニラクに入社する前に、当時の社長以下創業家の想いとして「パチンコ業も他の業種と変わらないものである、と世間に認識してもらうには上場が必要だ、ひいてはそれがこの業界の発展、地位の向上につながり、この業界で働くすべての人たちのためにもなる」ということを熱く語ってもらったことを記憶しています。上場は業界の発展や地位向上を願う１つのミッションでもあったのです。

ただ、今の新しい従業員が当時の想いをどこまで分かってくれているか、今現在私は少し疑問に思っている部分も正直あります。上場したおかげで色々なものが足枷になっていると言う者もいます。確かに非上場の会社とは違い公の会社となっていますので、ステークホルダーも増えますし、責任も発生します。維持していくにも組織運営上不自由さもありコストもかかります。近年事業環境が悪化してきていることもあり、そのフラストレーションが上場したことに向かってしまうのも理解はしています。さらに、上場を維持するために様々な制度が注入され、現場の作業量も増えてしまっていることも事実です。非上場の会社ではできることが我々ではできない、上場しているが故に様々な手続きが必要で機動力がそがれる、ということもよくでてきます。ただそれは内部体制の課題である場合がほとんどです。それでも会社運営という視点では上場のメリットを実際に享受してきましたし、従業員にとっても安心して働ける会社になっているということは、それらの不満を差し引いても会社組織運営上はメリットの方がはるかに大きなものであると信じています。

―― 上場を志した当時の想いを伝えていかなければならないですね。

大石 今の人たちには伝わりづらいかもしれません。今の状態が当たり前ですし、昔のパチンコ業界がおかれていた状況を知りません。それらを押しつけてもいけません。上場への想いは当社の企業理念に表されている想いと根っこの部分は同じですので、経営の根幹となる理念さえ理解してもらえればいいかとも思います。そこは経営陣の役割であるとも思っています。当社が上場に向けた想いというのは、PTB を創設した方々、そしてそこに賛同してくれた先生方の当時の想いと同じ質のものだったと思います。つまり、上場はしましたが、上場そのものが目的だったわけではなく、社会との関係性を築く上での手段の１つであったこと、その前提として会社や業界には長く様々な歴史があることを分かってほしいとは思います。それを社員に伝え続けていくことも会社としての重要な責務と思っています。

—— 有意義なお話をありがとうございました。

（2023年8月22日インタビュー）

夢コーポレーション

—— PTBに参加された目的とその目的が達成されたのかをお教えください。

沖 2002年か、2003年に私を含め社中である証券会社の支援を得て上場準備をしていました。そのような中でピーアーク様のジャスダック証券取引所への上場申請が2006年に却下されるということがありました。国内上場が厳しくなったので、海外での上場について調査していました。

PTBでは証券会社とは異なり、ホール業界に特化した形でガバナンスなどの上場基準を指導していただけるのではと期待して参加しました。

PTBへの当初の参加目的は、2015年に株式交換によりダイナムグループ入りしたことでなくなりました。グループ入りする際にはダイナム様とともにこれまでのPTBによる評価結果を再検討し、評価を上げる努力をしました。PTBの評価が非常に役立ったと思います。ダイナム様が上場基準を満たしていましたので、夢コーポレーションも評価基準の達成度を明確にすることで追い付こうとしました。

—— 評価調査を受けられる際に苦労された点を教えてください。また自己評価が難しかった項目はございましたでしょうか。

沖 上場準備をしていましたので、例えばガバナンスでは、実態として満たしていない社外取締役関連を除いて、基本的には態勢は整っているとの自己評価がありました。実際、評価委員会の評価でも同様の評価結果となりました。基本的姿勢の項目についても評価結果は納得のいくものでした。

一方、IT（情報技術）の項目は基準を満たすことは難しいと思いました。人材確保ができていなかったので対応が難しく、会社としては優先事項としていませんでした。点数を満たすべき項目とあえて満たさない項目を切り分けていました。全体としては自己評価と実際の評価結果はほぼ一致していたと思っています。

■夢コーポレーション

社員会社名：
夢コーポレーション
株式会社
当時の担当者：
夢コーポレーション
株式会社代表取締役
社長
沖　宗也

また、そもそも社員が外部から評価された経験がないので、どういった資料を準備し、どういった回答をした方がいいのかがまったく分からない中でのスタートでしたので、苦労がありました。

逆に言うと、評価委員からの企業評価を繰り返し受けることで、どういった仕事の仕方や受け答えをすればいいのかを徐々に学ぶことができました。評価にあたっては事務局を立ち上げ、事務局がすべてに立ち会い、主管部署の説明で足りない部分を補う形にしました。しかし、2回目、3回目になると、もう主管部署に任せていけるようになったのは良かったと思います。

―― 特定の評価項目に対する評価がすごく厳しいとか、逆にここは甘いとか、評価に違いを感じたことはありましたでしょうか。

沖　上場準備を支援してもらっていた証券会社の方は上場をするための基準で、PTBの方は上場している会社の中でも優良ケースを目指す基準というイメージがあって、相当にハードルが高いと感じました。形式的な項目、例えば取締役会の運営、予算管理に関する項目などはとても評価が良かったのですが、オーバーコントロール、やり過ぎと考えていたところは当然やっていないので、そこに関しての評価は厳しかったです。

それと風適法関係ですね。この点は先にダイナム様の評価があって、先生方も目線がすごく高くなっていたと思います。PCSA（パチンコ・チェーンストア協会）の法務に関する書籍に掲載されていないケースの対処法は、社独自で行うことが多かったので、評価を受けることで風適法関係はここまでやらなければいけないということを学ばせていただきました。

評価が甘いということはないのですが、事前に、例えば約款、リスク管理、内部統制、内部通報などは、業界外のモデルをしっかり取り入れていくことである程度項目を満たせるので、違和感なく対応できました。一方、意図的に行っていないと項目はそのとおりの評価でした。その状態からPTBの評価項目をやりきると、本部組織は今の2～3倍にしないとならないと思います。

達成できないと思っていた項目に関しては、あえて点数を取りに行かない判断をしないと非常に厳しいと感じました。2点取れば良い、ここは3点までとか、を事前に会社の中で代表者にも確認していきながら、評価を受けるというよりも自分たちに足らないものをそこで学ぶ感じでしたので、評価が甘い、辛いということはあまり感じませんでした。

―― 自己評価と調査委員会から実際に出てくる評価に食い違いがあったかと思いますが、特にそういう傾向が強かった分類・項目がありましたでしょうか。

沖 これは全体を通して言えるのですが、特に運営の部分で、やっているつもりだったが、書面や記録として保存されていなくて、エビデンスとして示せないということがありました。企業は存続することが前提なので、誰が担当者になっても継続できる体制が求められるのですが、この部分に関しては、まったく点数が取れなかったですね。

担当者は一生懸命話をするのですが、評価者としてはエビデンスがあって、それがいつ会社の承認を得て、継続的にきちんと実施されているのかという視点で評価されるので、そこが担当者からすると、視点が違うという言い方になるのかもしれません。しかし、一方で本来あるべき組織の運営を学べたのではないかと思います。

―― 相容れないところはあまりなかったのですか。

沖 解釈、認識の相違はあったのですが、いったん現場で評価を受けて、その後、最後に協議する場がありましたので、その中である程度消化できました。一部、特に決算プロセスで、できているはずだと思っていたのが、できていなかったことはあったと思います。

ダイナム様にしてもニラク様にしても、評価で4点以上取るのがおそらく前提だと思います。夢コーポレーションの場合はそれをすると、会社規模以上に本部要員を抱えてしまうので、ある種、形式的な部分をしっかりクリアしていくことを目指しました。多くは3点、できていないところは2点、システム系のところは1点という感じで、ある程度割り切っていたので、受け入れることができたという感じでした。

―― 評価結果に対して改善計画を策定・実行することがあったと思うのですが、このあたりで苦労されたことはありますか。

沖 評価を受ける目的、評価対応の仕事に重きを置くべきことを、評価を受ける部署の人たちに認識してもらうことに一番苦労しました。何のために評価を受けるのかを理解していないと、それに主体的に業務の時間を割いていくことにはならない。夢コーポレーションはプレーイングマネジャーが多いので、店舗の目の前のトラブルなどこなすべきことが膨大にある中で、評価対応をしなければいけないということに関して、目線合わせをすることが一番大変でした。

調査回数を追うごとに少しずつでも点数を上げていくスタンスとし、まず1回目で実態を認識し、2回目は、例えば社会貢献についてはやり過ぎになるので、まず遵法のところをきちんとやろうというようにしました。ダイナム様やニラク様のような進んでいる企業を参考に、獲得すべき点数も見えますから、ここに関してはきちんと達成しようと進めていきました。

評価基準自体も変化していく中でどんどん厳しくなっていったと感じています。先生方が次々とハードルを上げられるので、以前は点数を取れていたけれども、今回は取れないということが起こる。見る方によっては点数だけで中身を見ないので、点数が下がると、担当部署は何をしているのだと見られてしまうことが一番大変でした。ですから、ホール業界企業の国内上場が厳しくなって、PTBの評価を受けることは非常に勉強にはなったのですが、そのゴール設定をどこに持っていくのかが一番大変だった気がします。

また、ITの内部統制に関しては、規定をどのように準備すればいいのかなど、本当に難しいことばかりでした。一般的な規定は証券会社に相談したり、他社の規定を真似して書き換えていくことで準備はできるのですけれど、そもそもITに長けている人材による規定が世の中に出てないようでしたので、それをどのように取得すれば良いか悩みました。

ダイナム様のグループに入って、ダイナム様のIT関連の規定をいただいて、それを夢コーポレーションで書き換えて、初めて2点に上がったという塩梅でした。知識、ノウハウも含めたリソースという部分では、社外役員を配置するなどの項目はもう仕方がないという感じでした。

―― 形式的なことだけで簡単に基準をクリアできるものでもありませんよね。

沖 国内上場を目指していたときに一時期、社外役員を入れていましたが、上場が見えなくなって、ゴールの設定をどこに置くのかが問題になりました。

この項目の評価で3点以上取っていくという場合に、例えば2年後に上場を申請するとかの明確なゴールがあると、組織のモチベーションは上がるのですが、そこが一番難しかったです。

他の業務よりこれを最優先にしなさいという調整は、やはり相当に難しいです。ただPTBに関しては、社内にはないノウハウが定性的にスコア化されているので、目指すべき目標、自分たちのしている仕事と比べて、上位の仕事がどのようなものかを認識できたことは非常に良かったと思います。

―― PTB評価調査を受けた結果、大幅な改善につながった業務があれば教えてください。

沖　金融機関からの評価において、PTBでこういう評価を受けましたというのは非常に良い材料になりました。ガバナンス、基本姿勢、運営組織、予算管理、コンプライアンスでは取るべき点数を取れていたので、金融機関からは組織統治がきちんとできているという評価をいただきました。逆に点数が取れていない分野に関しても明確に説明ができたことも良かったと思います。

上場会社となると公的と言ってもいい特色も強くなりますが、金融機関は非上場企業にはそこまで求めませんので、監査法人の監査報告に加えてPTBでの業界に特化した形での外部評価を受けることによって、融資審査でアピールできたのは非常に良かったと思っています。

その他で一番改善が進んだと思うのは、こだわって行っていた遵法の項目です。人事労務に関する項目では手探りの部分はありましたが、上場するのであれば、ここまでしなければいけないと認識していましたので、法令に関する対応はしていました。年次有給休暇、実態としての社員の休息の問題、ストレスチェックなど、厳しくしていなかった項目についても力を入れるようになりました。実際、休憩時間が見なしではないか、例えばインカム（イヤフォンとマイクにより会話ができる装置）を着けた状態で休憩と言えるのかといったところも社内で議論しました。PTBの評価を受ける前はそういった議論さえしていなかったのです。休憩は本来どうあるべきかという議論が出てきたことが担当部署にとっては理論武装するきっかけになりましたし、経営としてはそこまでする必要があると認識できました。もともと休憩のときは、引き継ぎの時間を含めてであって、休憩はほとんど取れなかったのですが、PTBの評価を受けてからは交代の時間にしっかり休憩を取るようになりました。また、上場するためにはユニオンが必要だということからユニオンを設立しました。働きやすい職場作りは、過去の延長線上では難しく、PTB の評価を受けることで改善ができたのは非常に良かったと思います。遵法のところは、特に労働基準法に沿いながら多くの議論の中で進めたのですが、人事関係についてはゴール設定がしやすかったのです。

―― 評価基準が明確でしたので、その達成度合いを確実に数字で評価されるわけですね。

沖 はい。それが働く人たちにとっての果実であり、経営にとっても努力の方向性が明確で、一番ゴール設定がしやすかったです。

―― PTB に参加されたメリットをお話しいただきましたが、PTB への参加が企業価値の向上に繋がりましたか。また、逆に PTB がもう少しこうしてくれれば良かったとお考えの点がございますか。

沖 PTB の設立は、日本においてパチンコそのものが社会的に認められること、そのための機関だと思うのです。結果として、国内上場ができていないことに関しては、当初の目的を達成できていないわけで、社会に対して PTB の発信によってもっとうまく影響力を与えることができなかったのかなとも思っています。

―― 各個企業が社会的評価を高める活動をすると、世間からは自分たちの利益のためにしていると見られがちなので、PTB のような機関がその役割を担うことで、業界全体の底上げとなり、評価を変える機会となったのではないかと思うのですが。

沖 PTB の評価基準は上場する会社の組織運営基準であったとは思います。そのためのシンクタンク機能としては非常に優秀だったと思います。ただ、やはり上場を考えれば、社会的評価の向上についてもう少し力を入れても良かったと思います。

―― 業界に対する偏見を払拭するためにもう少し役立てたかもしれないですね。

沖 当時、よく言われていたのが「上場できない3業種」、つまりパチンコ、先物取引、産業廃棄物処理なのですが、先物取引は上場できていますし、産廃に関しても最終処分業者はまだですが、関連業種は上場できています。先物取引は射幸性が高い、産廃は反社会勢力との関係性が問題視されたのですが、そういったところも上場できているわけです。

そうしたときに、PTB に取引所との関係性などもう少し社会との対話、社会への発信があれば、もしかしたら違った展開になったかもしれません。さらに言うと、ホール企業の中で PTB に参加する企業がもっとたくさん増えて、そこが重要な役割を担って社会との対話をすることがあれば良かったと思います。しかし、これは業界の問題でもあるのですが、上場をするよりもマイカンパニーの方がいいという会社が非常に多く、パブリック化を志向されていないのだと思います。PTB としての取り組みは非常に素晴らしいのですが、やはりこの業界がパブリック化して、社会に対していい影響を発揮していくという部分では、少し届かなかったのかなと思います。これは業界にとって今後の課題でしょう。

―― 社員会社の数があまり増えなかったというお話もありましたが、コストの問題もあるのでしょうか。PTB に参加することによってかかる経費などについてはどのようにお考えでしょうか。

沖 夢コーポレーションの前オーナーは上場したいという思いが非常に強かったので、費用をかけてでも PTB に参加していること自体が大事だと考えていたと思います。金額としては安くはなかったですが、その先を目指していたオーナーからすると、高いとは思っていなかったと思います。評価の一部は、金融機関に対しての説明材料にも使っていましたし、社員の待遇改善にもつながりました。参加した意味は多くあったと思います。

―― ありがとうございました。

(2023 年 9 月 21 日インタビュー)

第5章

評価項目とその解説

本章ではPTB（パチンコ・トラスティー・ボード）が社員会社を評価するにあたって用いた評価基準を公開する。この評価基準は法令の改正、社会情勢の変化等に基づき何度か改正されているが、最新となる第14回調査のものを掲載した。PTB社員会社はすべてパチンコ・ホール経営企業であるが、この評価基準はパチンコ・ホール業界以外においても有用なものになっていると自負している。ここに、本書においてPTBによる評価基準を公開する意義があり、社員会社以外にこの評価基準が公開されるのは本書が初となる。

この評価基準は業界の社会的地位および社員会社の社会的評価の向上に寄与し、ひいては社員会社が株式市場において株式を公開することに結びつくものと考えられた。株式上場については、東京証券取引所等、日本の株式市場への上場は現時点では実現していないが、香港市場への上場を果たした社員会社が複数社ある。今後、日本の株式市場への上場が期待される。

評価基準は、具体的には、ガバナンス、基本的姿勢、態勢構築（フレーム）、態勢構築（財務プロセス）、態勢構築（反社会）、態勢構築（社会的要請）、態勢構築（法令順守体制1～3）、内部監査、の10分類に分けられている。また、それぞれの分類はさらに小項目に分けられ、全部で91項目となっている。この91の小項目ごとに調査対象企業は調査委員会によって調査され5段階評価を得て最終的に評価分類ごとに格付けが付与されるとともに、調査結果についての詳細なコメントが評価委員から付与された。

今回は、各評価基準に基づく評価調査の結果サンプルとして、社員会社・株式会社ダイナムの最新評価調査結果（第14回調査、2023年1月）を掲載した。

分　類	ガバナンス
分類番号	G1
目　的	株主総会の開催・運営
調査項目	株主総会は、その招集手続を含めて適法かつ適正に開催されているか。
基準に対する解説	【基準1】 株主総会が所定の場所・時間に株主が会合して開催されている。 【基準2】 基準（1）に加え、株主総会招集通知への事業報告書の添付など、適法に株主総会招集手続が取られている。 【基準3】 基準（2）に加え、会社法・定款で定める事項について株主に諮り、個別に実質的な決議をしている。 【基準4】 基準（3）に加え、事前の書面による質問や総会当日の質疑応答状況から、適正な議事運営が行われていることが具体的に検証可能である。 【基準5】 基準（4）に加え、株主から質問が行われ、経営者が具体的かつ誠実な回答を行う等、株主総会における議事の状況や総会終了後の株主からの意見聴取等から積極的なコミュニケーションが行われていることが具体的に検証可能である。
調査上の留意事項	【全体】 100％オーナー企業の場合は、本項目を対象外とする。 【全体】 本項目の調査対象は、パチンコホール事業に関する実質的な意思決定が行われている会社のみを対象とし、グループ会社における株主総会については調査対象外とする。 【基準3】 株主総会決議事項が漏れるケースは一般的に多くはないため、基準3において様々な事案が株主総会の決議事項か否かについて、スクリーニングの有無の証明までは必要としない。

調査上の留意事項（続）	【基準5】 株主構成割合に応じた対応をとっているかどうかがポイント。株主からの質問内容を吟味して、実質的に株主からの質問に相応したものかどうかについても検討が必要（さくらによる発言となっていないか）。また、あくまで「株主総会の場で」コミュニケーションがとられていることがポイント。
確認証跡等	・定時株主総会動画 ・定時株主総会招集通知 ・証券取引所上場規則による開票検査人証明つきの議決権行使結果 ・定時株主総会議長シナリオ ・取引先説明会配付資料
社員会社（株）ダイナムの最新評価結果（2023年3月）	以下の通り、各基準について確認ができたので、評価を5とした。 【基準1、2】 ・当調査期間において、2022年6月23日に定時株主総会を開催した。株主総会開催日の22日前に発送した総会招集通知記載の開催場所・時間に株主が会合して株主総会を開催している。役員3名は香港からリモート参加。 ・株主総会招集手続は、会社法および香港証券取引所上場規則に則り行っている。 【基準3】 ・会社法、定款および香港証券取引所上場規則で定める事項を総会に上程し、議案毎に投票によって決議を行っている。 【基準4】 ・当調査期間における事前の書面による質問はなかった。株主総会開催時に質問を受けつける議事進行を行っている。 ・シナリオ通りに問題なく進めた。議事詳細は動画で記録している。 【基準5】 ・株主1名から質疑応答で業界の今後等について質問があり、20分程度かけて応答した。質疑応答は議事録に記載されていない。 ・決算発表後の5月30日に取引先（株主を含む）説明会時に積極的なコミュニケーションを行っている。

分　　類	ガバナンス
分類番号	G2
目　　的	株主管理
調査項目	株主の管理が適切に行われる制度が整備されているか。
基準に対する解説	【基準 1】 株主名簿が作成されている。 【基準 2】 － 【基準 3】 株式譲渡に関する手続が定められており、株主譲渡の際には手続に基づき取締役会にて承認されている。 【基準 4】 － 【基準 5】 株主名簿の記載の正確性について、定期的に（少なくとも年に 1 回）検証されている。
調査上の留意事項	【全体】 100% オーナー企業の場合は、本項目を対象外とする。 【全体】 上場会社については、本項目を対象外とする 【全体】 名義株対策として、配当金の送金先が特定の箇所に集中しているかどうかについても確認を行い、名義株が存在することが明らかになった場合は、当該質問の配点は 0 となる（上場会社の場合は、上場維持や株価つり上げを目的、閉鎖会社の場合は、脱税の温床となりかねない）。 【全体】 株主がオーナーのみの場合であっても評価対象外とせず現行基準にもとづき評価を行う。この場合において、基準 1 および 5 については、株主がオーナーのみであるため、

調査上の留意事項（続）	文書化を必須としない。 【基準5】 例えば、配当金の送金先確認、招集通知の宛先確認、委任状の筆跡検証、総会出席のチェックなどが挙げられる。
確認証跡等	・株主名簿 ・株主譲渡承認請求書 ・取締役会議事録
社員会社（株）ダイナムの最新評価結果（2023年3月）	香港上場企業であるため、評価なし。

分　類	ガバナンス
分類番号	G3
目　的	株主配当に関する決定プロセス
調査項目	株主配当に関する方針を明確にし、株主の意向と経営環境や経営戦略との均衡を十分に考慮して配当案を決定しているか。
基準に対する解説	【基準 1】 株主配当の決定は、会社法の規程に従い取締役会または株主総会で行われていることが検証可能である。 【基準 2】 配当性向その他配当の決定の方針等について取締役会で検討されている。 【基準 3】 株主に対して配当決定の方針等、配当額の根拠について説明している。 【基準 4】 基準（3）を充足し、これに経営環境や経営戦略との均衡を十分に考慮して、配当を決定していることが資料等により検証可能である。 【基準 5】 基準（4）を充足し、中期計画など将来の考え方についても事業報告や株主総会において株主に説明し、投資計画・資金調達計画等との関係で、配当方針等について十分な理解が得られるように努めていることが説明資料の内容や質疑応答の結果等から具体的に検証可能である。
調査上の留意事項	【全体】 株主がオーナーのみの場合であっても評価対象外とせず現行基準にもとづき評価を行う。 【基準 5】 単に中期計画を株主に説明しているだけでは不可。中期計画中に、将来の投資計画と投資に必要な資金の調達計画とが記載されており、配当額（必要な内部留保額の裏返し）について株主からの納得感を得られるような仕組みが存在することが必要。

調査上の留意事項(続)	【基準5】 資金が潤沢な企業であっても投資計画や資金調達計画との関連を検討・開示することは必要。なお、資金調達が不要な場合を想定し、「資金調達計画」の後に「等」を入れている。
確認証跡等	・定款、取締役会議事録および議事進行記録 ・取締役会議案書、取締役会議事録 ・定時株主総会招集通知 ・総会議長シナリオおよび取引先説明会資料 ・財務諸表委員会配当関連資料
社員会社(株)ダイナムの最新評価結果(2023年3月)	以下の通り、各基準について確認ができたので、評価を5とした。 【基準1】 ・株主配当の決定は、会社法および定款の規定により取締役会(中間配当決議:2021年11月24日、期末配当決議:2022年5月25日)で行われている。 【基準2】 ・配当性向および配当の方針等については取締役会で検討している。 【基準3】 ・定時株主総会の事業報告説明時および決算発表後の5月30日に開催の取引先(株主含む)説明会にて説明している。 ・配当の決定については、IFRS連結当期利益の35%以上を設定するという基本方針がある。これは上場時に香港取引所の助言に従い決定している。 【基準4】 ・財務諸表委員会で経営環境や経営戦略との均衡を考慮して検討した上で、取締役会に議案を上程して配当を決定している。 【基準5】 ・定時株主総会開催時における事業報告の説明パートおよび決算発表後の5月30日に開催の取引先(株主含む)説明会にて中期計画等を説明している。

分類	ガバナンス
分類番号	G4
目的	取締役会の開催・運営
調査項目	取締役会は、業務の必要性に応じて適切に開催されているか。
基準に対する解説	【基準 1】 取締役会は会社法の要件を充足し、定期的に開催されている。 【基準 2】 基準（1）に加え、取締役としての資質を備えた役員が原則として全出席し、議事録が適切に作成されている。 【基準 3】 基準（2）に加え、毎月 1 回の定時取締役会の他に、会社で定めた専決案件が生じた場合は、適時に取締役会（あるいはこれに準じた会議）が開催されていることが検証可能である。 【基準 4】 基準（3）に加え、個々の審議内容が、客観的な資料に基づいて審議がなされていることが、具体的な文書等で明らかになっている。 【基準 5】 基準（4）に加え、取締役会等における審議が、取締役会議事録および議事内容が具体的に把握できる関係書類の閲覧を通じて、担当取締役から検討した複数の選択肢に関する説明がなされ、監査役からの指摘、他の取締役からの発言を確保している等により、活発な議論がなされていることが具体的に検証可能である。
調査上の留意事項	【全体】 本項目は主査（評価委員）が直接調査して評価する。 取締役非設置会社の場合でも経営に対するより効果的なガバナンスの考え方として取締役会の設置は一般的であるため、現行基準にもとづき評価を行う。 【基準 2】 常勤、非常勤の取締役の全員参加を原則とし、やむをえない理由により欠席する場合は、欠席の理由が明確となっている文書を必要とする。取締役会に欠席する取締役がいるばあいは、欠席事由の把握と、その頻度からその判断を行うものとする。なお、議事録作成に当たっては、当該役員の記名・捺印または署名がなされているとともに、印鑑そのものを総務部門等で預かっており、本人以外は代印しているばあいは、1 点。 【基準 3】 取締役会の決議事項に漏れがないように、会社がどのようなプロセスでチェックをしているか確認する（稟議の際に取締役会承認がされているかをチェックしているかなど）。特に重要な案件（新規出店、多額の借入、重要な人事など）については、必要に応じて実際にチェックされているかも確認する。会社が取締役会の決議事項に漏れがないかをサンプルチェックにより確認している場合、仕組みの妥当性を中心に確認し、著しく問題がない限りサンプル件数の多寡をもって評価しない。

調査上の留意事項（続）	【基準4】 議論している内容が本質的なものかどうか、資料等を通じて検証を行う。 【基準4および5】 一部の強力な役員の意向が一方的に反映されることがなく、取締役相互のけん制が機能している体制が構築されているか。
確認証跡等	・主要会議体スケジュール ・取締役会規則 ・取締役会・株主総会開催スケジュール ・取締役会議事録 ・取締役会議事進行記録 ・役員協議会資料
社員会社（株）ダイナムの最新評価結果（2023年3月）	以下の通り各基準について確認ができたので、評価を5とした。 【基準1】 ・取締役会は、原則毎月第三木曜日10時30分から開催としている。 ・期初に1年間の取締役会開催日程表を作成し、各取締役・各監査役宛に事前に周知しており、定款の定め通り、議事録に記載されている日に『取締役会招集ご通知』を出している。 【基準2】 ・取締役会は、毎月定期的且つ確実に開催、全取締役ほか常勤監査役ならびに非常勤監査役も出席しており、各取締役会において取締役会議事録が作成されている。非常勤監査役は、議事録を事前に確認してもらったうえで、翌月の取締役会時に押印してもらっている。 ・取締役会はリアルで開催している。 ・資料は3日程度前にメールで配布している。事前に質問をうけたことはない。 【基準3】 ・毎月の定例取締役会以外にも、必要に応じて臨時取締役会を開催する場合があるほか、会社法第370条及び定款第27条に則った書面による決議も実施している。 ・店舗の再契約などは書面決議になるが、事前に専門委員会で議論している。 【基準4】 ・取締役会では、個々の審議内容について、事前に資料が配布され決議されている。 【基準5】 ・取締役会では、決議・報告事項について審議が行われ、適正な議事進行録を作成している。毎月事前に取締役会事前確認を実施して、議題の漏れや適切な議題があげられているかについて確認を行っている。また、適時的確に経営企画部主催にて役員協議会が開催されている。

<table>
<tr><td>分類</td><td>ガバナンス</td></tr>
<tr><td>分類番号</td><td>G5</td></tr>
<tr><td>目的</td><td>役員報酬の決定プロセスの適切性</td></tr>
<tr><td>調査項目</td><td>役員報酬等（役員賞与、退職慰労金を含む）は定められた手続により適正に決定されているか。</td></tr>
<tr><td>基準に対する解説</td><td>【基準1】
役員報酬等は、定款における規定もしくは株主総会の決議に基づき決定された報酬限度額内にて支給されている。

【基準2】
基準（1）に加え、役員報酬等が取締役会において決定されている。

【基準3】
基準（2）に加え、役員報酬等が勤務実態に照らして問題がない範囲にて適切に支給されている。

【基準4】
基準（3）に加え、役員報酬等の適正性について、監査役が監査している。

【基準5】
基準（4）に加え、役員報酬等の適正性について、株主や社会の理解を得るために、個別役員報酬の開示や社外者を含む報酬委員会の設置等を実施し、透明性の確保に努めている。</td></tr>
<tr><td>調査上の留意事項</td><td>【全体】
株主がオーナーのみである場合、基準1の株主総会の決議については、文書化を必須としない。

【基準5】
個別役員報酬の開示はかなり厳しい条件ではあるが、現実に対応している企業もあることから基準5レベルとして必ずしも不適切ではない。但し、役員報酬の適正性・透明性を確保する手段の1つでしかなく、またプライバシーの問題等、当該手段の是非について議論の余地もあることから、PTB評価基準としては、個別役員報酬の開示を義務付けるものではなく、あくまで1つの例とし、他によりよい方法があれば評価する。</td></tr>
<tr><td>確認証跡等</td><td>・定款
・役員報酬および賞与に関する規則
・報酬委員会規則</td></tr>
</table>

<table>
<tr><td>確認証跡等（続）</td><td>・役員報酬ガイドライン
・報酬限度額廃止資料
・役員報酬および役員賞与決定資料（報酬委員会議案書・議事録）
・報酬委員会の職務執行状況報告
・年次報告書</td></tr>
<tr><td>社員会社（株）ダイナムの最新評価結果（2023年3月）</td><td>以下の通り、各基準について確認ができたので、評価を5とした。

【基準 1】
・ダイナムジャパンホールディングス（DYJH）役員の報酬枠と個別報酬額は、委員会設置会社における報酬委員会が会社法要請の役割・趣旨に従い専権事項として決定している。なお、報酬限度額は2017年5月度報酬委員会にて廃止を決定している。

【基準 2】
DYJHは報酬委員会の専決事項であるため、株主総会、取締役会での決議は不要である。

【基準 3】
・DYJHのすべての役員（取締役・執行役）は取締役会や主要会議（取締役会・監査委員会・報酬委員会・指名委員会・株主総会）に出席し、役員としての責務を果たしている。毎月の取締役会で委員会職務執行状況報告、執行役職務執行状況報告にて報告を実施している。
・役員賞与支給にあたっては、役員行動評価として1次評価を各社社長、2次評価をDYJH代表執行役が行い、各社社長、DYJH執行役および1人取締役会社は2次評価のみを実施の上で役員賞与を決定し、支給するプロセスとなっている。

【基準 4】
・報酬評価運用に関する報酬委員会の職務執行状況（活動）は、自主的に監督機関のDYJH取締役会に対し報告を行っている。

【基準 5】
・DYJH定時株主総会でグループ役員の報酬内容の決定方針およびDYJH役員の報酬額を開示している。
・報酬額は年次報告書（参考和訳）に記載済。</td></tr>
</table>

<table>
<tr><td>分　類</td><td>ガバナンス</td></tr>
<tr><td>分類番号</td><td>G6</td></tr>
<tr><td>目　的</td><td>取締役の利益相反行為</td></tr>
<tr><td>調査項目</td><td>取締役と会社との間に直接または間接の取引がある場合、取締役の自己の利益とならぬように法令に準拠して適切に審議しているか。</td></tr>
<tr><td>基準に対する解説</td><td>【基準 1】
利益相反取引（実質的な利益相反が発生する取引に限定、以下同様）について、会社法に則った承認手続がとられている。

【基準 2】
利益相反取引の承認手続が規程等により明確に定められている。

【基準 3】
利益相反取引の承認手続にもとづき取締役会にて十分な検討（取引の必要性、取引条件の適正性など）がなされ、その記録が残っている。

【基準 4】
会社として利益相反取引を行わない方針であり、利益相反取引は存在するものの、本業に関係のない些細な取引のみである。

【基準 5】
会社として利益相反取引を行わない方針であることが行動指針・規程などに明記されており、利益相反取引を行っていないことが適正かつ合理的に確認されている。</td></tr>
<tr><td>調査上の留意事項</td><td>【全体】
100% 子会社との取引の場合には、合理的かつ経済的理由がある場合が多く、過去に利益相反取引に該当した判例もないことから、基準 1 の括弧書きの規定により、本項目の評価対象外とする。

【基準 3】
利益相反取引が存在しない場合であっても、承認制度に関して社内での仕組みが整備されていないのであれば、基準 3 は満たさない。

【基準 4】
「本業に関係のない些細な取引」とは、100 万円未満程度の賃貸借取引、定型業務のアウトソーシング等が想定される。調査では金額や取引内容を十分に確認の上で総合的に判断する。</td></tr>
</table>

調査上の留意事項（続）	【基準5】 取締役との自己取引が行われている場合は、基準5は満たさない。 【基準5】 利益相反取引があっても、グループ再編等で合理的かつ経済的理由がある場合には、基準5を満たす場合もある。 【基準5】 利益相反取引がなくなった場合には、そもそもの取引内容と、どのように解消したかを調査し、本当に利益相反取引がなくなっていることを確認する。
確認証跡等	・取締役会規則 ・誓約書
社員会社（株）ダイナムの最新評価結果（2023年3月）	以下の通り、各基準について確認ができたので、評価を4とした。 【基準1、2】 ・利益相反取引については、会社法第356条、365条、及び取締役会規則に則り、取締役会で十分な審議が行われることになっている。 【基準3】 ・今年度該当事例はないが、該当があれば取締役会で審議することになっている。なお、取締役会の協議内容においては、毎回議事録として詳細に記録されている。 【基準4】 ・利益相反取引を行わない方針であり、些細な取引も存在しない。 【基準5】 ・会社として利益相反取引を行わない方針であることは、すべての取締役から誓約書を受領していることによるとしているが、誓約書上は、利益相反取引があれば会社の手続に則って対応することが誓約されているのみであり、利益相反取引を行わないとは明示されていないため、基準5は満たさない。

分　類	ガバナンス
分類番号	G7
目　的	監査役による業務監査の実効性
調査項目	監査役による監査は実効的なものとなっているか。
基準に対する解説	【基準 1】 常勤監査役は取締役会に出席している。 【基準 2】 常勤監査役が取締役会に原則として全出席しており、非常勤監査役についても出席率70% 以上となっている。 【基準 3】 基準（2）に加え、具体的な監査計画が作成され、監査役間の共通認識、明確な役割分担のもとで計画的な監査が行われていることが検証可能である。さらに、監査役が取締役会における審議状況を監査していることが、書類等から検証可能である。 【基準 4】 基準（3）に加え、監査役間の連絡が密に取られ、監査の結果が適宜、取締役会・会計監査人・内部監査部門にフィードバックされるとともに、次年度以降の監査計画にも監査の結果が反映されるなど、監査役監査自体の改善を図っていることが検証可能である。 【基準 5】 基準（4）に加え、監査役は取締役会以外の主要な会議にも出席し、実効的な監査が行われ、経営の意思決定に関する適正性が担保されていることが具体的に検証可能である。
調査上の留意事項	【全体】 K1 における経営者の行動規範に対する認識と監査役の認識が合っていない場合には、基準 3 を満たさない。また、K1 にて経営者が適切に理解できていない場合において、監査役から経営者に対して指摘をしていない場合には、基準 3 を満たさない。 【基準 2】 非常勤監査役の取締役会への出席率については、ISS の社外役員に対する再任反対基準である「前年度の取締役会出席率 75% 以上」を参考に上場企業の平均的なレベルを想定した上で、出席率 70% 以上としている。 【基準 5】 実効的な監査とは、監査役が取締役会に出席し、発言すべきところで明確な発言を行い、さらに、取締役会で懸案として取り上げられた事項等について、事後での検証を行っていることが文書等により確認できる監査業務をいう。取締役会へのフィードバックとは、監査結果が取締役会に報告され、さらには、そこで、指摘された事項の改善措置が図られていることが具体的に検証可能な場合をいう。
確認証跡等	・取締役会議事録 ・監査委員会 2023 年 3 月期監査方針・監査計画 ・監査委員会議事録 ・各社事業報告会議議事録

社員会社（株）ダイナムの最新評価結果（2023年3月）

以下の通り、各基準について確認ができたので、評価を5とした。

【基準1、2】
・DYJH 監査委員会は3名の社外取締役で構成されており、全員が非常勤である。
・DYJH は香港証券取引所に上場しているため、同取引所の上場規則により監査委員は全員非常勤とし、常勤監査委員は設けていない。
・監査委員は取締役でもあることから、全員が毎月開催される取締役会に出席している。

【基準3】
・監査委員会は毎年監査計画を策定しており、これに従い、毎月の監査委員会の場で、報告事項・決議事項を監査委員全員で審議している。
・個別の問題の対応については、委員それぞれの専門分野からの役割分担に従い審議している。さらに、取締役会においても、監査委員全員が出席して審議に参加している。

【基準4】
・会議の場以外での監査委員相互間および関連部門との連絡は主にメールに依っているが、他の監査委員にも写しを送付し全員で共有している。
・毎月の監査委員会には、内部統制及び監査部門の責任者並びに主たる会社の常勤監査役にも出席を要請し、各部門からの報告およびその後の対策について討議し、必要に応じて検討や対応の要請をその場で行っている。討議や要請の内容は、翌月の取締役会において毎回報告している。
・会計監査人と会合を年2回開催し、会計監査人から見た課題や懸案事項の有無について確認している。
・年度末には当期中に出てきた課題を検討し次年度の監査計画に反映させるなど、監査委員会監査の実効性・適正性を高めるよう改善を行っている。
・常勤監査委員や補助者はいないが、ダイナムの常勤監査役を通じて適時に報告を受けているため、監査業務に支障はない。ダイナムの監査役会は、常勤1名、非常勤2名で構成されており、常勤監査役のみ DYJH の取締役会に出席している。ダイナムの常勤監査役は DYJH の監査委員は兼任していない。

【基準5】
・監査委員全員が、毎月開催されるグループ各社の事業報告会議に出席し、経営状況等について詳細な報告を受けて討議を行っている。その後に開かれる取締役会での討議を経たのち監査委員会を開催し、監査委員会独自に検討を要する事項等を積極的に議論している。
・監査の実効性を危うくするような事態は、当社ではあまり想定されないと考えている。オーナーの経営理念が末端まで浸透しており現場の統制力は非常に高いと感じている。
・ホール業界として常に金銭に関係するリスクがあり、チェックが緩んだ時にリスクが発生するので、役職者やシステムの変更時は注意している。

分　類	ガバナンス
分類番号	G8
目　的	独立役員
調査項目	経営陣と利害関係のない独立した役員がいるか。
基準に対する解説	【基準 1】 経営に対する牽制機能を有する社外の有識者（顧問弁護士、税理士等）がいる。 【基準 2】 社外役員（独立役員としての要件を満たさない社外取締役または社外監査役）がいる。 【基準 3】 基準（2）の社外役員が、取締役会等において活発に議論に参加している。 【基準 4】 東京証券取引所が定める要件を満たす独立役員がいる。 【基準 5】 基準（4）の独立役員が、経営に対する実質的な牽制機能を十分に発揮していることが具体的に説明可能である。
調査上の留意事項	【全体】 本項目は主査（評価委員）が直接調査して評価する。 【基準 3】 75% 程度の出席率があることおよび会議中に活発に発言を行っていることを議事録等にて確認する。 【基準 4】 東京証券取引所が定める要件とは、上場管理等に関するガイドラインⅢ 5.（3）の 2 に記載されている以下の判断要素に該当しないことをいう。 a. 当該会社の親会社または兄弟会社の業務執行者等（業務執行者または過去に業務執行者であった者をいう。以下同じ） b. 当該会社を主要な取引先とする者もしくはその業務執行者等または当該会社の主要な取引先もしくはその業務執行者等 c. 当該会社から役員報酬以外に多額の金銭その他の財産を得ているコンサルタント、会計専門家または法律専門家（当該財産を得ている者が法人、組合等の団体である場合は、当該団体に所属する者及び当該団体に過去に所属していた者をいう） d. 当該会社の主要株主 e. 次の（a）または（b）に掲げる者（重要でない者を除く）の近親者 (a) a から前 d までに掲げる者 (b) 当該会社またはその子会社の業務執行者等（社外監査役を独立役員として指定す

調査上の留意事項（続）	る場合にあっては、業務執行者でない取締役もしくは業務執行者でない取締役であった者または会計参与もしくは会計参与であった者を含む） 【基準 4】 社長と親密な友人関係にないことなど、報酬以外の独立性の要件も含めて確認する。 【基準 5】 実質的に牽制機能を発揮していることについて、議事録等により合理的な説明ができなければ基準を満たさない。但し、牽制機能の発揮とは否決の事実のみを求めるものではない。
確認証跡等	・定時株主総会招集通知 ・取締役会議事録 ・各社事業報告会議議事録 ・監査委員会議事録
社員会社（株）ダイナムの最新評価結果（2023年3月）	以下の通り、各基準について確認ができたので、評価を５とした。 【基準 1】 ・監査委員会は、弁護士、香港公認会計士、税理士である３名の社外取締役で構成されており、それぞれ法律、会計、税務の専門家としての知識と経験に基づく経営の監督とチェックの機能を有している。 【基準 2〜4】 ・DYJH の全９名の取締役のうち５名が社外取締役であるが、５名全員が一般株主と利益相反するおそれのない社外取締役であり独立役員である。 【基準 5】 ・独立役員全員が、毎月の取締役会およびグループ各社の事業報告会議に出席し、活発に討議に参加して積極的に意見交換を行っている。また５名全員が、指名委員会、監査委員会、報酬委員会の委員として、経営の監督機能を高め、牽制機能を果たしている。 ・なお、監査委員会では年１回、代表執行役との面談を行い、意見交換、情報共有化を図っている。 ・監査委員会で四半期に１回、内部通報の報告を受けている。内部通報は有効に機能している。通報しづらい環境になってないかは常に確認している。 ・ハラスメントによる懲戒処分は内部通報がきっかけとなることが多い。ハラスメントが継続して発生していないかは確認している。 ・内部通報の対応には、解決・終了・収束とあり、終了は匿名者がそのまま氏名を明かさず通報を中断したケースなので注意が必要。 ・コンプライアンス調査を毎年実施しており、監査委員会で報告を受けている。管理者の啓蒙が重要であることを経営陣には伝えている。

<table>
<tr><td>分　類</td><td>基本姿勢</td></tr>
<tr><td>分類番号</td><td>K1</td></tr>
<tr><td>目　的</td><td>リスク管理に関する経営者の取り組み姿勢</td></tr>
<tr><td>調査項目</td><td>経営におけるリスク管理の重要性、必要性が経営者に十分に認識され、その徹底のために必要かつ十分なリーダーシップが発揮されているか。</td></tr>
<tr><td>基準に対する解説</td><td>【基準1】
経営者がリスク管理や企業の社会的責任の重要性について認識していることが何らかの資料により確認できる。

【基準2】
取締役会においてリスク管理を経営上の重要課題として明確に位置づけていること及びその具体的な取り組み状況が確認できる。

【基準3】
リスク管理を経営上の重要課題と位置づけていることを内外に宣言しているほか、経営者が従業員に対し、リスク管理の重要性を研修等において繰り返し訴えていることが確認できる。

【基準4】
基準（3）に加え、経営者自身がリスク管理推進組織のトップに就任する等、積極的にリーダーシップを発揮していることが具体的に検証できる。

【基準5】
基準（4）に加え、経営者について、社内外においてリスク管理や企業の社会的責任の実現のために率先垂範して取り組んでいる言動が認められるほか、その言行一致により社員の模範となっていることが社員へのアンケート結果等により検証できる。</td></tr>
<tr><td>調査上の留意事項</td><td>【全体】
他の評価項目と異なり、K1は経営者ヒアリングの結果に基づき評価する。

【基準2】
「具体的な取り組み状況」は、会社法で定められている内部統制の基本方針に関する決議だけでは不十分と判断する。

【基準3】
経営者ヒアリングにて以下の事項を確認する。
－行動規範の目的
－行動規範とその他経営理念等との関係
－行動規範の作成プロセスの認識
－行動規範の浸透に関する活動内容
－現状の浸透度に関する認識</td></tr>
</table>

	【基準 4】 経営者がリスク管理組織のトップに就任していない場合には、積極的なリーダーシップに相当するような取り組みが別途必要となる。
確認証跡等	・2017 年 7 月 27 日 取締役会決議、「内部統制の基本方針」 ・内部統制委員会資料 ・グループ内部統制委員会資料 ・ESG レポート ・社内イントラネット ・社内報 ・リスク管理規程 ・2021 年度コンプライアンス調査結果報告書
社員会社（株）ダイナムの最新評価結果（2023年3月）	以下の通り、各基準について確認ができたので、評価を 5 とした。 【基準 1、2】 ・取締役会専決事項である「内部統制の基本方針」において、リスク管理を経営上の重要課題に位置づけている。 ・具体的には、内部統制実行計画を策定し、内部統制会議（四半期毎）および内部統制委員会事務局会議（毎月、ただし社長も同席）にて、進捗報告・審議を行っており、その結果等については DYJH のグループ内部統制委員会に報告される。 ・また、「損失の危険の管理に関する体制」については、別途、危機管理委員会において報告・審議される。危機管理委員会は、昨年までグループ全体でグループ危機管理委員会を設置していたが、個社対応の必要性と機動性から、各社に設置するように戻した。常設・定例で開催している。 【基準 3】 ・社外に対しては、DYJH ホームページに ESG レポートを掲載し、「コーポレートガバナンス」「リスクマネジメント」および「コンプライアンス」の体制や取り組みについて公表している。 ・社内に対しては、イントラネットや社内報を利用し、社長をはじめ担当取締役によるメッセージを全従業員向けに発信している。 【基準 4】 ・リスク管理規程で、取締役社長をリスク管理統括責任者としている。各種委員会や会議にも出席してリーダーシップを発揮している。 【基準 5】 ・社長が内部統制委員会委員長に就き、毎月開催される内部統制会議または内部統制委員会事務局会議に出席し、必要な指示・指導を直接行っている。 ・全従業員向け「コンプライアンス調査」の結果の検証からコンプライアンス意識の浸透が図られていることが確認できる。

分　類	基本姿勢
分類番号	K2
目　的	行動規範の策定と適切な運用
調査項目	行動規範等が作成され、適切に運用することにより従業員に定着しているか。
基準に対する解説	【基準 1】 リスク管理や企業の社会的責任に関係する項目が、企業理念や経営方針等において掲げられている。 【基準 2】 企業理念や経営方針等について、研修等により役職員に対し周知、徹底を図っていることが検証できる。 【基準 3】 リスク管理への取り組み姿勢を具体化した行動規範等が、現場の従業員の意見を反映する等、従業員が理解しやすい内容にて定められており、従業員への周知・徹底を図っていることが検証できる。 【基準 4】 基準（3）に加えて、行動規範等の遵守状況や浸透度の確認が行われ、その結果や社会情勢等に応じて、経営幹部の意思決定のもと、行動規範等の改訂や浸透方法の検討等が図られていることが検証できる。 【基準 5】 基準（4）に加えて、行動規範等の精神が十分に役職員に浸透しており、企業風土としてリスク管理が定着していることがアンケート結果等により検証できる。
調査上の留意事項	【基準 3】 行動規範の作成プロセスを検証できる資料を閲覧し、行動規範の作成プロセスについて、以下の事項のように現場の従業員を参加させて作成していることを確認する。 －現場の従業員からの声を集約していること。 －現場の従業員の言葉で文章を作成していること。 【基準 4】 行動規範の遵守状況や浸透度の確認は、一般的にリスク管理の推進部署が実施しているケースが多いが、モニタリングの一部であるため、内部監査部門にて行っていても特に問題はない。但し、内部監査部門が実施する場合には、リスク管理の推進部署への十分なフィードバックが行われる必要がある。 【基準 5】 行動規範の十分な浸透については、アンケート等の結果だけでなく、店舗調査により現場の従業員に対して、行動規範の主旨や具体的な内容等について確認した上で判断すること。 【その他留意事項】 TA4（リスク管理体制（推進部署））における行動規範の浸透施策に関する活動の不備やTA6（教育研修制度）における行動規範の研修における不備がある場合には、当該評

	価を勘案して本項目の評価を検討する。
確認証跡等	・DYJH グループ企業行動憲章 ・2022 年 3 月期コンプライアンス調査結果報告書
社員会社（株）ダイナムの最新評価結果（2023年3月）	以下の通り、各基準について確認ができたので、評価を 5 とした。 ダイナムグループ企業行動憲章が定められ、イントラネットで全ての従業員が閲覧できるようになっている。 毎年、企業行動憲章に関する設問を含む e-ラーニングが行われており、受講率は 90% 超を維持している。 また、毎年コンプライアンス調査を実施しており、企業行動憲章が十分に浸透していることがわかる調査結果となっている。 以上より、企業行動憲章を浸透させるための取り組みが継続的に行われており、その浸透度も高い水準にあることから、基準 1～5 を満たしている。 【基準 1】 ・DYJH グループ企業行動憲章には、企業理念と経営方針等が掲げられており、内部統制（リスク管理）への取り組みや、社員一人ひとりが心掛けるべき行動と心構えが示されている。 【基準 2、3】 ・企業行動憲章は、グループの役員および従業員をはじめ、関係者（株主・取引先・顧客等）がいつでも閲覧できるように、ダイナムの HP に掲載されている。 ・DYJH グループ全従業員を対象に、企業行動憲章の教育を e-ラーニングで実施しており、2022 年 3 月期の受講率は 90.6% である。2021 年 3 月期は 89.9% であり前年よりも向上している。 ・内部統制教育では理解度に関するテストを行っており、企業行動憲章についての設問も含まれている。不合格の場合は後日再受講とし合格まで何度も受講するルールとしている。 【基準 4】 ・企業行動憲章の浸透度・理解度の検証は、コンプライアンス調査により調査及び分析を行っている。階層別の分析等も行われている。 ・調査結果からの課題や改善計画をコンプライアンス調査結果報告書にまとめ、グループ内部統制委員会に報告している。ダイナムのイントラネット上に掲載し、全従業員に共有している。 ・報告の総括にて調査の課題について記載されており、次回までに改善を図っている。 【基準 5】 ・企業行動憲章の浸透度や理解度については、毎年のコンプライアンス教育およびコンプライアンス調査の実施で定着が図られている。 ・前回調査以降の変更は特にない。コンプライアンス調査の項目は変更されていないが、教育内容は適時にアップデートしているため、理解・浸透が十分でなければ調査結果に反映される。受講率も前回から大きく変わっていない。

<table>
<tr><td>分類</td><td>基本姿勢</td></tr>
<tr><td>分類番号</td><td>K3</td></tr>
<tr><td>目的</td><td>リスク管理の枠組み</td></tr>
<tr><td>調査項目</td><td>リスク管理に関する組織体制や手続が整備され、体系的にリスク管理活動が行われているか。</td></tr>
<tr><td>基準に対する解説</td><td>【基準 1】
リスク管理に関する取り組みは、法務部等の個別部署が適宜対応している。

【基準 2】
リスク管理に関する統括責任者、リスク管理委員会等の意思決定機関、リスク活動を全社的に推進する統括部署および各リスクの所管部署が定められており、リスク管理活動が行われている。

【基準 3】
リスク管理に関する具体的な手続が定められ、手続にもとづき、各リスク管理組織の役割に応じた計画的なリスク管理活動が行われている。

【基準 4】
リスク管理活動が手続に沿って適切に実施されていることについて、内部監査および監査役監査により定期的に確認されている。

【基準 5】
リスク管理の枠組みが、十分な要員と高い専門性により最適化されており、社会的要請や様々な環境変化などに対して、適時適切に改善が図られている。</td></tr>
<tr><td>調査上の留意事項</td><td>【基準 3】
リスク管理に関する手続・活動には以下のものが含まれており、基準 2 の各担当が役割に基づいて実施している必要がある。
－リスク管理活動の実施計画の立案および進捗管理
－リスク評価 — リスク対応計画の立案および進捗管理
－リスク管理に関する教育
－リスク管理活動のレビューおよび改善
－上記活動に関する関係機関・部署間のコミュニケーション

【基準 3】
リスク評価、リスク対応計画の立案および進捗管理は、本項目では規定および実施の有無のみを確認し、手続、実施内容、継続的な管理等に関する妥当性は、K4 で評価する。</td></tr>
<tr><td>確認証跡等</td><td>・リスク管理規程
・危機管理委員会規程
・危機管理員会資料
・リスク管理実施細則
・リスク管理台帳セルフチェック結果
・リスク管理対応監査結果報告書および改善計画書
・危機管理委員会事務局会議資料
・マニュアル管理システム更新履歴</td></tr>
</table>

社員会社（株）ダイナムの最新評価結果（2023年3月）	以下の通り、各基準について確認ができたので、評価を5とした。 リスク管理について、リスク管理に関する統括責任者および危機管理委員会が設置され、リスク管理部が事務局としてリスク活動を全社的に統括・推進している。 リスク管理に関する具体的な手続が定められ、計画的なリスク管理活動が行われており、内部監査および監査役監査により定期的に検証されている。 リスク管理が、様々な環境変化などに対して、適時適切に改善が図られていることが確認できる。以上より、基準5までを満たしている。 【基準1、2】 ・リスク管理に関する取り組みは、リスク管理部が立案し計画を立てる。また、リスクの抽出に際し業務プロセスから想定されるリスクを主管部門が抽出する等、全社的な取り組み体制としている。 ・リスク管理規程において、取締役社長をリスク管理統括責任者として定めている。 ・リスク管理に関する活動は、危機管理委員会にて報告・審議される。危機管理委員会の委員は全取締役で構成され、委員長は社長である。 【基準3】 ・リスク管理に関する具体的な手続をリスク管理実施細則に定め、これに基づき、リスク管理台帳を整備し、各部によりリスクの評価と管理策の見直しが行われている。 ・「リスク管理台帳」にて、リスク評価の結果として重要リスクは明確にされている。リスクの評価方法について、影響金額の計算方法を定め、残存リスク値の算出基準を変更している。 ・リスク管理台帳は、リスク管理部から各リスクオーナーの部門に年次で見直しを依頼している。エクセルシートベースでやり取りをしている。 ・危機管理委員会は時間が限られているため、主管部門が事前に見直したうえで報告している。 【基準4】 ・監査部によるリスク管理対応監査（管理部門監査）が行われており、指摘事項に対する改善活動も実施している。 ・リスク評価について、現存するマニュアルはそもそも何らかのリスクがあって作成されているはずという考えから、マニュアルをベースとしてリスクを洗い出し、評価を行うように見直しを図ったところ、マニュアルベースでリスク評価をするとマニュアルのないリスクが漏れる可能性がある等、内部監査より指摘を受けた。 ・今期は内部監査指摘を踏まえて、従来のやり方を中心としてリスク評価を見直し中。 ・マニュアルベースでのリスク評価をした結果、リスク一覧に記載されていないリスクもあったが、当該リスクを受容できるレベルのリスクであったため、特にリスク一覧への追加はしていない。 【基準5】 ・リスク管理策を定めたマニュアル類の評価と見直しについては、危機管理委員会事務局であるリスク管理部員（7名程度）の他、必要に応じてDYJHコーポレートグループによる法的解釈を踏まえ実施している。

<table>
<tr><td colspan="2">分　類</td><td>基本姿勢</td></tr>
<tr><td colspan="2">分類番号</td><td>K4</td></tr>
<tr><td colspan="2">目　的</td><td>リスク評価およびリスク対応の仕組み</td></tr>
<tr><td colspan="2">調査項目</td><td>事業目標の達成を阻害する要因となるリスクを評価し、評価結果にもとづくリスク対応が行われているか。</td></tr>
<tr><td>基準に対する解説</td><td colspan="2">【基準 1】
経営陣により自社の抱える重要なリスクが認識されており、リスクへの対応が行われている。

【基準 2】
全社的なリスクの抽出・評価が行われ、経営陣の承認を受けている。また、リスク評価結果にもとづきリスクへの対応が行われている。

【基準 3】
リスク評価基準、リスク評価方法、リスクへの対応に関する手続が定められており、手続にもとづきリスク評価およびリスク対応が行われ、経営陣に報告されている。

【基準 4】
リスク評価およびリスク対応が手続に沿って適切に実施されていることが内部監査等により確認されている。

【基準 5】
社内外の環境の変化に応じてリスク評価およびリスク対応が適時に見直されるような仕組みが構築・運用されている。</td></tr>
<tr><td>調査上の留意事項</td><td colspan="2">【基準 2】
全社的なリスクとは、部署や業務ごとの細かな粒度のリスクではなく、経営目線で全社を俯瞰した場合の比較的粒度の粗いリスクを指している。

【基準 3】
リスク管理手続には、J-SOX における実施基準のような各リスクに対応するための具体的な手法が定められていること。

【基準 3】
リスク評価・リスク対応においては、以下の対応が含まれている必要がある。
－対象範囲が明確になっている。
－全社的なリスクを漏れなく抽出するために必要な情報、検討すべき要素が定義されている。
－評価者により評価結果にバラツキが生じない程度に具体的かつ客観的なリスク評価基準が定められている。
－リスク対応方針（回避、低減、移転、保有等）が明確になっている。
－各リスクが発生する要因を網羅的に洗い出し、具体的なコントロールを検討している。
－リスク対応の現状と課題を明確にした上で、リスク対応計画が作成され、リスク対応の進捗が管理されている。</td></tr>
</table>

調査上の留意事項（続）	【基準3】 　規程・マニュアル等の管理は、規程管理規程や文書管理規程のような規程・マニュアルを体系的に管理するための手続が定められていることが望ましい。当該手続がない場合でも、管理部署が明確となっており、文書の分類、文書名、所管部署、更新履歴等が一覧できるといった組織横断的に統一された管理がなされていること。 【基準5】 　少なくとも年1回はリスク評価結果を見直す必要がある。ただし、1年の間に大きく変化もしくは新たに発生するリスクはそれほど多くはないため、毎年のリスク評価は簡易的なものとし、網羅的かつ体系的な見直しは数年に1回程度（例：3年に1回）行うことでも問題はない。
確認証跡等	・リスク管理実施細則 ・危機管理委員会資料 ・リスク管理対応監査結果報告書および改善計画書 ・事件事故報告書 ・危機管理委員会事務局会議資料
社員会社（株）ダイナムの最新評価結果（2023年3月）	以下の通り、各基準について確認ができたので、評価を5とした。 　リスク評価基準、リスク評価方法、リスクへの対応に関する手続が定められており、手続にもとづきリスク評価およびリスク対応が行われ、経営陣に報告されている。 　リスクの洗い出し・評価が適切に実施されていることについて内部監査等により確認されている。 　社内外の環境の変化に応じてリスク評価およびリスク対応が適時に見直されている以上より、基準5までを満たしている。 【基準1〜3】 ・リスク管理実施細則に基づき、リスクの抽出・評価を行い、結果をリスク管理台帳に取りまとめたうえで、危機管理委員会に報告している。 ・重要リスクへの対応結果だけでなく、個々のリスクへの対応結果についても月報により、経営陣に報告している。 【基準4】 ・監査部によるリスク管理対応監査が行われており、指摘事項に対する改善活動も実施している。 【基準5】 ・社内外の環境の変化により、既存の管理策では対応しきれないリスク・インシデントが発生した場合は、随時対応方法を協議しているほか、月次の危機管理委員会事務局会議を通じて情報共有・問題提起・管理策見直し結果の確認をしている。 ・店舗から日々報告される事件事故報告書（月400件程度）について月報としてとりまとめており、危機管理委員会および監査役に報告されている。 ・事件事故報告システムへの報告ついて、日次でリスク管理担当者2名が報告内容をチェックし、関係者への共有、店舗への指導等を行っている。 ・事件事故報告されていないものがあるかどうかは、なかなか判明しづらいが、営業日報を財務部が確認する際に誤差金額があるにもかかわらず報告があがっていない場合において判明するケースはある。

分　　類	基本姿勢
分類番号	K5
目　　的	企業情報の開示
調査項目	企業情報を積極的に開示することにより、経営の透明性を高め、社会に広く理解される仕組みを構築しているか。
基準に対する解説	【基準 1】 経営理念や行動規範等、経営者の考え方について情報開示を行っている。 【基準 2】 開示する情報の是非等について、取締役会等において審議されている。 【基準 3】 企業情報の開示に関する手続が明確になっており、当該手続に基づき、経営姿勢、ガバナンス体制、リスクマネジメント体制等の情報が公衆に閲覧しやすい方法で開示されている。 【基準 4】 企業が想定する利害関係者（顧客、従業員、取引先等）を意識した情報開示を行っており、開示手続や開示内容の妥当性について定期的な見直しが行われている。 【基準 5】 広く社会一般も含めた様々な利害関係者に対する情報開示を積極的に行っている。
調査上の留意事項	【全体】 財務情報に関する情報開示は、TB2 にて評価するため、財務情報の開示内容の適切性等は本項目の対象外とする。 【基準 3】 上場企業レベルの情報開示が必要である。パチンコホール企業が社会の理解を得るためにPTB が設立されたことから考えた場合、情報開示は一般的な企業よりもむしろ積極的に行うべきと考える。 【基準 4】 企業が想定する関係者を対象として開示していることが確認できれば可。対象は企業の判断によるが、明らかに重要な利害関係者が含まれていない場合は合理的な理由が必

調査上の留意事項（続）

要となる。

【基準4】

ステークホルダーが理解・閲覧しやすいように内容や開示方法を十分に検討していることが重要。

【基準5】

CSR報告書等、広く社会一般を対象として継続的な情報開示を十分に行っている先進的な企業（日本証券アナリスト協会によるディスクロージャー優良企業選定で表彰されている企業など）と比較して遜色ないレベルでの情報開示が必要。単に開示している情報の量だけでなく、閲覧のしやすさ等も考慮する。

【基準5】

業界に対する社会からの悪いイメージ（暴力団とのつながり、脱税、遠隔操作、タバコ、騒音等）については、より積極的な情報開示が必要となる。

【基準5】

企業情報の開示に関するルールやガイドライン等への形式的な対応にとどまらない開示の充実に向けた企業の積極的な取り組み（注1）が見られること。また、適切な開示方法（HPその他の活用）を用いて、広く社会一般も含めた様々な利害関係者の求める情報（注2）を開示していること。

（注1）例えば、金融庁「記述情報の開示に関する原則」（平成31年3月19日）の「望ましい開示に向けた取組み」に例示される以下のような取り組みを言う。

・記述情報の記載に当たっては、内容の理解を促進するために、図表、グラフ、写真等の補足的なツールを用いたり、前年からの変化を明確に表示したりするなど、投資家の分かりやすさを意識した記載が期待される。・分かりやすい開示とするために、適切な見出しや表題を付すことや、関連する情報を整理して記載することも望ましい。

・KPIを設定している場合には、その内容として、目標の達成度合いを測定する指標、算出方法、なぜその指標を利用するのかについて説明することが考えられる。

（注2）例えば、以下のような情報を言う。

・中期経営計画・財務ハイライト・配当情報・株式の情報・月次販売状況・経営目標の達成状況を判断するための客観的な指標等（財務KPI（業績評価指標）、非財務KPI）及びその進捗状況・コーポレートガバナンス・ESG（環境（Environment）、社会（Social）、ガバナンス（Governance））の取り組み・人材に対する考え方等（働き方改

	革、女性の活躍、シニア、障がい者等）
確認証跡等	・ホームページ画面 ・会社案内 ・ESG レポート ・情報開示フロー ・DYJH ホームページ情報開示申請書 ・情報開示に関するガイドライン ・ＩＲ・広報検討会議事録 ・ダイナムグループ通信 ・ダイナムグループファクトブック ・ニュースリリース ・公式 Twitter ・配信動画 YouTube 公式 ・社内配信動画システム ・取引先説明会　記録映像
社員会社（株）ダイナムの最新評価結果（2023年3月）	以下の通り、各基準について確認ができたので、評価を４とした。 情報開示に関する手続を定め、IR・広報検討会により、情報開示の要否、時期、方法等について、協議の上で適切に開示が行われている。 開示内容にはガバナンスやリスクマネジメント等も含まれており、様々な利害関係者を想定し、HP、会社案内、ESG レポート、社内報、研修等により、社内外への開示が行われている。 開示内容は、質・量とも先進的な上場企業と比肩する水準とまではいえず、業績やKPI、ビジネスプラン等に関する情報は、香港取引所の規制もあり、十分に開示できていない。以上より、基準５を満たしていない。 【基準 1】 ・企業理念の記載項目の１つとして情報開示があり、企業理念に基づき、社内外へ向けて、HP、会社案内、新入社員研修などを通じて、企業理念・企業行動憲章を開示している。 ・会社案内は、２年に１回数値データを更新し、見直しをしている。採用、新規取引先、地域共生（自治体等）への配付に使用している。 ・HP は、企業理念の変更がないので、従来からコンテンツの変更はない。新入社員研修は、各種社内資料を活用している。

【基準2、3】

・DYJHおよびダイナム横断の組織としてIR・広報検討会を設置し、情報開示の要否、時期、方法について、協議の上、決定している。情報開示フローが定められている。

・ガバナンス／コンプライアンス／リスクマネジメントの企業姿勢について、グループとしての考え方をDYJHにて定めており、ESGレポートおよびHP上で公開をしている。

【基準4】

・利害関係者別の情報開示ツールとして以下のものがある。

　－全ての利害関係者：ESGレポート、HP、社会貢献活動ブログ、各種SNS

　－地権者、お取引先：PR誌（ダイナムグループ情報誌／年2回発行、会社案内）

　－メディア関係者：ダイナムグループファクトブック（面談時随時）、ニュースリリース

　－従業員：社内報（四半期発行）、動画ニュース

・開示手続や開示内容の妥当性については、IR・広報検討会にて協議している。特にDYJHのHPを通じた開示（法定、適時、任意）については、IR・広報検討会の事務局（情報管理事務局）にて確認する手続を取っている。

【基準5】

・取引先説明会で株主、取引先との積極的な意見交換の仕組みを作っている。

・お客様からの声としてESGレポート、従業員からの声として社内報アンケート、PR誌アンケートにてお取引先と地権者様から声を頂戴している。

・ESGレポートにて企業の社会的責任を果たすためのプロセスが十分に機能した結果を表している。

・直近のESGレポートでは、前回からの変更点として、セクションリーダーがそれぞれ自分の言葉でメッセージを掲載するようにした。

・業績やKPI、ビジネスプラン等に関する情報は、香港取引所から未来の業績に関する開示について制限されるため、あまり開示ができない。ESGレポートのような任意開示についても同様の可能性が高い。香港取引所に対する手続が煩雑ということもある。

分　　類	フレームワーク
分類番号	TA1
目　　的	運営組織の明確化
調査項目	会社の運営組織が明確に定められ、全ての従業員に定期的に伝えられているか。また、経営戦略の変更などに応じ適宜、運営組織が見直されているか。
基準に対する解説	【基準 1】 実際の運営組織を簡略化した組織図がある。 【基準 2】 実際の運営組織を反映した詳細な組織図がある。 【基準 3】 基準（2）の組織図が、組織変更の都度、適時に更新され全ての従業員に伝えられている。 【基準 4】 経営戦略の変更、社会的要請等に応じ適宜、運営組織が変更され、変更の主旨等も含めて全ての従業員に伝えられている。 【基準 5】 基準（4）により形成された組織による課題の克服状況等につき定期的に検証が行われ、検証結果に基づく見直しが実施されている。
調査上の留意事項	【全体】 社長直轄で業務内容が不明な室／PT など、実効性のない組織が存在しないかを確認する。特に当該組織が警察と癒着していないか、警察 OB や反社会的勢力との関係がないか、オーナーの親族等と関連していないかチェックする。 【基準 3】 組織図の管理に関する所管部署が職務分掌規程に定められていることを確認する。
確認証跡等	・組織管理規程別表 ・社内必読文書 ・組織改編評価

社員会社（株）ダイナムの最新評価結果（2023年3月）	以下の通り、各基準について確認ができたので、評価を5とした。 詳細な組織図が整備されており、組織変更の都度、その趣旨・変更内容がイントラネットで通達され、重要な変更については社内報にも掲載され、全従業員に周知されている。また、組織改編時に評価項目を挙げ、6か月後の運用状況を評価している。以上より、基準5を満たしている。 【基準1、2】 ・各部門の担当までを記載した詳細な組織図を組織管理規程の中に提示している。 ・ほぼ毎月組織のように見直しが行われている。 【基準3】 ・組織改編の都度、趣旨・目的・変更内容をイントラネットにて必読文書として掲示し、全従業員に周知している。 ・全社への重要な周知事項は、ダイナムネットの必読に掲載している。直近では店舗運営部の担当間の一部業務移管が行われた。 ・ダイナムネットの新着に掲載され、確認ボタンをクリックしないと新着のままになるので基本は各従業員が必ず確認するようになっている。 ・組織変更は大半が役割を変えるための変更であるため、業務分掌規程も併せて改訂している。 【基準4】 2022年4月以降において、適宜営業部門・間接部門の組織改編を実施しており、変更の主旨を含め、全従業員に、基準3と同様の内容にて、周知している。 【基準5】 ・組織改編の評価を行っており、改編時に評価項目を挙げ、6か月後の運用状況を評価している。 ・組織改編の効果測定をしつつ、3点セット、関連規程、業務分掌、業務一覧が更新されているかも確認している。 ・前回調査以降の手続変更や課題等は特にない。

分類	フレームワーク
分類番号	TA2
目的	職務権限・分掌規程の明確化
調査項目	職務権限規程及び職務分掌規程が定められ、周知されているか。また、当該規程は遵守されているか。
基準に対する解説	【基準 1】 職務権限規程、職務分掌規程が存在する。 【基準 2】 基準（1）の規程が実務を反映した実践的な内容となっているとともに、社内周知が図られ実際に運用されている。 【基準 3】 基準（2）の規程において、経営幹部における権限と責任が明確に示されている。 【基準 4】 基準（3）の規程に関して、規程どおりの運用が確保されているか定期的に検証する体制（内部監査、監査役監査等）が確立されている。 【基準 5】 基準（4）の検証方法が必要かつ十分なものと認められるとともに、検証結果が適時にフィードバックされている。
調査上の留意事項	【全体】 職階と比較において明らかに異例と思われるような権限設定がないかを確認する。特に当該権限付与者が警察と癒着していないか、警察 OB や反社会的勢力と関連していないか、オーナーの親族等と関連していないかチェックする。 【全体】 権限設定は、職位の存在が前提となるため、職位に関する規定も評価対象となる。 【基準 4】 定期的に検証する体制が運用されていることが判明される。 【基準 5】 規程通りの運用がなされていることのフィードバックがあった場合も可とする。
確認証跡等	・権限・決裁規程、別表 ・業務分掌規程、別表 ・稟議決裁手続のガイドライン ・2023 年 3 月期　年間監査計画スケジュール ・監査結果報告書「決算財務報告業務」

確認証跡等（続）	・監査結果報告書「金商法整備」 ・監査結果報告書「人材開発部」 ・監査役会活動報告
社員会社（株）ダイナムの最新評価結果（2023年3月）	以下の通り、各基準について確認ができたので、評価を5とした。 取締役会、社長、管掌役員、部門長等の権限と責任が明確に定める職務権限規定、および、部門毎の管掌業務を詳細に定める業務分掌規定が定められており、イントラネットに掲示され、全従業員が閲覧可能である。 また、職務権限規定に基づく稟議決裁の遵守については、総務部、経営管理部、合議部門、内部監査、監査役により検証されており、監査結果が経営層に報告されている。以上より、基準5を満たしている。 【基準1～3】 ・権限・決裁規程および業務分掌規程が定められており、各規程はイントラネットに掲示され、全従業員が閲覧可能となっている。 ・権限・決裁規程内に取締役会、社長、管掌役員、部門長等の権限と責任が明確に定められている。 ・決裁金額の基準について、管掌役員の上限金額は定められていない。ただし、ほとんどの事案について何らかの事前検討会での協議があり、稟議も合議制であるため、単独で権限を逸脱した著しい金額の決裁をすることは実質的にできない。 ・稟議決裁に関するガイドラインが2021年に定められている。その後の更新は特に発生していない。 【基準4、5】 稟議・決裁手続において、規程どおりの運用が行われているかの検証とフィードバックを以下の手順で行っている。54期より稟議・決裁システムを導入したことで、回付部門は自動で反映される仕組みとなった。 －経営企画部：起案内容の妥当性、決裁に関わる必要な記載内容、添付資料の適切性を確認する。 －合議部門：起案内容について、各部門の専門的視点において、意見をもとめる、または返答を求める説明を依頼する。 －内部監査：部門監査として、今期は4部門を監査する計画があり、うち2部門について現在実施中である。稟議決裁の監査も行われており、軽微な形式上の指摘はあるものの、大きな指摘はない。 また、業務監査として、金商法対応監査と決算財務報告業務監査を実施中である。 －監査役：社長、管掌役員および部門長決裁の稟議書を月に全件チェックし、監査役会へ報告、及び取締役会へ活動報告を行っている。

<table>
<tr><td>分　類</td><td>フレームワーク</td></tr>
<tr><td>分類番号</td><td>TA3</td></tr>
<tr><td>目　的</td><td>内部通報制度</td></tr>
<tr><td>調査項目</td><td>内部通報制度が公益通報者保護法を踏まえて適切に構築されており、リスクの早期発見やリスク発生の抑止に役立っているか。</td></tr>
<tr><td>基準に対する解説</td><td>【基準1】
通報窓口を定めた内部通報制度はなく、内部通報については各部門が個別に対応している。

【基準2】
内部通報制度として定めるべき基本的事項が網羅的に定められていないものの、通報窓口の設置等は行われている。

【基準3】
内部通報制度について、内部通報制度の独立性の担保、通報者保護、秘密保持、通報案件についての調査権限、通報案件の処理方法、通報者へのフィードバックなどについての基本的事項が内部規程として定められ、社内に周知されている。また、通報案件についての処理状況・調査の進行状況・フィードバックの状況などが整理された形で保存されている。

【基準4】
基準（3）に加え、内部通報制度の運用状況などが取締役会あるいはリスク管理委員会などで定期的に報告され、制度の改善が図られている。また、内部通報制度の浸透度の確認が行われ、その結果に応じて、内部通報制度の改訂や浸透方法の検討等が図られていることが検証できる。

【基準5】
基準（4）に加え、リスク管理に関する教育やリスク抑止の観点から秘匿性の確保に留意した上で運用状況等が社内に開示されている。また、内部通報制度が社内において十分に浸透し、従業員から信頼されていることがアンケート結果等により検証できる。</td></tr>
<tr><td>調査上の留意事項</td><td>【全体】
2022年6月に施行された改正公益通報者保護法（令和2年法律第51号）および関連する政令、指針、ガイドライン、説明資料等の内容を踏まえた対応が行われているかどうかをチェックする。</td></tr>
</table>

調査上の留意事項（続）	【全体】 いわゆるセクハラ相談窓口やメンタルヘルス専用の窓口があっても、内部通報制度があるとは認められない。最低限、公益通報者保護法第2条に規定される「通報対象事実」（＝法令違反行為についての通報）についての通報を行うことが予定された窓口であることをもって、内部通報制度と判断し、企業倫理に反するおそれのある行為、法令の精神に反するおそれのある行為、法令ではないが社内規則や業界の自主規制ルールに反するおそれのある行為などについての通報に対応するものと考える。 【基準3】 例示した各事項は、内閣府のガイドラインで必要とされている事項であり、これらの事項を満たした制度が構築されていれば可とする。内部通報制度の独立性の担保については、内部通報窓口担当者の調査実施などの権限がどこに由来しているかを検証する。内部通報制度を定める規定そのものでなくとも、職務分掌規定などから制度の独立性が検証できれば可とする。 【基準4】 内部通報制度の浸透度調査等が行われ、調査結果に基づいて改善策が講じられていれば可とする。 【基準5】 「社内開示」では、通報事案の秘密保持との関係もあり、通報の件数や通報事案の大まかな分類などを開示することで可とする。浸透度については、アンケート等の手段により、内部通報制度が大半の従業員（非正規社員を含む）により理解されていること（目安として90%以上）、かつ、利用状況（通報件数、通報者数、通報者の分布等）や実際の通報者への不利益を受けていないことの後日確認等により、信頼できるソースとして認識されていることが検証できれば可とする。
確認証跡等	・法律事務所委任契約書 ・コンプライアンスに関する規程 ・【必読】ホットライン調査に関しての守秘義務厳守のお願い ・【稟議書】_DYJHグループ内部通報調査特別チーム　構成員退任承認の件 ・DYJHグループホットライン体制図 ・DYJHグループ内部通報調査特別チームメンバー表 ・ホットライン案件サマリー

確認証跡等（続）	・【必読】DYJH グループホットラインポスター差し替えについて ・DYJH グループホットラインポスター ・「社内報」窓口案内 ・コンプライアンス調査結果報告書 ・DYJH グループホットライン　総括報告書 ・内部通報に関する意見書 ・内部通報調査 結果報告書 ・社長ブログ ・【必読】 2023 年 3 月期　グループ内部統制教育の実施について ・コンプライアンス教育テキスト ・誓約書（被通報者・関係者用・通報者用） ・懲戒処分　チ 56-06 号（誓約書違反）
社員会社（株）ダイナムの最新評価結果（2023年3月）	以下の通り、各基準について確認ができたので、評価を 5 とした。 外部の弁護士を窓口とするホットライン制度が導入されており、内部通報制度として定めるべき基本的事項がコンプライアンスに関する規程において定められている。 通報案件の対応進行状況等が管理されている。ホットラインの運用状況について、四半期毎に外部の弁護士、監査役会、グループ内部統制委員会、DYJH 監査委員会に報告されている。 ポスターの掲示やホットライン運用状況の社内報、イントラへの掲載など、従業員への周知を行っている。 アンケート結果において、従業員から概ね信頼感を得ている状況が把握できる。以上より、基準 5 までを満たしている。 【基準 1、2】 ・内部通報制度として、外部の弁護士事務所を窓口にしたホットライン窓口を設置している。内部通報制度の基本的事項は、コンプライアンスに関する規程（以下、「規程」）で網羅的に定めている。窓口は、電話、メールともに対応可能である。 【基準 3】 ・通報者保護、秘密保持、調査権限、通報者へのフィードバックの義務も含めて、規程において定められており、イントラネットで全社員に開示されている。 ・2022 年 6 月に施行された改正公益通報者保護法および関連する政令、指針、ガイドラ

イン等の内容については、もとも規程に網羅されていたため、規程の改訂はなかった。

・調査の実施及び結果の検討は、稟議承認を得たメンバーによって行われており、他部門の恣意性が関与する余地はない。調査メンバーが通報者若しくは被通報者になった場合には、調査結果の検討に関与できない規程になっており、その点でも利益相反が生じることはない。

・処理状況、進行状況、フィードバック状況は、事務局にて随時管理を行っている。事務局ミーティングにおいて、フィードバックまで完了していない案件について、ホットライン案件サマリーで共有を図り漏れが発生しないようになっている。

【基準4】

・ホットラインの運用状況は、四半期毎に外部の弁護士、ダイナムの監査役会、DYJHのグループ内部統制委員会及びDYJH監査委員会に報告を行っている。年に1回のDYJHの代表執行役報告に際しても、運用実態を報告している。

・四半期報告の分析結果から一定の傾向が見受けられるものに関しては、関係部門と課題解決や情報共有のための協議をするほか、2021年12月14日にはイントラネットの社長ブログでもホットライン制度に関する意義や守秘義務、外部機関の関与などの周知がなされた。

・内部通報制度については、コンプライアンス調査および社内報、ポスターの掲示により連絡先の案内を継続している。内部通報制度の浸透度については、コンプライアンス調査結果から、通報事由の制度やルールの理解度が全体的に高くなっていることを確認している。

【基準5】

・秘匿性の確保について規程第9条1項および第11条に規定され、通報案件の面談者に対し誓約書を差し入れてもらっている。定期的に内部通報の運用状況について、DYJHグループホットライン総括報告書をイントラネットで開示している。

・コンプライアンス調査の内部通報制度に関する調査によると、従業員にとって安心して通報を行う環境が整備されていることに否定的な回答が14%程度であることから、一定程度、従業員から信頼されていると評価できる。

<table>
<tr><td>分　　類</td><td>フレームワーク</td></tr>
<tr><td>分類番号</td><td>TA4</td></tr>
<tr><td>目　　的</td><td>外部からの報告相談制度</td></tr>
<tr><td>調査項目</td><td>社外からの苦情・相談への対応を行う体制が整備されているか。社外の幅広い理解を得るために適切な対応がとられているか。</td></tr>
<tr><td>基準に対する解説</td><td>【基準1】
社外からの苦情・相談への対応は、個別部署にて適宜対応している。

【基準2】
社外からの苦情・相談への対応を行う部署が定められている。

【基準3】
基準（2）に加え、以下のものを含む手続が文書化され、それに従った運用がなされていることが確認できる。
・責任部署、責任者
・苦情・相談の記録方法
・対応手続
・経営への報告

【基準4】
基準（3）に加えて、社外からの苦情・相談の記録を定期的に分析し、分析結果に基づいて適切な対応がとられている。また、重要度に応じて当該分析結果等について取締役会に報告されていることが文書により確認できる。

【基準5】
基準（4）に加えて、苦情・相談の内容から改善につながった事例等について、社外に対して積極的に伝えていく活動を行っている。</td></tr>
<tr><td>調査上の留意事項</td><td>【基準2】
苦情・相談への対応を行う部署については、独立した専門部署である必要はない。

【基準3】
対応手続が明確に定めてられていることが認識でき、かつ、監査手続の実施により、苦情・相談対応が実際に運用されていることが確認できた場合に可とする。

【基準5】
お客様の声などを積極的に対外公表するなど、具体的な対応を図っていることが認識できる場合に可とする。なお、必要に応じて、店舗視察などにより店舗内における顧客への開示の状況も確認する。</td></tr>
<tr><td>確認証跡等</td><td>・CSDシステム操作
・56期CS問い合わせ対応
・CS案内ポスター
・CS週報、CS週サマリー、月度サマリー
・HP掲載
・新型コロナウイルス対策に関する掲示物</td></tr>
</table>

社員会社（株）ダイナムの最新評価結果（2023年3月）

以下の通り、各基準について確認ができたので、評価を5とした。

社外からの苦情・相談への対応は、CS推進部が所管し、具体的な対応手続が定められ、運用されている。
社外からの苦情・相談は、システムに記録されており、定期的に分析した結果に基づいて適切な対応がとられている。毎週全取締役に対し、苦情・相談への対応状況について報告されている。
苦情・相談の内容から社内改善につなげており、HPにおいてもよくある問い合わせとして開示している。直近では新型コロナウイルスへの対応に関する案内をHPや店舗内に掲示している。以上より、基準5までを満たしている。

【基準1、2】
・CS推進部　CS推進担当にてカスタマーサービス担当を1名選任して対応している。
・選任担当者不在時の臨時対応も、CS推進担当内にて教育を含め対応できる体制を整えている。
・CS担当は、問い合わせに対しての返信、店舗への確認、本部内の関係者への共有などをしている。

【基準3、4】
・毎週特定の営業関連部門長と全取締役へ週報で進捗状況と対応記録の報告を実施している。
・業務手順書を定め、運用している。社外からの苦情・相談は、CSDシステムに、対応の経過、対応内容、分類、依頼事項などと併せて入力し記録している。メール・電話対応を行っており、電話は営業時間を定めている。CS担当の稼働時間にあわせて定めており、休日は受付けていない。
・問い合わせへの対応は、HPに1週間以内には返信する旨を掲載しており、店舗に確認する場合は3日以内に確認するように依頼している。やり取りが何度か発生する場合でもCSDシステムに履歴が記載されている。
・顧客への返答がない場合でも店舗に対応策を依頼し、CS推進部にて記録、共有している。

【基準5】
・問い合わせを集約して件数やCS担当の判断により、社内改善につなげるケースもある。Q&Aを作成してよくある問い合わせとして開示している。これまで更新されていなかったため、今後半年に1回程度更新していく予定である。
・直近では、コロナ関連についてパチンコ・パチスロ店営業における新型コロナウイルス感染症の拡大予防ガイドラインに沿った対応及び案内をHP及び店内にて掲示している。
・直近でCS対応について特に見直す必要はなかった。相談件数は前回調査以降、月200件程度から140～150件程度へと2割くらい減っている。

分　類	フレームワーク
分類番号	TA5
目　的	不祥事等発生時の事後対応
調査項目	不祥事等が発生した場合の体制や手順が定められ、従業員に周知されているか。
基準に対する解説	【基準1】 不祥事等の発生時には、個別部署等にて適宜対応している。 【基準2】 不祥事等の発生時の対応について、社内連絡網等が部分的に整備されている。 【基準3】 不祥事等が発生した場合の対応について、以下を含む手続が文書化されており、従業員に周知されている。 ・不祥事等発生時の組織体制（対応組織、責任者、メンバー、設置手順等） ・エスカレーション（事実確認、情報伝達フロー等） ・再発防止（再発防止に関する体制、計画、具体策、有効性の検証等） ・マスコミ対応（社内情報管理、公開情報の原稿作成、会見場等の設定、専門家との連携等） 【基準4】 基準（3）に加えて、内部監査等による検証が行われ、継続的な改善が図られている。 【基準5】 基準（4）に加えて、定期的な見直しが行われ、経営陣に対する研修やメディアトレーニングを行う等、実効性の高い態勢が確保されていることが検証できる。
調査上の留意事項	【全体】 緊急事態への対応には、インシデント対応（不祥事等の発生により業務は停止しないものの、組織的な対応がもとめられるもの）と業務継続計画（BCP：災害等の発生により業務が停止し、業務を継続するための対応がもとめられるもの）の両方を含む。
確認証跡等	・リスク管理規程 ・危機管理実施細則 ・事件事故発生時の連絡先 ・DY危機管理委員会議事録 ・危機管理広報対応マニュアル ・監査結果報告書 ・2015年メディアトレーニング報告書 ・2018年メディアトレーニング報告書 ・2022年災害発生時事務局訓練

社員会社（株）ダイナムの最新評価結果（2023年3月）	以下の通り、各基準について確認ができたので、評価を5とした。 不祥事等発生時への対応は、リスク管理部が所管しており、社内連絡網、組織体制、情報伝達フロー、再発防止の対応方法、マスコミ対応などが手続として定められ、従業員に周知されている。 また、内部監査部によるリスク対応監査が毎年行われており、監査結果に基づき、改善が図られている。 経営陣を含めて緊急対策本部訓練を行うなど、実効性を高めるための活動が行われている。以上より、基準5までを満たしている。 【基準1】 ・不祥事等の発生時には、DYJH コーポレートグループ・リスク管理部が連携し、適宜各部門と協議して対応している。危機管理の広報は、経営企画部が担当している。 【基準2】 ・事件事故発生時の連絡先が整備され、イントラネットおよびインターネットに掲示している。 ・日常的なトラブルは事件事故相談ダイヤル（リスク管理部5名で担当）、重大なトラブルは情報コントローラー（リスク管理部　部長・マネジャー）に報告される。 【基準3】 ・不祥事等発生時の組織体制、事実確認のための情報伝達フロー、再発防止の対応方法を含めた体制は整備されており、各種規程に明記の上、従業員に周知されている。 ・対応体制及びエスカレーションは、以下の通りである。 －対応組織：緊急対策本部、事務局はリスク管理部 －設置手順：取締役社長または取締役社長が指名する者（止むをえない場合は情報コントローラー）が必要と判断した場合、メンバーを選定し招集。 －本部長：取締役社長またはあらかじめ取締役社長が指名した者 －メンバー：緊急対策本部長、リスク管理部担当者および取締役社長が指名する若干名の者 ・再発防止体制は、リスク管理部にて事件事故に対し、再発防止策および損害低減策を立案し、事件事故マニュアルの改定等、必要な対応を行っている。 ・マスコミ対応について対策本部でマスコミ対応が必要と判断した場合は、経営企画部の広報担当を招集し対応にあたっている。 ・トラブルへの対応マニュアルは、発生頻度の高いものについて70超程度作成されている。遊技台の損壊等は多い。年に数十種類は見直ししている。 ・事後対応が中心なので再発防止は難しいものが多いが、内部のオペレーションに起因する事項があれば改善している。 【基準4】 ・内部監査として、監査部が全部門対象に毎年監査を行っており、都度、改善計画書を作成して継続的な改善を図っている。2021年度も大きな指摘はなかった。 【基準5】 ・経営陣に対するメディアトレーニングを2015年および2018年に実施した。また、2019年以降は緊急対策本部訓練として実施している。

分類	フレームワーク
分類番号	TA6
目的	災害等発生時の事業継続
調査項目	災害等が発生し、事業が中断した場合の事業継続に関する体制や手順が定められ、従業員に周知されているか。

基準に対する解説

【基準 1】

災害等発生時には、個別部署等にて適宜対応している。

【基準 2】

災害等発生時の対応について、社内連絡網等が部分的に整備されている。

【基準 3】

災害等が発生した場合の対応について、以下を含む手続が文書化されており、定期的な訓練等により、従業員に周知されている。

・災害等発生時の組織体制（責任者、対策本部メンバー、対策本部設置手順等）
・対象リスクと対応方針（地震、台風、火災等の対象リスク、初期対応および暫定対応に関する全社レベルの方針）
・初動対応手順（避難、安否確認、傷病者・帰宅困難者への対応、被災状況の把握、社内外とのコミュニケーション）
・維持管理（教育、訓練、見直し等）

【基準 4】

基準（3）に加えて、以下の手続等が文書化されており、従業員に周知されている。また、定期的な訓練および見直し等が行われ、継続的な改善が図られている。

・優先復旧業務および目標復旧時間
・事業継続
・復旧手順（バックアップへの切り替え等の重要業務の暫定的な代替手順、暫定対応から平常時の対応に復旧するための手順や留意事項等）

【基準 5】

基準（4）に加えて、内部監査等による検証が行われ、各種ガイドラインに適合するレベルにて、常に実効性の高い態勢が確保されている。

調査上の留意事項	【基準4】 　復旧手順の必要性等については、事業継続手順における暫定対応の内容により判断し、内容によっては詳細な復旧手順を必要としない場合があることに留意する。 【基準5】 　BCPの各種ガイドラインや基準において求められる業務影響度分析（BIA）については、基準4までは不要とし基準5にて判断する。
確認証跡等	・リスク管理規程 ・危機管理実施細則 ・事件事故発生時の連絡先 ・災害連絡システムマニュアル ・大地震発生時対応マニュアル ・津波特別警報発生時対応マニュアル ・台風対応マニュアル ・豪雨・水害対応マニュアル ・感染症対応マニュアル ・災害対応記録 ・安否・被害状況確認訓練結果 ・ハザード別ＢＣＰ（首都直下型地震） ・55期DR試験結果 ・社外防災情報提供サービス ・ハザードトーク（現物確認） ・55期監査結果報告書（リスク管理対応監査） ・グループ包括保険見直し資料 ・水災保険金額算定検討資料 ・災害リスクレポート分析拠点一覧

以下の通り、各基準について確認ができたので、評価を5とした。

災害等発生時への対応業務は、リスク管理部が所管し、災害発生時の組織体制、初動対応、訓練等について定めたマニュアル等が作成されており、訓練や実際の災害対応にもとづき課題を抽出し、適時見直しを行っている。

本社および店舗が被災した場合における優先復旧業務、目標復旧時間の算定方法を定め、事業継続の対応計画が策定されており、手順書に基づく訓練も実施されている。

各種文書による検討やマニュアル等の作成状況から実質的にBIAと同様の対応がなされているなど、各種ガイドライン等の定めに適合するレベルで実効性の高い体制が確保されている。以上より、基準5までを満たしている。

【基準1～3】

・大地震発生時対応マニュアルおよびその他自然災害に対する対応フローを作成し、イントラネットに掲示している。2022年3月からは社内災害掲示板を導入し、モバイル端末から閲覧できる仕組みを展開している。

・大地震が発生した場合は、予め選任されたメンバーを招集し対応を行うことになっている。

・災害連絡システムを導入し、安否・被害状況の確認が迅速かつ正確に行われるようになっている。発信者・受領者ともにスマートフォンでも対応可能である。発信先は人事システムからの連携で適時に更新される。ただし、発信先が店舗や事務所等になる場合は、過去所属したデータを残すためにマニュアルで削除等をしなければならない。

【基準4】

・安否・被害状況確認については、グループ全従業員に向けて半期ごとに訓練を実施している。大地震発生時対応マニュアルについても訓練や対応の振り返りの中で課題を抽出し解決策を反映させている。

・2018年3月にハザード別BCPを作成、目標復旧時間と各部、各担当者の役割を明確にした。

・重要システムのバックアップについてはクラウドサービスもしくはDR環境を構築したデータセンターで運用がなされている。運用手順書を基に毎期訓練を実施しており、今期は2023年2月に実施予定である。被災シナリオのタイムチャートにもとづき、情報システム担当者が実際に移動する。

・災害発生時の迅速な情報収集を実現するため防災情報提供サービスを2021年7月より新規契約。災害発生時および災害対応事務局訓練にて活用している。

・災害発生時の輻輳に対応するため、緊急時連絡ツールを2021年7月より導入。災害対

社員会社（株）ダイナムの最新評価結果（2023年3月）（続）

応事務局訓練にて活用している。社長、管掌役員、情報コントローラー、ゾーンマネジャーが利用可能である。

【基準5】

・2021年にリスク管理部監査が実施され、指摘事項は検出されなかった。
・DYJHグループ全事業所における災害リスクレポートを作成し、リスクを数値化している。当該災害リスクレポートについては、全事業所と共有できるようになっている。
・水害・土砂災害の危険がある地域については、行政が発表しているハザードマップをもとに事業所をマッピングして掲示する等、実効性の高い対策が確保できている。
・津波については、ハザードマップにもとづき津波対策店舗を決めて訓練している。
・物流拠点、景品業者などが全国各地に分散しており、長期かつ広範囲にわたる著しい影響は発生しないため、委託先と連携したBCPは作成していない。
・首都直下地震の想定をもとに、各部門での必須業務が明確になっており、それぞれについて、テレワーク対応、複数人対応、地方分散対応の可否をそれぞれ確認している。また各業務に必要なシステム等が使用できない場合の代替手段も検討していることから実質的にBIAと同様の対応がなされている。

<table>
<tr><th>分　類</th><td>フレームワーク</td></tr>
<tr><th>分類番号</th><td>TA7</td></tr>
<tr><th>目　的</th><td>グループ管理体制</td></tr>
<tr><th>調査項目</th><td>経営者および経営幹部は、グループ各社の存在意義を認識し、明確な企業グループの経営戦略に基づいた管理体制ができているか。</td></tr>
<tr><th>基準に対する解説</th><td>【基準1】
グループの経営理念、行動基準、コンプライアンス、内部統制等の基本方針が定められ、グループ会社に周知されている。

【基準2】
グループ各社に対する管理を所掌する部署および担当役員が定められ、また、その具体的な職責が定められている。

【基準3】
親会社の決裁を要する事項および親会社への報告を要する事項、ならびにそれらの決裁・報告手順を具体的に定めた関係会社管理規程・要領等が整備され、それに準じた運用がなされていることが検証可能である。

【基準4】
基準（3）に加え、グループ各社の経営・財務状況、経営課題、内部統制の状況、事件・事故・不祥事等の発生状況などについて、親会社の管掌取締役、管掌部署等に対して定期的に報告が行われていることが検証可能である。また、管掌取締役、管掌部署、監査役、内部監査部署等がグループ各社の状況を具体的かつ詳細に把握し、問題点の指摘や指導等により、適時改善が行われていることが検証可能である。

【基準5】
基準（4）に加え、社内外の環境変化、経営戦略の変化、経営課題、会社の特性等を踏まえて、グループ全体の事業効率をさらに高めるべく、取締役会、経営会議等において、最適なグループガバナンス体制の構築に向けた活発な討議が行われていることが検証可能である。</td></tr>
<tr><th>調査上の留意事項</th><td>【全体】
グループ管理の対象範囲は、PTB社員会社の子会社とする。但し、グループ会社が、パチンコホール事業に関係がなく親会社と実質一体となるようなきわめて小規模な会社である等の場合には、グループ管理の必要性を実質的に判断し、必要に応じて評価対象外とする。

【全体】
風営法下における営業上の理由等により、分社化しているものの、実態は1つの会社として運営されている場合、本項目の対象外とする。</td></tr>
</table>

調査上の留意事項（続）	【基準 2】 会社単位ではなく、機能単位で管理している（親会社と子会社が繋がっている）会社においては、必ずしも管掌役員・部署が1名である必要はない（機能別に異なっても良い）。 【基準 3】 決裁事項、報告事項が具体的に列挙されている必要がある。また、決裁・報告手順については、付議事項の決定者／機関（会議体等）、付議者、報告・決裁者／機関が具体的に定められている必要がある。 【基準 4】 報告を受けるだけでは不十分である。また、監査役または内部監査による監査が行われているだけでは不十分であり、管掌取締役または管掌部署がグループ各社を訪問し、各社の状況を具体的かつ詳細に把握している必要がある。さらに、指摘や指導を行うに留まらず、改善に繋がっている必要がある。 【基準 5】 健全性の視点だけでなく、事業効率の視点も踏まえて、活発な討議が行われている必要がある。
確認証跡等	
社員会社（株）ダイナムの最新評価結果（2023年3月）	ダイナムには子会社が存在しないため評価なし。

<table>
<tr><td>分　類</td><td>フレームワーク</td></tr>
<tr><td>分類番号</td><td>TA8</td></tr>
<tr><td>目　的</td><td>教育研修制度</td></tr>
<tr><td>調査項目</td><td>従業員が習得すべき知識や技能について、教育研修制度が体系的に整備されており、計画的な教育研修が実施されている。</td></tr>
<tr><td>基準に対する解説</td><td>【基準 1】
部署や担当者により、個別に教育研修が行われている。

【基準 2】
正社員に対する教育研修制度が整備されており、当該手続に基づき教育研修が行われている。

【基準 3】
基礎教育、業務や職階に必要な専門性、教育手法、従業員のキャリアパス等、様々な視点を考慮した教育研修制度が体系的に整備されており、教育研修計画に基づき、全ての従業員に対して計画的な教育研修が行われている。

【基準 4】
基準（3）に加え、教育研修結果の記録等を参考に教育研修制度が定期的に見直されており、継続的な改善が図られている。

【基準 5】
基準（4）に加え、年間の教育研修時間が十分に確保され、教育研修の効果測定に基づく研修内容の見直しが行われている。</td></tr>
<tr><td>調査上の留意事項</td><td>【全体】
K2 における行動規範の浸透不備や TA4 における行動規範の浸透施策に関する活動の不備が指摘されていた場合には、当該評価を勘案して本項目の評価を検討する。

【基準 3-1】
全ての従業員には、非正社員を含む。店舗における OJT（非正社員含む）は、指導員がついて一緒に業務をするだけでは要件を満たさず、OJT プログラム（具体的な教育内容、説明、計画、実施結果の記録等）が手続として明確になっていることが必要となる。</td></tr>
</table>

調査上の留意事項（続）	【基準 3-2】 管理部門における教育研修は、各部に予算を配付しているだけでは要件を満たさない。店舗と同様に手続として体系化したプログラムが必要となる。 【基準 3-6】 行動規範を知らしめるように行動規範の冊子や文言等を直接活用した従業員１人１人の倫理意識の向上を目的とした研修があることが必要である。また、当該研修を通じて、以下の事項について従業員に十分に理解させていることを確認する。 －自社における行動規範の意義 －行動規範とその他経営理念等との関係 －行動規範の作成プロセスの認識 【基準 5】 「年間の教育研修時間が十分に確保された」と言えるためには正社員については年間15 時間以上、非正社員については年間 5 時間以上の OFF-JT による教育研修を実施することを要する。
確認証跡等	・人材開発部組織図 ・56 期年間教育一覧 ・正社員教育体系 ・正社員業務認定制度 ・社内教育システムコンテンツ一覧 ・56 期研修スケジュール（掲示用） ・クルー入社教育プログラム全体フロー ・クルー社員時給昇給認定制度 ・各種教育プログラム ・各種教育報告書（アンケート・振り返り） ・OJT 項目ごと教育時間

社員会社A（ダイナム）の最新評価結果等（2023年3月）

以下の通り、各基準について確認ができたので、評価を5とした。

【基準1〜3】

・教育研修計画を策定し、正社員に対して、新入社員時から階層別に集合研修を実施していること、基礎教育の他にも、各職制および特性に応じた教育手法の導入やオンライン研修制度の充実化等、様々な視点を考慮した教育研修制度の体系的な整備がされていることが確認できた。

【基準4、5】

・研修毎のアンケート結果等に基づき、毎年、教育研修内容の改善を継続して行っていることが確認できた。
・年間で十分な教育研修の時間を確保し、効果測定の取り組みも行っていること、また効果測定の結果として企画の見直しを随時行い、教育内容の変更を行っていたことが確認できた。

【基準1】

・従業員属性に合わせて必要な教育研修を実施している。

【基準2】

・正社員の教育制度（研修・業務認定等）を体系化している。
・社内教育システムを運用している。

【基準3】

・年間研修計画の作成と共有が行われている。
・クルー社員の入社教育・時給昇給認定制度を整備している。
・従業員属性に合わせて必要な教育研修を実施している。
　1. 新入社員研修（新卒）2. 昇格登用時研修（昇格者）
　3. ペガサスセミナー（マネジャーグレード以上）4. キャリア開発支援（世代別）
　5. 選抜型研修（選抜者）6. 内部統制教育（全従業員）7. 動画教育（全従業員）

【基準4】

・研修ごとにアンケートを実施している。
・各研修の実績を集計し、振り返りを実施している。
・振り返りで得られた内容をもとに、教育研修内容の改善を行っている。

社員会社（株）ダイナムの最新評価結果（2023年3月）（続）

【基準5】

・年間研修スケジュールを作成している。

・正社員は年間15時間以上、非正社員は年間5時間以上の教育を実施している。

・効果測定の結果をもとに企画の見直しを行っている。

分　類	フレームワーク
分類番号	TA9
目　的	人事評価制度
調査項目	人事評価諸制度（業績評価および人事考課制度）が確立されており、従業員にその評価基準を周知しているか。また、評価結果が適切に従業員にフィードバックされ改善を求める仕組みになっているか。
基準に対する解説	【基準 1】 人事評価諸制度が形式的には定められている。 【基準 2】 基準（1）に加え、人事評価制度の内容において、評価期間・評価項目・評価権者・評価点の決定プロセスについて適切な定めが置かれており、かつ、当該評価制度の内容が予め（評価期間開始前に）従業員に周知されている。 【基準 3】 基準（2）に加え、適切な評価者教育が行われるとともに、実際の人事評価が制度の内容に則って行われていることが検証できる。 【基準 4】 基準（3）に加え、実際の評価の経過及び結果が従業員に対して具体的にフィードバックされていることが検証できる。 【基準 5】 基準（4）に加え、評価結果の妥当性を担保するための仕組みとして、①人事評価のラインから独立した組織による評価結果の検証の仕組み、または②人事評価のラインから独立した者が判定に関与する不服申立の仕組みが整備されており、かつ、これらの仕組みが実際に機能していることが客観的に説明可能である。
調査上の留意事項	【基準 5】 ②については、一般的な内部通報制度はこれに該当せず、たとえば労働者側の代表者が関与する不服申立の手続を念頭に置いている。
確認証跡等	・人事制度集 ・クルー社員制度集 ・評価者研修資料 ・56 期上期 _ 人事考課スケジュール ・考課表 ・56 期上期ロードマップ ・評定会議開催のご案内 ・評定会議の手引き ・ダイナムホットラインポスター ・ホットライン通報サマリー

社員会社（株）ダイナムの最新評価結果（2023年3月）

以下の通り、各基準について確認ができたので、評価を5とした。

【基準1、2】

人事評価制度における、評価期間、評価項目、評価権者、評価点の決定プロセス等については「人事制度集」において具体的に定められ、イントラネット上で周知されていることを確認した。

・人事評価諸制度は人事制度集にて定められている。評価変更時にはイントラネット上で変更箇所を同時に案内している。
・人事評価制度において、評価期間、評価項目、評価権者、評価点の決定プロセスについては、「人事制度集」に定められており、かつ、当該制度の内容は、「人事制度集」及び上長による評価開始時点の「目標設定面談」により、予め全従業員に周知されている。

【基準3】

評価者に対して、新任者教育のプラグラムの一環として評価者訓練を実施していることが確認できた。

また、実際の評価が評価ルールに則って行われていることを評価システムにより確認した。

・評価者に対して、評価者訓練（研修）を実施しており、期中に新任となる評価者に対しても、新任者教育のプログラムに包含して教育を実施している。評価者は、制度の内容に則って、評価を実施している。
・6段階評価から中央値のB評価が追加され、7段階評価になった。

【基準4】

面談を実施してフィードバックしている。また、評価システムにおいて、フィードバック結果については被評価者が自由に閲覧できること、評価の経過及び結果が具体的であることを確認した。

・評価は、CWSというシステム上のロードマップという資料を通じて以下のように行う。
  －目標の設定および期中の取り組み状況のプロセス管理を行う。
  －期中は毎月の振り返り欄があり、進捗状況などを記録している。
  －期末にロードマップおよび被評価者自身が行う自己評価を上長に提出する。
  －面談を通じて1次考課、2次考課にて客観的な考課と複数の目で評価を実施する。
  －決定された評価結果は、上長を通じて被考課者本人にフィードバックされ、以降の課題点改善等を話し合う。

【基準5】

上長が評価を行った結果については、評定会議において妥当性を確認した上で決定されていること、また、評価の妥当性について、被評価者は内部通報制度を用いて異議を申立てることができることが確認できた。

・基準4に加え、上長が評価を行った結果を、評定会議において妥当性を確認した上で決定される。
・評価の妥当性について、被評価者は、人事労務全般に関する問題に対応している内部通報制度を用いて異議を申立てることができる。
・ホットラインを周知するためのポスターにも人事考課に関する不満等の記載がある。
・人事評価制度の変更は毎年あるが、人事評価にもとづく給与への反映に関する部分の制度については、前回調査から変更はない。

分類	フレームワーク
分類番号	TA10
目的	給与・報酬の決定基準
調査項目	給与・報酬の決定基準が明確に定められ、それらは従業員に適切に伝えられているか。決定基準には、業績評価・人事考課等が正しく反映されているか。
基準に対する解説	【基準 1】 就業規則等において給与・報酬の決定基準が定められ、全社員に対して周知されている。 【基準 2】 基準（1）に加え、給与・報酬の決定基準について、入社時に具体的な説明が行われている。 【基準 3】 基準（2）に加え、給与・報酬の決定基準の変更時における説明が具体的かつ適切に行われている。 【基準 4】 基準（3）に加え、人事評価に基づく給与決定のルール（評価結果と昇給・減給額の関係、評価結果と昇格・降格の関係等）が具体的かつ適切に定められており、かつ、当該ルールについて、予め従業員に具体的な説明が行われている。 【基準 5】 基準（4）に加え、給与・報酬の決定基準について、経営環境の変化に対応した適宜・適切な検証と見直しが行われていることが客観的に説明可能である。
調査上の留意事項	
確認証跡等	・給与規程 ・人事制度集 ・クルー社員制度集 ・労働条件通知書 ・本部評価制度見直し資料 ・人事制度見直し資料

社員会社（株）ダイナムの最新評価結果（2023年3月）

以下の通り、各基準について確認ができたので、評価を5とした。

【基準1】
・給与規程・人事制度集にて給与・報酬の決定基準が定められており、全社員に対して通知されている。
・給与規程内の業績給に関する文章において別表3と記載があるが、正しくは別表4である。

【基準2】
・給与・報酬の決定基準については、新規採用者に関しては、入社時のオリエンテーションにおいて具体的な説明を行っている。

【基準3】
・業績評価との関係、給与・報酬の決定基準との関係などについての統一的な基準が定められ、全従業員に変更の都度周知されている。

【基準4】
・給与・報酬の決定基準が人事制度集（資格給の設定と運用、役割給の設定と運用、賞与体系）にて具体的に定められており、当基準は全従業員に周知徹底され、事前に説明が行われている。

【基準5】
・評語段階の見直しが実施され、B評価が追加された。
・クルーの制度に関しては、接客レベルに応じた手当が設定され毎月支給、半年ごとに再設定を行うようにした。
・今期は職位循環が行われるようになり、若手に機会の提供ができるようになった。
・研修毎のアンケート結果等に基づき、毎年、教育研修内容の改善を継続して行っていることが確認できた。

<table>
<tr><td>分　　類</td><td>フレームワーク</td></tr>
<tr><td>分類番号</td><td>TA11</td></tr>
<tr><td>目　　的</td><td>募集・採用のプロセスと基準</td></tr>
<tr><td>調査項目</td><td>従業員を募集・採用する場合のプロセスと採用基準は明確かつ適切なものか。</td></tr>
<tr><td>基準に対する解説</td><td>【基準1】
募集・採用のプロセスと採用基準が定められている。

【基準2】
基準（1）の採用基準について、社会的な状況を踏まえ妥当な基準が設定されている。

【基準3】
募集・採用のプロセスにおいて、労働条件の明示・個人情報の収集が適切に行われている。

【基準4】
募集・採用に当たって、基準（1）の募集・採用プロセス及び採用基準どおりの運用がなされているかどうか確認できる。

【基準5】
基準（4）に加え、経営者及び経営幹部において採用結果についての再検証を行うとともに、次年度以降の採用基準の決定に当たって社内外の環境の変化に対応するなど、適宜、採用基準の見直しを図っていることが客観的に説明可能である。</td></tr>
<tr><td>調査上の留意事項</td><td></td></tr>
<tr><td>確認証跡等</td><td>・採用業務　3点セット
・採用ガイド
・募集要項
・採用応募者の個人情報取得に関する同意書</td></tr>
</table>

確認証跡等（続）	・労働条件通知書（クルー社員：雇用契約書） ・面接評定票 ・採用・登用申請書 ・MVCL 適性検査 ・クルー応募データ
社員会社（株）ダイナムの最新評価結果（2023年3月）	以下の通り、各基準について確認ができたので、評価を５とした。 【基準 1】 募集・採用におけるプロセスおよび採用基準については、採用区分（社員／パート・アルバイト）に応じてそれぞれ定めている。 【基準 2】 採用基準については、関連法令に定められたルールの範囲において、社内外の情勢を踏まえた基準を設定している。 【基準 3】 労働条件については、募集要項へ記載する他、採用内定者に対しては、別途、書面による通知を実施している。 個人情報の収集および管理方法について選考時に応募者へ通知し、同意をとっている(採用者についても同様)。 【基準 4】 採用の合否判定については、採用区分を問わず複数人の判断に基づいて決定するフローのため、採用基準やルールの運用状態を適宜チェックできる仕組みになっている。 ・新卒：一次～三次選考（最終選考） ・中途：複数名による面接～役員協議会での協議 ・パート・アルバイト：店舗責任者と拠点担当者（ゾーン人事担当）による相互確認 【基準 5】 年度毎に採用結果の振り返りを実施し、検証結果をもとに次年度の採用計画を組み立てており、その内容は経営幹部へ共有している。また、採用基準については、社内外の環境変化に応じて適宜、見直しを図っている。

分　類	フレームワーク
分類番号	TA12
目　的	人員配置
調査項目	従業員が適材適所に配置されているか。
基準に対する解説	【基準1】 就業規則上、人事異動（配転、出向など）に関する規定が存在する。 【基準2】 就業規則において、人事異動に伴い労働者のキャリア上・生活上の不利益に配慮した妥当な規定が置かれている。 【基準3】 人員配置について、従業員の希望を聴取する仕組みが設けられている。 【基準4】 人事異動に関する具体的方針が明確になっており、当該方針に基づいて人事異動が決定されていることが検証可能である。 【基準5】 従業員が希望する職種を選択できる制度等、従業員が自らのキャリアについて主体的に設計・形成していくことを可能とする制度が実効的に運用されている。
調査上の留意事項	【基準5】 キャリアパスの明示、各部の職務内容説明、業務上必要な資格取得費用負担といった内容だけでは基準を満たさない。従業員がより主体的にキャリアアップを目指すことができるような仕組みが必要であり、例えば、社内公募・FA制度、専門家によるキャリアカウンセリング制度、多様な働き方に対応した選択型人事制度等が想定される。
確認証跡等	・就業規則 ・出向規程 ・転籍規程 ・転勤規程 ・コース制度規程 ・コース変換申請書 ・異動に関する申告書 ・社内公募資料 ・自己申告資料 ・異動ローテーション内規 ・最適配置図 ・人事制度集 ・資格取得に関する資料 ・キャリア面談記録 ・キャリア開発資料（人生大学）

社員会社（株）ダイナムの最新評価結果（2023年3月）

以下の通り、各基準について確認ができたので、評価を5とした。

【基準1】
就業規則第3節に明記。出向転籍に関しては別に定める出向規程、転籍規程があり、社内文書に常時掲示。

【基準2】
(1) コース制度：全国転勤コースと地域限定転勤コースの2パターン（5区分）のコース制度を設けており社員個々人がそのライフプランにより選択可能。
(2) コース変換申請：コースは個人の諸事情に鑑みて随時変更を申し出ることが可能。ただし、成否は人事部にて事由の正当性を審査の上決定。
(3) 異動停止：止むを得ない事情により一時的に異動ができない社員は、異動停止を願い出ることができ、最長6か月の範囲で転居を伴う異動を免除している。
(4) 各手当：異動発令に拠る従業員の経済的負担を軽減するべく、転宅を伴う異動時には、転勤手当を支給し、移動費用は会社負担としている。会社の転勤命令に拠って、やむを得ず単身赴任をせざるをえない場合には、人事部長の承認に基づき、単身赴任手当を支給。

【基準3】
(1) 社内公募制度が存在しており、公募部門に対して、本人の自由意志によって応募が可能である。
(2)「自己申告制度」が確立しており、従業員のスキルを把握し、部署間における配転根拠としている。また、同制度の導入により、社員自身が興味を持ち、能力を発揮したいと考える部署への異動について、能動的なアプローチが可能になる。

【基準4】
(1)「コース制度規程」第1条（目的）に記載。人事異動、配置転換を教育の柱とし、複数のポジション経験にてスキルアップを図っていき、対応能力の向上を図っている。所属滞留18か月間以内は原則異動を行わないこととし、18か月に満たない社員の異動起案については、別途詳細理由を申告させ、精査の上、可否を判断している。
(2) 部署（店舗）単位、もしくは近隣エリアにおける長期滞留者は、会社の教育方針に基づいて配転を実施している。ただし、効果検証は今後の課題となる。

【基準5】
(1) 従業員が自らのキャリアを主体的に設計すべく、「人事制度集」にてキャリアパスを明示し運用している。また、本部勤務者の職務内容については全社掲示板に掲載し、各個人が目指す方向性、身につけるスキル等を確認し、自己育成に繋げられる状態にある。
(2) 全国転勤コースと地域限定転勤コースの選択が可能であることのほか、更に社員が主体的にキャリアについて考える研修として「人生大学」を開催。キャリア開発支援面談を実施するため、キャリアコンサルタント資格をもった担当者を中心に、ゾーン人事労務担当に対してキャリア開発支援のための研修を実施していることが確認できた。

分　類	フレームワーク
分類番号	TA13
目　的	IT に関する内部統制（開発・保守）
調査項目	情報システムに対する適切な開発、保守に係る管理体制が構築されているか。

基準に対する解説

【基準 1】
システムの開発、保守に係る管理について、情報システム部門にて適宜管理されている。

【基準 2】
システムの開発、保守に係る管理に関する内部統制が部分的に整備されており、定められたものについては従業員に周知・徹底されている。

【基準 3】
以下の内容を含むシステムの開発、保守に係る管理に関する内部統制が、外部の第三者が確認できるレベル（リスクと統制の対応（RCM）等の作成）にて整備され、従業員に周知の上で適切に運用されている。
・ソフトウェアの開発・調達
・IT 基盤の構築
・変更管理
・テスト
・開発・保守に関する手続の策定と保守

【基準 4】
上記（3）の基準に加え、定められた手続の遵守・管理状況を定期的にモニタリングしている。特に、財務報告の内部統制に関連する情報システムについては、内部統制の有効性を評価する体制が構築され、評価結果が意思決定機関に適時に報告されるとともに、不備等がある場合には対応がなされている。

【基準 5】
上記（4）の基準に加え、継続的な改善を図った結果として、大幅に改善すべき事項はなく、また重要な不備も発生していない。軽微な不備が発生した場合についても迅速に改善が図られている。

<table>
<tr><td>調査上の留意事項</td><td>【全体】
　J-SOX対応となるIT統制については、IT全般統制をTAにて評価し、IT業務処理統制についてはTBの各業務プロセス統制内にて評価することとした。尚、IT全社統制については、他の様々な項目にて総合的に評価されていると判断し、個別の項目を設けないこととした。TAにおけるIT全般統制関連評価項目については、『システム管理基準追補版（財務報告に係るIT統制ガイダンス）』（平成19年3月30日公表、経済産業省）を参考に作成した。

【全体】
　システム開発業務を適切に管理していない場合には、例えば、未承認の発注取引を防止する機能を組み込んでいない等、完成したシステムの正当性が確保されないため、統制が整備されていないという評価結果となることに留意する。

【基準3】
　システム開発業務に関して、ユーザー部門等の参画によるテストが実施されているかを評価する。また、システム保守業務に関して、変更管理が適切に実施されているかを評価する。</td></tr>
<tr><td>確認証跡等</td><td>・業務分掌規程【DY】、別表
・JOB Description
・組織図
・情報システム管理規程【DY】
・情報システム利用細則【DY】
・情報セキュリティ管理細則【DY】
・情報セキュリティ規程【DY】
・重要業務3点セット（IT全般統制）
・2022年3月期_システムレビューメモ
・監査結果報告書（情報システム部）
・監査改善計画書（情報システム部）</td></tr>
</table>

社員会社（株）ダイナムの最新評価結果（2023年3月）

以下の通り、各基準について確認ができたので、評価を5とした。

システムの開発、保守に係る管理について、情報システム部門が所管している。

ITに関する全般的な内部統制について、外部の第三者が確認できるレベルにてRCMが作成されており、RCMにて整理された情報システムに関する各種管理手続が作成され、従業員に周知されている。

RCMについては監査法人からのレビューを受けて改善を図っており、RCMの各統制の整備・運用状況についても内部監査が行われている。監査結果に重大な不備はなく、指摘事項については改善計画書を作成して改善を図っている。

改善内容については監査法人のレビューを受け、指摘事項もなかった点および重大な不備は発生していないことから基準5までを満たしていると判断した。

【基準1】

・システムの開発・保守に係る管理は、情報システム部が一元管理を行っている。
・組織改編が一部あり、セキュリティ・ITサポート担当の業務について変更が生じた。
　→情報システム部（全28名）
・システムの構成が変更され（2021年）この3年で仮想デスクトップサービスへの切替を行う。

【基準2】

・前年と同様の規程を使用している（変更なし）。

【基準3】

・重要業務3点セットの内、『システム開発管理（制作と進捗の把握）』、『システムの移行（切替）・導入作業』、『問題管理と解決に向けた対応』、『人事旬報のシステム反映業務』及び、『特権ＩＤ利用管理』の5点について、押捺申請システムの導入、日次点検のRPA化、人事旬報反映業務のRCMに担当単位での付与に関する記載漏れ、特権ID管理システム（IDOperation）導入時の修正漏れ、システム導入（リリース判定）時・運用業務（変更審査会）の変更時に修正漏れに対する見直しを行っている。
・見直した内容については、監査法人のレビューを受けている。→指摘事項なし。
・押印管理システムとは社内の電子押印およびそのログを蓄積するもの。

【基準4】

・監査部によるＩＴ全般統制監査を実施。監査結果は改善計画と共に内部統制委員会に報告される。

・RPA ルームへの立ち入りはセキュリティカード管理を行っている。

【基準5】

・IT 全般統制監査の指摘事項については、改善計画に基づいて改善が完了している。
RPA にかかるトラブルは特にないが、動作疑義レベルはあった。

<table>
<tr><td>分　類</td><td>フレームワーク</td></tr>
<tr><td>分類番号</td><td>TA14</td></tr>
<tr><td>目　的</td><td>IT に関する内部統制（運用・管理）</td></tr>
<tr><td>調査項目</td><td>情報システムに対する適切な運用・管理体制が構築されているか。</td></tr>
<tr><td>基準に対する解説</td><td>【基準 1】
システムの運用・管理について、情報システム部門にて適宜管理されている。

【基準 2】
システムの運用・管理に関する内部統制が部分的に整備されており、定められたものについては従業員に周知・徹底されている。

【基準 3】
以下の内容を含むシステムの運用・管理に関する内部統制が、外部の第三者が確認できるレベル（リスクと統制の対応（RCM）等の作成）にて整備され、従業員に周知の上で適切に運用されている。
・運用管理・構成管理（ソフトウェアと IT 基盤の保守）
・データ管理

【基準 4】
上記（3）の基準に加え、定められた手続の遵守・管理状況を定期的にモニタリングしている。特に、財務報告の内部統制に関連する情報システムについては、内部統制の有効性を評価する体制が構築され、評価結果が意思決定機関に適時に報告されるとともに、不備等がある場合には対応がなされている。

【基準 5】
上記（4）の基準に加え、継続的な改善を図った結果として、大幅に改善すべき事項はなく、また重要な不備も発生していない。軽微な不備が発生した場合についても迅速に改善が図られている。</td></tr>
<tr><td>調査上の留意事項</td><td>【全体】
J-SOX 対応となる IT 統制については、IT 全般統制を TA にて評価し、IT 業務処理統制については TB の各業務プロセス統制内にて評価することとした。尚、IT 全社統制については、他の様々な項目にて総合的に評価されていると判断し、個別の項目を設けないこととした。TA における IT 全般統制関連評価項目については、『システム管理基準追補版（財務報告に係る IT 統制ガイダンス）』（平成 19 年 3 月 30 日公表、経済産業省）</td></tr>
</table>

	を参考に作成した。
確認証跡等	・業務分掌規程【DY】、別表 ・JOB_Description ・組織図 ・情報システム管理規程【DY】 ・情報システム利用細則【DY】 ・情報セキュリティ管理細則【DY】 ・情報セキュリティ規程【DY】 ・重要業務３点セット（IT 全般統制） ・2022 年３月期 _ システムレビューメモ ・監査結果報告書（情報システム部） ・監査改善計画書（情報システム部）
社員会社（株）ダイナムの最新評価結果（2023年3月）	以下の通り、各基準について確認ができたので、評価を５とした。 システムの開発、保守に係る管理について、情報システム部門が所管している。 IT に関する全般的な内部統制について、外部の第三者が確認できるレベルにて RCM が作成されており、RCM にて整理された情報システムに関する各種管理手続が作成され、従業員に周知されている。 RCM については監査法人からのレビューを受けて改善を図っており、RCM の各統制の整備・運用状況についても内部監査が行われている。監査結果に重大な不備はなく、指摘事項については改善計画書を作成して改善を図っている。 改善内容については監査法人のレビューを受け、指摘事項もなかった点および重大な不備は発生していないことから基準５までを満たしていると判断した。 *TA13 において TA13～TA16 の全般的なヒアリングメモを纏めて記載している。以下の記載は、当該項目のヒアリングとして別途記載すべきと判断したもののみである。 ・運用業務および管理系システムにおいて過去３年間における変更なし。

<table>
<tr><td>分　類</td><td>フレームワーク</td></tr>
<tr><td>分類番号</td><td>TA15</td></tr>
<tr><td>目　的</td><td>IT に関する内部統制（アクセス管理等）</td></tr>
<tr><td>調査項目</td><td>情報システムに対する内外からのアクセス管理等、システムの安全性の確保がなされているか。</td></tr>
<tr><td>基準に対する解説</td><td>【基準 1】
アクセス管理等、システムの安全性の確保について、情報システム部門にて適宜管理されている。

【基準 2】
アクセス管理等、システムの安全性の確保に関する内部統制が部分的に整備されており、定められたものについては従業員に周知・徹底されている。

【基準 3】
以下の内容を含むアクセス管理等、システムの安全性の確保に関する内部統制が、外部の第三者が確認できるレベル（リスクと統制の対応（RCM）等の作成）にて整備され、従業員に周知の上で適切に運用されている。
・情報セキュリティフレームワーク
・アクセス管理等のセキュリティ対策
・情報セキュリティインシデントの管理

【基準 4】
上記（3）の基準に加え、定められた手続の遵守・管理状況を定期的にモニタリングしている。特に、財務報告の内部統制に関連する情報システムについては、内部統制の有効性を評価する体制が構築され、評価結果が意思決定機関に適時に報告されるとともに、不備等がある場合には対応がなされている。

【基準 5】
上記（4）の基準に加え、継続的な改善を図った結果として、大幅に改善すべき事項はなく、また重要な不備も発生していない。軽微な不備が発生した場合についても迅速に改善が図られている。</td></tr>
<tr><td>調査上の留意事項</td><td>【全体】
J-SOX 対応となる IT 統制については、IT 全般統制を TA にて評価し、IT 業務処理統制については TB の各業務プロセス統制内にて評価することとした。尚、IT 全社統制については、他の様々な項目にて総合的に評価されていると判断し、個別の項目を設けないこととした。TA における IT 全般統制関連評価項目については、『システム管理基準追補版（財務報告に係る IT 統制ガイダンス）』（平成 19 年 3 月 30 日公表、経済産業省）を参考に作成した。</td></tr>
</table>

確認証跡等	・業務分掌規程【DY】、別表 ・2022年度システム権限棚卸し ・グループ危機管理委員会議事録 ・特権ID棚卸レポート ・情報システム管理規程【DY】 ・情報システム利用細則【DY】 ・情報セキュリティポリシー ・情報セキュリティ管理細則【DY】 ・情報セキュリティ規程【DY】 ・重要業務3点セット（IT全般統制） ・2022年3月期_システムレビューメモ ・情報セキュリティとシステム利用のガイドライン2018 ・監査結果報告書（情報システム部） ・監査改善計画書（情報システム部）
社員会社（株）ダイナムの最新評価結果（2023年3月）	以下の通り、各基準について確認ができたので、評価を5とした。 システムの開発、保守に係る管理について、情報システム部門が所管している。 ITに関する全般的な内部統制について、外部の第三者が確認できるレベルにてRCMが作成されており、RCMにて整理された情報システムに関する各種管理手続が作成され、従業員に周知されている。 RCMについては監査法人からのレビューを受けて改善を図っており、RCMの各統制の整備・運用状況についても内部監査が行われている。監査結果に重大な不備はなく、指摘事項については改善計画書を作成して改善を図っている。 改善内容については監査法人のレビューを受け、指摘事項もなかった点および重大な不備は発生していないことから基準5までを満たしていると判断した。 *TA13においてTA13～TA16の全般的なヒアリングメモを纏めて記載している。以下の記載は、当該項目のヒアリングとして別途記載すべきと判断したもののみである。 【基準2】 ・人員の入れ替わりに対して、適切に権限の更新をしているか確認をしている。 部門で権限付与しているものは異動や離籍で外れるが、バイネームで権限付与しているものについては異動で更新されないので棚卸しにて処理が必要。 ・特権IDを緊急で使用した場合についても口頭で事前許可をもらうルール。 【基準3】 ・ガイドラインは変更なし。

分類	フレームワーク
分類番号	TA16
目的	IT に関する内部統制（外部委託先管理）
調査項目	情報システムに対する外部委託に関する契約の管理体制が構築されているか。
基準に対する解説	【基準 1】 システムの外部委託先管理について、情報システム部門にて適宜管理されている。 【基準 2】 システムの外部委託先管理に関する内部統制が部分的に整備されており、定められたものについては従業員に周知・徹底されている。 【基準 3】 以下の内容を含むシステムの外部委託先管理に関する内部統制が、外部の第三者が確認できるレベル（リスクと統制の対応（RCM）等の作成）にて整備され、従業員に周知の上で適切に運用されている。 ・外部委託先との契約 ・外部委託先とのサービスレベルの定義と管理 【基準 4】 上記（3）の基準に加え、定められた手続の遵守・管理状況を定期的にモニタリングしている。特に、財務報告の内部統制に関連する情報システムについては、内部統制の有効性を評価する体制が構築され、評価結果が意思決定機関に適時に報告されるとともに、不備等がある場合には対応がなされている。 【基準 5】 上記（4）の基準に加え、継続的な改善を図った結果として、大幅に改善すべき事項はなく、また重要な不備も発生していない。軽微な不備が発生した場合についても迅速に改善が図られている。
調査上の留意事項	【全体】 J-SOX 対応となる IT 統制については、IT 全般統制を TA にて評価し、IT 業務処理統制については TB の各業務プロセス統制内にて評価することとした。尚、IT 全社統制については、他の様々な項目にて総合的に評価されていると判断し、個別の項目を設けないこととした。TA における IT 全般統制関連評価項目については、『システム管理基準追補版（財務報告に係る IT 統制ガイダンス）』（平成 19 年 3 月 30 日公表、経済産業省）を参考に作成した。 【基準 3】 受託会社の選定基準、成果物等の検収体制、受託会社の統制を理解し、自社の統制に与える影響等を評価する。外部に委託している業務が基幹業務の一部である場合、委託先におけるシステム障害が、委託元の業務の運営に支障をきたす可能性があるため、委

	託先との間で合意されているサービスレベルが管理されているかを評価する。
確認証跡等	・業務分掌規程【DY】、別表 ・JOB_Description ・組織図 ・ＳＬＡ作成ガイドライン ・業務委託基本契約書 ・購買管理規程【DY】 ・情報セキュリティ基本契約書 ・情報システム管理規程【DY】 ・情報システム利用細則【DY】 ・情報セキュリティ管理細則【DY】 ・情報セキュリティ規程【DY】 ・重要業務3点セット（IT全般統制） ・2022年3月期_システムレビューメモ ・監査結果報告書（情報システム部） ・監査改善計画書（情報システム部）
社員会社（株）ダイナムの最新評価結果（2023年3月）	以下の通り、各基準について確認ができたので、評価を5とした。 システムの開発、保守に係る管理について、情報システム部門が所管している。 ITに関する全般的な内部統制について、外部の第三者が確認できるレベルにてRCMが作成されており、RCMにて整理された情報システムに関する各種管理手続が作成され、従業員に周知されている。 RCMについては監査法人からのレビューを受けて改善を図っており、RCMの各統制の整備・運用状況についても内部監査が行われている。監査結果に重大な不備はなく、指摘事項については改善計画書を作成して改善を図っている。 改善内容については監査法人のレビューを受け、指摘事項もなかった点および重大な不備は発生していないことから基準5までを満たしていると判断した。 *TA13においてTA13～TA16の全般的なヒアリングメモを纏めて記載している。以下の記載は、当該項目のヒアリングとして別途記載すべきと判断したもののみである。 【基準2】 ・（添付資料1）SLA作成ガイドライン（ダイナム・情シス）、業務委託基本契約書および購買管理規程【DY】について変更点なし。 【基準3】 ・重要業務3点セットについて変更点なし。

分類	フレームワーク
分類番号	TA17
目的	情報セキュリティ管理態勢の構築
調査項目	情報セキュリティに関する態勢が適切に構築されているか。
基準に対する解説	【基準1】 情報セキュリティについては情報システム部門等にて個別に対応している。 【基準2】 情報セキュリティ基本方針が定められている。 【基準3】 情報セキュリティ基本方針及び具体的なコントロールを定めた情報セキュリティ基準等が作成されており、周知・徹底されている。 【基準4】 上記(3)の基準に加え、監査等により従業員の遵守状況や情報システムのコントロール状況が確認されている。 【基準5】 上記(4)の基準に加え、定期的な見直しがされており、継続的な改善が行われていることが検証可能である。
調査上の留意事項	【全体】 ITに関する内部統制と重複した調査とならないように留意する必要がある。また、TE1(個人情報保護法への対応)との評価の整合性に留意する。 【基準2】 具体的なコントロールを定めた情報セキュリティ基準等は作成されていなくても、基本方針として、経営者による情報セキュリティに対する基本的な姿勢・考え方が明文化され、従業員に周知されていれば可とする。 【基準3】 情報セキュリティ基準においては、ISO/IEC27001などの各種ガイドラインを参考にしており、社にとって必要な手続が網羅的に定められていることを確認する。
確認証跡等	・グループ危機管理委員会議事録 ・情報セキュリティ検討会アジェンダ ・2023年3月期　グループ内部統制教育の実施について ・情報セキュリティ基本方針 ・情報システム管理規程【DY】 ・情報システム利用細則【DY】 ・情報セキュリティとシステム利用のガイドライン2018

<table>
<tr><td>確認証跡等（続）</td><td>・情報セキュリティ管理細則【DY】
・情報セキュリティ規程【DY】
・店舗のための情報セキュリティガイドブック
・監査結果報告書（情報システム部）
・監査改善計画書（情報システム部）</td></tr>
<tr><td>社員会社（株）ダイナムの最新評価結果（2023年3月）</td><td>以下の通り、各基準について確認ができたので、評価を5とした。

情報セキュリティに関する具体的な手続が定められ、e-ラーニングによるセキュリティ研修の実施等を通じて、従業員に周知徹底されている。また、内部監査等により、情報セキュリティに関する運用状況が定期的に検証されている。
テレワークへの環境変化にも対応し対策および検証が実施されおり、現状大きな変更はないものの、毎年セキュリティ基準等の見直しも行われており、適時に改善が図られているため、基準5までを満たしていると判断した。

【基準1】
・情報セキュリティについては、情報システム部の他に、グループ危機管理委員会、情報セキュリティ検討会が対応している。
・DYJHにて危機管理を行っている。

【基準2、3】
・情報セキュリティ基本方針を定めダイナムホームページで公開。
・情報セキュリティ基本方針に基づいた規程や細則を定め、イントラネットへ掲示し従業員に周知・徹底。
・e-ラーニングでセキュリティ教育を行っている。
・大枠に変更はないが、毎年若干のアップデートは行っている。
・店舗のための情報セキュリティガイドブック→パスワードの有効期限設定。

【基準4】
・財務諸表監査（外部監査）やIT全般統制監査（内部監査）を実施し情報セキュリティの遵守状況やシステムのコントロール状況を確認している。

【基準5】
・前期監査部にて実施したIT全般統制監査において本項目における不備なし。
テレワーク対策として、外部パソコンからのログインはマトリックス認証システムを採用している（テレワークにかかる稼働ログ構築済）。
・現状テレワークにかかるセキュリティトラブルなし。
・チャットアプリは会社のチャットインフラとして浸透している。会社スマホでも利用OKとしているが、現場で任意にアカウント増設は不可である。
・会社スマホには貸与条件があり。全員配付ではない。現状ウィルストラブル特になし。</td></tr>
</table>

<table>
<tr><td>分　　類</td><td>財務</td></tr>
<tr><td>分類番号</td><td>TB1</td></tr>
<tr><td>目　　的</td><td>予算管理制度の整備・運用について</td></tr>
<tr><td>調査項目</td><td>経営計画の合理性を説明するための諸施策が整備され、適切な予算管理体制が整備・運用されているか。</td></tr>
<tr><td>基準に対する解説</td><td>【基準1】
予算を策定している。

【基準2】
基準（1）における予算は、個別計画と有機的に結びついた総合的予算体系となっており、取締役会等経営会議の承認を得ている。

【基準3】
基準（2）に加え、予算管理規程、マニュアルなど予算編成・予算統制に関する制度が整備されており、これに従い予算・実績差異分析を実施している。

【基準4】
月次ベースで予算・実績分析がなされ、取締役会等経営会議で審議され必要な対応がなされている。

【基準5】
予算は中期経営計画等と有機的に結合しており、計画策定と実行の権限配分の適切性など実効性が担保され、かつ、中期経営計画等の合理性、実効性を説明することができる。</td></tr>
</table>

調査上の留意事項	・全体予算を閲覧し、予算の策定根拠（個別計画、特に店舗利益計画）との整合性に留意し、予算作成過程をヒアリングする。予算管理規程等があれば、ヒアリング内容との相違が存在しないか検討する。予算・実績差異分析の資料を閲覧する。これが取締役会等経営会議に提出・報告されているか議事録等により確認する。なお、重大な乖離については適正に分析されているか留意する。特に経営環境の変化に伴う予算等の修正を必要となる事象の発生（新規店舗のオープン時期の決定、不採算店の閉鎖など）。 【全体】 パチンコホール事業の予算が適切に管理されていることが確認できるのであれば、連結／単体のいずれで管理されていても問題ない。 【基準 1】 予算は経営の努力目標ではなく、実現可能なものでなくてはならない。 【基準 2】 個別計画は、損益計画のみならず設備投資計画並びに資金計画等を含む。資金の調達、返済計画は合理的かつ実現可能なものとなっている必要がある。 【基準 5】 中期とはおおむね３年から５年をいい、中期経営計画は実現可能なものでなくてはならない。資金調達が中期経営計画のボトルネックとなる可能性が高いことから、資金の調達、返済計画の合理性かつ実現可能性に留意すること。また、中期経営計画が作成されている場合に留意する。 【基準 5】 合理的な理由により、3～5 年の中期経営計画を作成することが現実的ではない場合は、中期経営計画に準ずるような将来的な経営に関する計画資料で代替可能である。その場合、３年等の期間は限定しないが、単年度の事業計画だけでは基準を満たさない。

確認証跡等	・組織管理規程【DY】 別表 ・予算検討委員会規程【DY】 ・第25回予算検討委員会_議事録 ・DY取締役会議事録 ・DYJH取締役会議事録 ・予算管理規程【DY】 ・予算編成、予算管理業務フロー（経営予算管理） ・予実集計値予実管理 ・予算案件管理表 ・予算編成外案件提案書 ・経営協議会_アジェンダ ・56期 12月損益稟議データ ・42～58期長期経営計画 ・54～55期2か年経営計画

社員会社（株）ダイナムの最新評価結果（2023年3月）

以下の通り、各基準について確認ができたので、評価を4とした。

【基準1】

・予算検討委員会を通じ予算を策定している。

予算策定プロセスは以下通り。

①電気代上昇、機械費高騰等、外部要因環境について検討

② 12/末　全体スケジュールを役員へ説明、方向性検討

③ 1/初　各部門へスケジュール展開、ボトムアップで収入・費用収集

④ 1/下旬に中間1次集計

⑤中間報告を繰り返し、Revise、2/27が確定スケジュール

⑥取締役会にて予算承認

【基準2】

・予算は、策定方針、損益計画、季節変動要因、稼働・利益率計画、機械、販促、出店、投資と有機的に結びついており、取締役会の承認を得ている。

ex. スマスロでのシェア獲得のため店舗のスロット設置台数は増加方針

【基準3、4】

・予算管理規程、予算管理業務フローチャートは整備されており、月2回（月初／中旬）の予算検討委員会にて予実差分析、翌月以降の見込（予算修正）の稟議承認を得ている。

【基準5】

・新中期経営計画はドラフト作成も、スマスロ・スマパチの今後の状況が不明瞭な段階で対社外へのリリースが困難なため正式承認を得ていない。

・予算に対する今後の実績進捗状況に応じ、中期計画の正式承認を得る予定。

新中期経営計画はドラフトとして作成はしているが、新型コロナやスマートスロットの状況などを含めて未確定要素が多いため正式承認を受けていない。会社評価通り4とする。

<table>
<tr><td>分　　類</td><td>財務</td></tr>
<tr><td>分類番号</td><td>TB2</td></tr>
<tr><td>目　　的</td><td>決算プロセスに関する内部統制（全般事項）</td></tr>
<tr><td>調査項目</td><td>決算業務の前提となる会計方針、会計帳簿組織、規定等、経理体制等が整備され、運用されているか。</td></tr>
<tr><td>基準に対する解説</td><td>【基準1】
取引証憑を含む会計帳簿組織が存在し、かつ、法が定める期間の会計帳簿が保管されている。

【基準2】
経理規程等会計帳簿の管理に関する規程等が整備されており、この運用がなされていることが検証可能である。

【基準3】
決算プロセスの全般事項として、チェックリスト、あるいは、3点セット（「業務の流れ図（フローチャート）」、「業務記述書」及び「リスクと統制の対応（RCM）」）のいずれかが整備、運用されている。

【基準4】
基準3において整備・運用されている決算プロセスの全般事項に関する内部統制の有効性を、内部監査部門等により評価する体制が構築され、評価結果が経営陣に報告されるとともに、不備があった場合の対応がなされている。

【基準5】
基準3において整備・運用されている決算プロセスの全般事項に関する内部統制の有効性について、改善不要な水準であり、かつ、重要な不備が発生していない。</td></tr>
<tr><td>調査上の留意事項</td><td>【全体（J-SOX共通の考え方）】
パチンコホール企業は日本では非上場企業であるため、金融商品取引法に基づく内部統制監査を受けているわけではない。PTB評価基準は、内部統制の評価に関連する証憑等について形式的要件を厳格に要求するものではない。業務プロセスのリスクが適切に識別され、そのリスクを効果的かつ効率的に統制する仕組み（つまり内部統制）が実質的に整備及び運用されているかどうかが重要である。
(1) 3点セット・・・必要となる3点セットは形式的なものではなく、実質的なものである。会社がリスクと統制の対応を、調査委員が満足しうる水準で説明できなければ</td></tr>
</table>

ならない。RCM（リスクコントロールマトリックス）は内部統制の理解において欠くことはできない。文書化されたRCMは必須とする。フローチャート及び業務記述書は、リスクの所在を理解するという意味で、RCMの付随的なものであり、リスクの所在が理解できれば代替するものでも良い。業務の流れがわかるもの、職務の分掌がわかるものであれば、書類の名称は問わないこととする。

(2) 有効性の評価…有効性の評価は内部統制監査基準に基づき何件（あるいは何十件）以上をサンプリングするということを求めているのではなく、会社が定めたルールで定期的に評価されていれば、実質的に有効性の評価を行っていると考えて差し支えない。

(3) 内部統制の満足しうる水準…内部統制の水準は経営者の方針に依拠し一様ではない。一様でない内部統制について、専門知識と実務経験を有す調査委員が、会社の経営環境等を勘案し、経営者が構築した内部統制の水準が、財務報告の観点（関連する勘定科目のアサーション・レベルでの虚偽表示リスクの統制）から満足しうる水準として整備・運用されているかを総合的に判断することになる。

【基準3】

チェックリストの様式は、比較的簡易な様式であっても想定されるリスクと対応する統制手続が適切に明示されていれば可とする。３点セットをツールとしている場合単に業務マニュアルがあれば、足るとは判断しない。フローチャートは、必須ではないが、決算業務スケジュールを明示する代替物は要する。RCMは、達成される統制上の要点、想定されるリスク、対応する統制手続を示すものがあれば代替可能とする。

【全体】

実施基準における「前年度の評価結果の継続利用（ローテーション評価）」は、「財務報告の信頼性に与える影響の重要性を勘案」した上で可否を判断することになっており、PTBで評価対象としている項目は、いずれも重要性が高いことからローテーション評価の対象とならない。

【基準4】

セルフチェック（同一部課等で担当者相互に内部統制の運用状況の確認）を行う場合であれば、「自己評価マニュアル」等評価項目と評価基準を明確化し、これに従って評価していることを要する。内部監査部門が評価する場合は、内部監査部門の能力等の十分性を考慮する。

調査上の留意事項（続）	【基準 5】 重要な不備ではないが、改善事項を放置している場合は、評価 4。外部監査人の評価を行っている場合は、その評価結果で重要な不備事項がなければ、評価 5。
確認証跡等	・総勘定元帳 ・振替伝票 ・経理規程 ・重要業務 3 点セット ・決算・財務報告プロセス評価シート ・リスク管理策一覧 ・監査結果報告書（2022 年 3 月期決算）
社員会社（株）ダイナムの最新評価結果（2023 年 3 月）	以下の通り、各基準について確認ができたので、評価を 5 とした。 【基準 1】 社外会計システムを利用して記帳しており、総勘定元帳、その他の帳簿が作成されている。 ・会計システム：社外クラウド会計システム 電子帳簿保存法対応の為、Workflow は他 PKG での代替検討 ・経費：社外クラウドサービス ・売上：Hall system> 会計システムへ連携 ・証憑：振替伝票、試算表、総勘定元帳等を保管 【基準 2】 ・経理規程は整備されており、年次で見直しを実施 ex. 電子帳簿保存法対応も経理規程改訂で対応 ・別途、減損会計・資産除去債務会計等、会計論点となり得る会計処理について細則を設けている。 【基準 3】 ・決算プロセスについて 3 点セットを完備 ①業務フローチャート②業務記述書③ RCM

社員会社（株）ダイナムの最新評価結果（2023年3月）（続）

・プロセス評価シートを利用し、自部門内運用確認を定期的に実施
　ex. リスク管理台帳を基に、監査部の監査を受け運用が為されているかの確認を実施

【基準4、5】
・監査部による内部監査を年次にて実施（監査部：8名）
　決算・財務報告業務について、3点セットに基づき監査部門が有効状況について監査を実施
・内部監査実施後、監査結果報告書を部門及び取締役会へ報告、2022年3月期において内部統制上の重要な不備は検知されていない。

分　類	財務
分類番号	TB3
目　的	決算プロセスに関する内部統制（外部報告）
調査項目	財務情報を適時かつ適切に開示するため、内部統制が構築／整備され、運用されているか。
基準に対する解説	【基準 1】 会社定款に基づく方法により決算公告を行っている。 【基準 2】 決算短信、あるいはそれに準じた報告書を作成し、利害関係者等に適時かつ適切な方法で開示している。 【基準 3】 財務情報の開示について、チェックリスト、あるいは、3点セット（「業務の流れ図（フローチャート）」、「業務記述書」及び「リスクと統制の対応（RCM）」）のいずれかが整備、運用されている。 【基準 4】 基準3において整備・運用されている財務情報の開示に関する内部統制の有効性を、内部監査部門等により評価する体制が構築され、評価結果が経営陣に報告されるとともに、不備があった場合の対応がなされている。 【基準 5】 基準3において整備・運用されている財務情報の開示に関する内部統制につき、内部統制の有効性は改善不要な水準であり、かつ、重要な不備が発生していない。
調査上の留意事項	【全体】 TB2 の J-SOX 共通の考え方に同じ。 【全体】 実施基準における「前年度の評価結果の継続利用（ローテーション評価）」は、「財務報告の信頼性に与える影響の重要性を勘案」した上で可否を判断することになっており、PTB で評価対象としている項目は、いずれも重要性が高いことからローテーション評価

調査上の留意事項（続）

の対象とならない。

【基準 1】

会社が電磁的方法による決算公示制度を活用している場合は、定款にその旨の記載があるかどうかを確認する。

【基準 2】

ホール会社は非上場なので、開示すべき事象や方法は金商法と同一である必要はない。情報開示規定等に基づき、開示すべき事象を特定し、特定事象が発生したときに適時かつ適切な方法で開示されているかを確認する。

【基準 3】

チェックリストの様式は、比較的簡易な様式であっても想定されるリスクと対応する統制手続が適切に明示されていれば可とする。3 点セットをツールとしている場合単に業務マニュアルがあれば、足るとは判断しない。フローチャートは、必須ではないが、決算業務スケジュールを明示する代替物は要する。RCM は、達成される統制上の要点、想定されるリスク、対応する統制手続を示すものがあれば代替可能とする。

【基準 4】

セルフチェック（同一部課等で担当者相互に内部統制の運用状況の確認）を行う場合であれば、「自己評価マニュアル」等評価項目と評価基準を明確化し、これに従って評価していることを要する。内部監査部門が評価する場合は、内部監査部門の能力等の十分性を考慮する。

【基準 5】

重要な不備ではないが、改善事項を放置している場合は、評価 4。外部監査人の評価を行っている場合は、その評価結果で重要な不備事項がなければ、評価 5。

確認証跡等	・決算公表 ・DYJH_2022年3月期_期末決算日程 ・Interim Report（中間報告書） ・Annual Report（年次報告書） ・重要業務3点セット ・リスク管理策一覧 ・監査結果報告書（2022年3月期決算）
社員会社（株）ダイナムの最新評価結果（2023年3月）	以下の通り、各基準について確認ができたので、評価を5とした。 【基準1】 ・計算書類の決算公告をWeb開示にて開示していることを確認 etc1. のれんを認識、JGAAP/IFRSを分けて管理している。 etc2. 固定資産台帳は会計・税務・IFRS・減損戻しの4台帳管理 【基準2】 ・親会社であるDYJHが、Interim Report及びAnnual Reportを作成し、適時適切な方法で開示している。 【基準3】 ダイナムではDYJHが外部へ開示できるように連結会計システムへ入力することがフローチャート等の3点セットに記載されている。 ・決算プロセス3点セットを整備、運用 ・決算数値作成はプロセスに基づき実施 ・連結はDYJHにて実施、ダイナムでは連結PKGを作成、DYJHへ連携 【基準4、5】 ・監査部による内部監査を毎年実施しており、監査結果報告書では内部統制上の重要な不備は検知されていない。

社員会社（株）ダイナムの最新評価結果（2023年3月）（続）	・財務情報の開示に関する内部統制の有効性について、財務部内でセルフチェックを実施している。 ・監査部による内部監査を実施後、内部統制委員会及び経営陣に報告されている。

分類	財務
分類番号	TB4
目的	決算プロセスに関する内部統制（月次決算）
調査項目	月次決算の迅速化とその正確性を確保するため、内部統制が構築／整備され、運用されているか。
基準に対する解説	【基準 1】 月次決算が適時（おおむね 2〜3 週間以内）に確定されている。 【基準 2】 月次決算に関する基本計画及び方針が策定されており、これに基づき関連する各部署の決算スケジュールの策定、進捗管理が可能となっている。 【基準 3】 月次決算プロセスについて、チェックリスト、業務分担表、スケジュール管理表等が整備、運用されている。 【基準 4】 基準 3 において整備・運用されている月次決算プロセスに関する内部統制の有効性を、内部監査部門等により評価する体制が構築され、評価結果が経営陣に報告されるとともに、不備があった場合の対応がなされている。 【基準 5】 基準 3 において整備・運用されている月次決算プロセスに関する内部統制の有効性について、改善不要な水準であり、かつ、重要な不備が発生していない。
調査上の留意事項	【全体】 開示が IFRS であっても IFRS での月次決算を前提としない。 【全体】 月次決算については J-SOX の対象範囲ではないため、他の項目と評価内容を変えている。 【基準 3】 チェックリストの様式は、比較的簡易な様式であっても想定されるリスクと対応する統制手続が適切に明示されていれば可とする。3 点セットをツールとしている場合、単に業務マニュアルがあれば、足るとは判断しない。フローチャートは、必須ではないが、決算業務スケジュールを明示する代替物は要する。RCM は、達成される統制上の要点、想定されるリスク、対応する統制手続を示すものがあれば代替可能とする。 【基準 4】 セルフチェック（同一部課等で担当者相互に内部統制の運用状況の確認）を行う場合

調査上の留意事項（続）	であれば、「自己評価マニュアル」等評価項目と評価基準を明確化し、これに従って評価していることを要する。内部監査部門が評価する場合は、内部監査部門の能力等の十分性を考慮する。 【基準５】 重要な不備ではないが、改善事項を放置している場合は、評価４。外部監査人の評価を行っている場合は、その評価結果で重要な不備事項がなければ、評価５。
確認証跡等	・DYJH_2022 年３月期 _ 期末決算日程 ・2022.3M_ 月次資料提出依頼 ・月次決算作業進捗管理表 ・リスク管理策一覧 ・監査結果報告書（2022 年３月期決算）
社員会社（株）ダイナムの最新評価結果（2023年3月）	以下の通り、各基準について確認ができたので、評価を５とした。 【基準１】 ・月次決算は第７営業日に確定している。なお、月次決算の遅延は発生していない。 【基準２】 月次資料提出依頼を各部へ依頼 各担当毎に進捗管理（作業進捗管理表） 【基準３】 基準２と同様 ・業務分担表により、個別の処理について第三者が確認できる体制にある。 ・決算・財務報告プロセス評価シートにより、個別の処理について第三者が確認できる体制にある。 ・月次決算の処理は月次決算進捗管理表に基づき実施され、印刷した月次決算進捗管理表にチェックを付けることにより実施漏れを防止している。 【基準４、５】 ・監査部による内部監査を毎年実施しており、監査結果報告書では内部統制上の重要な不備は検知されていない。 ・財務情報の開示に関する内部統制の有効性について、財務部内でセルフチェックを実施している。 ・監査部による内部監査を実施後、内部統制委員会及び経営陣に報告されている。

<table>
<tr><td colspan="2">分　　類</td><td>財務</td></tr>
<tr><td colspan="2">分類番号</td><td>TB5</td></tr>
<tr><td colspan="2">目　　的</td><td>決算プロセスに関する内部統制（年次決算）</td></tr>
<tr><td colspan="2">調査項目</td><td>年次決算の迅速化とその正確性を確保するため、内部統制が構築／整備され、運用されているか（連結財務諸表を含む）。</td></tr>
<tr><td colspan="2">基準に対する解説</td><td>【基準 1】
年次決算に関する基本計画及び方針が策定されており、これに基づき関連する各部署の決算スケジュールの策定、進捗管理が可能となっている。

【基準 2】
年次決算のプロセスがマニュアル等により文書化されており、決算スケジュールについて経営陣の承認のもと、関連部署に周知徹底がなされている。

【基準 3】
年次決算プロセスについて、チェックリスト、あるいは、3点セット（「業務の流れ図（フローチャート）」、「業務記述書」及び「リスクと統制の対応（RCM）」）のいずれかが整備、運用されている。

【基準 4】
基準3において整備・運用されている年次決算プロセスに関する内部統制の有効性を、内部監査部門等により評価する体制が構築され、評価結果が経営陣に報告されるとともに、不備があった場合の対応がなされている。

【基準 5】
基準3において整備・運用されている年次決算プロセスに関する内部統制について、内部統制の有効性は改善不要な水準であり、かつ、重要な不備が発生していない。</td></tr>
<tr><td colspan="2">調査上の留意事項</td><td>【全体】
開示の主体に関わらず、パチンコホール事業の年次決算が適切に管理されていることを確認する。

【全体】
TB2 の J-SOX 共通の考え方に同じ。

【全体】
実施基準における「前年度の評価結果の継続利用（ローテーション評価）」は、「財務報告の信頼性に与える影響の重要性を勘案」した上で可否を判断することになっており、PTB で評価対象としている項目は、いずれも重要性が高いことからローテーション評価の対象とならない。

【基準 3】
チェックリストの様式は、比較的簡易な様式であっても想定されるリスクと対応する統制手続が適切に明示されていれば可とする。 3点セットをツールとしている場合単に業務マニュアルがあれば、足るとは判断しない。フローチャートは、必須ではないが、決算業務スケジュールを明示する代替物は要する。RCM は、達成される統制上の要点、</td></tr>
</table>

調査上の留意事項（続）	想定されるリスク、対応する統制手続を示すものがあれば代替可能とする。 【基準4】 　セルフチェック（同一部課等で担当者相互に内部統制の運用状況の確認）を行う場合であれば、「自己評価マニュアル」等評価項目と評価基準を明確化し、これに従って評価していることを要する。内部監査部門が評価する場合は、内部監査部門の能力等の十分性を考慮する。 【基準5】 　重要な不備ではないが、改善事項を放置している場合は、評価4。外部監査人の評価を行っている場合は、その評価結果で重要な不備事項がなければ、評価5。
確認証跡等	・DYJH_2022年3月期_期末決算日程 ・期末決算作業進捗管理表 ・決算・財務報告プロセス評価シート（55期末） ・決算資料提出依頼 ・重要業務3点セット ・リスク管理策一覧 ・監査結果報告書（2022年3月期決算）
社員会社（株）ダイナムの最新評価結果（2023年3月）	以下の通り、各基準について確認ができたので、評価を5とした。 【基準1】 ・期末決算スケジュール表を作成し、また決算進捗管理表にて進捗・業務分担を管理 【基準2】 ・決算・財務報告プロセス評価シートで決算作業をセルフチェックしている。 ・個別作業については月次資料提出依頼を各部へ依頼、年次については作業進捗管理表を用いて各担当毎の業務について進捗管理を実施 【基準3】 ・決算プロセス3点セットを整備、運用 ・決算数値作成はプロセスに基づき実施 　etc. 業務分担表、決算・財務報告プロセス評価シートで個別の処理について第三者が確認できる体制にある。 　また月次決算進捗管理表で実施漏れを防止 【基準4、5】 ・監査部による内部監査を毎年実施しており、監査結果報告書では内部統制上の重要な不備は検知されていない。 ・財務情報の開示に関する内部統制の有効性について、財務部内でセルフチェックを実施している。 ・監査部による内部監査を実施後、内部統制委員会及び経営陣に報告されている。

分　類	財務
分類番号	TB6
目　的	決算プロセスに関する内部統制（税務申告）
調査項目	税務申告を正しく行うため、内部統制は構築／整備され、運用されているか。
基準に対する解説	【基準 1】 財務部門及び財務担当役員は適切な申告に対して理解があり、過去 3 年間、重加算税等の支払いがなされたことがない。 【基準 2】 会計上の財務数値と税務上の財務数値との相違（税務調整項目）について説明可能な資料が存在しており、財務部門及び担当役員は理解しており、内容を説明できる。 【基準 3】 税務申告について、チェックリスト等により適正な申告を行うためのリスクと統制の対応策がとられている。 【基準 4】 基準 3 の税務申告に関するリスクと統制の対応策を内部監査部門等により評価する体制が構築され、評価結果が経営陣に報告されるとともに、不備があった場合の対応がなされている。 【基準 5】 基準 3 の税務申告に関するリスクと対応策につき、その有効性は改善不要な水準であり、かつ、重要な不備が発生していない。
調査上の留意事項	【全体】 ホールディングスが税務申告をしている／いないにかかわらず、パチンコホール事業全体の税務申告が適正かどうかを確認する。 【全体】 連結納税制度を採用し、納税は親会社が行っている場合であっても、税務については、社員会社単体で評価する。 【全体】 税務申告についてはJ-SOXの対象範囲ではないため、他の項目と評価内容を変えている。 【基準 1】 適切な税務申告は、経営者の納税意識に依存するため、基準 1 では財務担当役員が理解していることを調査する。 【基準 1】 通常でも発生する可能性のある税務当局との見解の相違といったレベルの更生・修正申告については、調査の対象としない。

調査上の留意事項（続）	【基準 3、4】 税務申告は J-SOX の範囲ではないことから、他の項目における 3 点セット＋有効性評価まで行っていなくても問題ない。 【基準 4】 一般的な企業にみられるような税理士に全て委託して自社では内容をほとんど把握していないといった状況ではなく、自社にて税務申告を作成する専門性があり、チェック機能として外部の税理士を活用しているのであれば、基準 4 の監査機能を外部に委託し基準 4 を満たしていると判断することも可能である。 【基準 5】 重要な不備ではないが、改善事項を放置している場合は、評価 4。外部監査人の評価を行っている場合は、その評価結果で重要な不備事項がなければ、評価 5。
確認証跡等	・法人税申告書 _2022.3 月期 ・税務調整項目一覧表 (兼) チェック表 ・重要業務 3 点セット ・決算・財務報告プロセス評価シート ・リスク管理策一覧 ・監査結果報告書（2022 年 3 月期決算）
社員会社（株）ダイナムの最新評価結果（2023年3月）	以下の通り、各基準について確認ができたので、評価を 5 とした。 【基準 1】 ・税務調査は 8 年程度来ていない。 ・前回調査の際も重加算税等の指摘は受けていない。 【基準 2】 申告調整内容について、2022/5/19 取締役会にて財務数値、法人税の内訳（加減算）について決算承認時に報告・承認を得ている。 【基準 3】 ・税金計算は会計事務所が作成、作成された申告書を財務部にて内容確認を実施 ・税金計算に当たり適用可能な制度について、社内で網羅的確認は出来ていないが会計事務所にてチェックを実施 ・内部統制の個別プロセスとして税金計算は入っていないが、決算の進捗管理表で作業ベースにて管理している（税金計算・税効果）。 【基準 4、5】 ・監査部による内部監査を毎年実施しており、監査結果報告書によると税金計算を含む内部統制上の重要な不備は検知されていない。 ・財務情報の開示に関する内部統制の有効性について、財務部内でセルフチェックを実施している。 ・監査部による内部監査を実施後、内部統制委員会及び経営陣に報告されている。

分　　類	財務
分類番号	TB7
目　　的	業務プロセスに関する内部統制（店舗における売上計上及び営業回収金の管理）
調査項目	店舗における営業の結果、売上高の認識、本社への回収すべき現金の管理について内部統制が構築／整備され、運用されているか。
基準に対する解説	【基準1】 各店舗において売上高と営業結果としての本部への回収金額が正しく認識され、これを報告されていることをチェックする仕組みがある。 【基準2】 店舗の売上の認識／営業資金管理が全社で統一されており、マニュアル等の文書化がなされている。当該マニュアル等は、店舗従業員に周知され、運用されており、店舗担当者以外の第三者が事後的に検証することができるように証跡等が保管されている。 【基準3】 店舗の売上の認識／営業資金管理に関する業務プロセスについて、「業務の流れ図」、「業務記述書」及び「リスクと統制の対応（RCM）」等が整備され、運用されている。 【基準1】 店舗の売上の認識／営業資金管理に関する業務プロセスについて、内部統制の有効性を、内部監査部門等により評価する体制が構築され、評価結果が経営陣に報告されるとともに、不備があった場合の対応がなされている。 【基準5】 基準3において整備・運用されている店舗の売上の認識／営業資金管理に関する業務プロセスにつき、内部統制の有効性は改善不要な水準であり、かつ、重要な不備が発生していない。
調査上の留意事項	【全体】 TB2のJ-SOX共通の考え方に同じ。 【全体】 実施基準における「前年度の評価結果の継続利用（ローテーション評価）」は、「財務報告の信頼性に与える影響の重要性を勘案」した上で可否を判断することになっており、PTBで評価対象としている項目は、いずれも重要性が高いことからローテーション評価

調査上の留意事項（続）

の対象とならない。

【全体】

売上となる現金や貯玉の検証に使用されるシステム（現金サンド、発券機、精算機、貯玉システム等）からのデータについては、全てホールコンに集約され、データ改ざんの可能性が低いことを前提として、PTBのRCMサンプルは作成されており、RCMサンプル上では、ホールコンが正常終了されないことのみをリスクとして挙げている。調査対象会社において、各データに改ざんの可能性がある場合には、リスクとして挙げた上で適切な対策が施されているか確認する。

【全体】

J-SOX対応は財務報告に対する内部統制であるため、財務報告に計上される売上として、現金および貯玉が対象となり、景品への交換までを含めた実質的な売上については対象外となる。したがって、旧評価基準にて対象となっていた「出玉（遊技機）→交換玉数の計数（計数機）→景品交換（POS）」の各データの検証は確認しない。

【基準1】

営業日報の作成ツールなど、営業データと終業時回収現金の整合性の検証機能による売上高、本部への回収現金の認識／管理が存在していること。

【基準3】

単に業務マニュアルがあれば、足るとは判断しない。業務記述書には、管理方針や職務分掌を含む。フローチャートは、必須ではないが、取引開始から会計データ、報告までを明示する代替物は要する。RCMは、達成される統制上の要点、想定されるリスク、対応する統制手続を示すものがあれば代替可能とする。

【基準4】

セルフチェック（同一部課等で担当者相互に運用状況の確認）を行う場合であれば、「自己評価マニュアル」等評価項目と評価基準を明確化し、これに従って評価していることを要する。内部監査部門が評価する場合は、内部監査部門の能力等の十分性を考慮する。

	【基準5】 重要な不備ではないが、改善事項を放置している場合は、評価4。外部監査人の評価を行っている場合は、その評価結果で重要な不備事項がなければ、評価5。
確認証跡等	・営業日報 ・サイクルカード日計表 ・マースデータ ・日本通運株式会社データ ・ワーカー作業マニュアル ・役職者業務手順書 ・小口現金取扱要領 ・店舗金銭等取扱要領 ・営業管理システム運用マニュアル ・重要業務3点セット ・金商法対応監査_年度総括（2022年3月期決算）
社員会社（株）ダイナムの最新評価結果（2023年3月）	以下の通り、各基準について確認ができたので、評価を5とした。 【基準1】 ・サイクルカード日計表（サンドデータ） ・営業日報（ホールコンピュータデータ） ・現金入金機データ（日次でメール受領） ・現金 上記突合をすることで相互の整合性を確認し会計との一致を担保、機械トラブルが有れば不一致が生じる可能性は有るが、基本的には発生しない。 【基準2】 ・営業管理システム運用マニュアル ・ワーカー作業マニュアル（営業日報入力） 上記等、マニュアルを基にオペレーションを実施、マニュアルについては店舗PC／タブレット端末で見ることが出来、利便性に問題なし。 【基準3】 ・店舗から本社経理までの業務について3点セットを整備 ex. 貯玉計上・仕訳計上・日次確定、本社・店舗・入金機データ・システムそれぞれの

役割を業務フローチャートで作成されており、適切に運用がなされている。

【基準4、5】
・監査部による内部監査を毎年実施しており、監査結果報告書によると販売プロセスを含む内部統制上の重要な不備は検知されていない。
・財務情報の開示に関する内部統制の有効性について、財務部内でセルフチェックを実施している。
・監査部による内部監査を実施後、内部統制委員会及び経営陣に報告されている。

社員会社（株）ダイナムの最新評価結果（2023年3月）（続）

分　類	財務
分類番号	TB8
目　的	業務プロセスに関する内部統制（景品取引業務）
調査項目	景品業者の選定、発注、納品等の購買に関する内部統制が構築／整備され、運用されているか。
基準に対する解説	【基準 1】 景品納入業者の選定／変更について、一定のルールがあり、景品納入業者は本社管理部門で把握して支払を実施している。 【基準 2】 景品納入業者との納入条件や支払条件等の契約に関しては、本社管理部門が一元管理しており、社内における発注、検収、支払に関する標準化されたルールが存在し、これに従った業務執行、決裁等がなされている。 【基準 3】 景品納入業者に対する購買に関する業務プロセスについて、「業務の流れ図」、「業務記述書」及び「リスクと統制の対応（RCM）」等が整備され、運用されている。 【基準 4】 基準 3 において整備・運用されている景品納入業者に対する業務プロセスに関する内部統制の有効性を、内部監査部門等により評価する体制が構築され、評価結果が経営陣に報告されるとともに、不備があった場合の対応がなされている。 【基準 5】 基準 3 において整備・運用されている景品納入業者に対する業務プロセスにつき、内部統制の有効性は改善不要な水準であり、かつ、重要な不備が発生していない。
調査上の留意事項	【全体】 TB2 の J-SOX 共通の考え方に同じ。 【全体】 実施基準における「前年度の評価結果の継続利用（ローテーション評価）」は、「財務報告の信頼性に与える影響の重要性を勘案」した上で可否を判断することになっており、PTB で評価対象としている項目は、いずれも重要性が高いことからローテーション評価の対象とならない。 【基準 1】 景品 POS システム等により、景品在庫管理を実施していることを前提とし、定期的に実地棚卸を行い、過不足調査を行っている。 【基準 2】 景品管理に関する店舗従業員向けマニュアルや管理部門からの通達があることが望ましい。 【基準 3】 単に業務マニュアルがあれば、足るとは判断しない。業務記述書には、管理方針や職

調査上の留意事項（続）	務分掌を含む。フローチャートは、必須ではないが、取引開始から会計データ、報告までを明示する代替物は要する。RCM は、達成される統制上の要点、想定されるリスク、対応する統制手続を示すものがあれば代替可能とする。 【基準 4】 セルフチェック（同一部課等で担当者相互に運用状況の確認）を行う場合であれば、「自己評価マニュアル」等評価項目と評価基準を明確化し、これに従って評価していることを要する。内部監査部門が評価する場合は、内部監査部門の能力等の十分性を考慮する。 【基準 5】 重要な不備ではないが、改善事項を放置している場合は、評価 4。外部監査人の評価を行っている場合は、その評価結果で重要な不備事項がなければ、評価 5。
確認証跡等	・購買管理規程 ・取引先選定に関する細則 ・支払依頼書 ・新規取引稟議書 ・購買管理システムマニュアル ・役職者業務マニュアル（発注・検収） ・重要業務３点セット 仕入管理（発注・検収・支払） コンプライアンス（新規取引先・年度一括調査） ・監査結果報告書（金商法整備） ・金商法整備監査報告
社員会社（株）ダイナムの最新評価結果（2023年3月）	以下の通り、各基準について確認ができたので、評価を５とした。 【基準 1】 ・景品納入業者の選定／変更について『購買管理規程』『取引先選定に関する細則』に基づき本部で取引先を選定している。 ・取引開始に必要な情報は「3 年分の決算書」「謄本」「免許」「許可証」「氏名」「住民票」等 【基準 2】 ・景品納入業者は本社購買部にて一元管理、発注に際しては選定後の納入業者に対し景品管理システム（購買）を利用し発注 ・支払いは購買システム→伝票管理システム→経理システムにて支払いを実施 【基準 3】 ・購買プロセスについての３点セットが整備、運用がなされている。 【基準 4、5】 ・監査部による内部監査を毎年実施しており、監査結果報告書では内部統制上の重要な不備は検知されていない。 ・財務情報の開示に関する内部統制の有効性について、財務部内でセルフチェックを実施している。 ・監査部による内部監査を実施後、内部統制委員会及び経営陣に報告されている。

分　　類	財務
分類番号	TB9
目　　的	業務プロセスに関する内部統制（景品管理）
調査項目	景品在庫管理の手順／方法が明確になっており、在庫数量の正確性、景品の受入／払出数量について説明可能な仕組みが構築／整備され、運用されているか。
基準に対する解説	【基準1】 店舗在庫の景品について受払表による在庫管理を実施しており、定期的に実在庫数量の把握を行い、受払表との照合を行っている。景品在庫に過不足が生じている場合は、原因追及を行っている。 【基準2】 店舗における景品の受入／景品の現品管理について、取扱方法等が全社的に標準化されている。その標準化された景品管理業務は、景品管理担当の店舗従業員に周知されている。 【基準3】 景品在庫に関する業務プロセスについて、「業務の流れ図」、「業務記述書」及び「リスクと統制の対応（RCM）」等が整備され、運用されている。 【基準4】 基準3において整備・運用されている景品在庫に関する業務プロセスについて、内部統制の有効性を、内部監査部門等により評価する体制が構築され、評価結果が経営陣に報告されるとともに、不備があった場合の対応がなされている。 【基準5】 基準3において整備・運用されている景品在庫に関する業務プロセスにつき、内部統制の有効性は改善不要な水準であり、かつ、重要な不備が発生していない。
調査上の留意事項	【全体】 TB2のJ-SOX共通の考え方に同じ。 【全体】 実施基準における「前年度の評価結果の継続利用（ローテーション評価）」は、「財務

調査上の留意事項（続）

報告の信頼性に与える影響の重要性を勘案」した上で可否を判断することになっており、PTB で評価対象としている項目は、いずれも重要性が高いことからローテーション評価の対象とならない。

【基準 1】

明確な基準や制度がなくても構わないが、各店舗にすべてを委ねているという状態は不可。

【基準 2】

一定のルールや決裁権限の下、店舗の景品担当者が、在庫の状況を判断して発注するホール運営、本社の景品担当者が景品在庫の状況から判断して発注するホール運営など企業の状況により取引方法と内部統制の整備構築は複数想定されるため、本社一括発注までは求めないが、納入業者等の管理については、本社管理部門で一括管理する必要があると判断した。ただし、支払業務については、本社一元管理を前提とする。

【基準 3】

業務記述書には、管理方針や職務分掌を含む。フローチャートは、必須ではないが、取引開始から会計データ、報告までを明示する代替物は要する。RCM は、達成される統制上の要点、想定されるリスク、対応する統制手続を示すものがあれば代替可能とする。

【基準 4】

セルフチェック（同一部課等で担当者相互に運用状況の確認）を行う場合であれば、「自己評価マニュアル」等評価項目と評価基準を明確化し、これに従って評価していることを要する。内部監査部門が評価する場合は、内部監査部門の能力等の十分性を考慮する。

【基準 5】

重要な不備ではないが、改善事項を放置している場合は、評価 4。外部監査人の評価を行っている場合は、その評価結果で重要な不備事項がなければ、評価 5。

確認証跡等	・景品管理システムマニュアル (自動発注・店舗発注・仕入れ) ・【ご依頼】56 期＋中間決算棚卸について ・56 期上期景品棚卸マニュアル ・再棚卸案内 ・景品在庫棚卸減耗損報告書 ・営業日報 ・重要業務 3 点セット（一般景品仕入れ：店舗発注・仕入管理：在庫管理） ・監査結果報告書（金商法整備）
社員会社（株）ダイナムの最新評価結果（2023年3月）	以下の通り、各基準について確認ができたので、評価を 5 とした。 【基準 1】 ・景品管理システム内で在庫管理しており受払を記録、半年に一度棚卸しを実施 ex. 出荷の多いタバコ等は月次で棚卸しを実施 etc1. 現物 250 アイテム以上（店舗台数に対してアイテム数が決まる） 【基準 2】 ・景品管理システムの操作マニュアルを基に作業を全社的に標準化し景品管理化 ・イントラネット経由で運用を店舗へ周知徹底 【基準 3】 ・景品在庫に関する 3 点セットが整備・運用されている。 ex. 毎年 3 月に期末棚卸を実施 【基準 4】 ・監査部による内部監査を年次で実施しているが、コロナ禍で直近は実施出来ていない。 ・一方過去 PTB 評価より体制が構築されていたのは明らかであるので基準 4 は満たす。

社員会社（株）ダイナムの最新評価結果（2023年3月）（続）

【基準5】

・外部監査人の棚卸し立ち合いが実施されており、問題点の指摘はない。

ex. G景品出庫→在庫調整→調整データ確認→原因調査→棚卸減耗損報告書（POS→景品管理システム）

<table>
<tr><td>分　類</td><td>財務</td></tr>
<tr><td>分類番号</td><td>TB10</td></tr>
<tr><td>目　的</td><td>業務プロセスに関する内部統制（遊技機の取得）</td></tr>
<tr><td>調査項目</td><td>遊技機の取得に関する発注、契約、設置、支払に関する一連の業務について、内部統制が構築／整備され、運用されているか。</td></tr>
<tr><td>基準に対する解説</td><td>【基準 1】
遊技機の取得に際し、発注／契約条件に関して、明確かつ適切な決裁基準が確立されている。

【基準 2】
遊技機の取得に際し、その社内手続は定型化・標準化されており、マニュアル／規定規則等が定められており、これに準拠して業務が執行されている。なお、遊技機の取得に際しては、全国遊技機商業協同組合連合会加入の遊技機販売業者登録制度に登録している販売会社から購入することとなっている。

【基準 3】
遊技機の管理については、全社の状態を把握する部門が存在し、保有遊技機等の管理を実施している上で、遊技機の取得に関する業務プロセスについて、「業務の流れ図」、「業務記述書」及び「リスクと統制の対応（RCM）」等が整備され、運用されている。

【基準 4】
基準 3 において整備・運用されている遊技機の取得に関する業務プロセスについて、内部統制の有効性を、内部監査部門等により評価する体制が構築され、評価結果が経営陣に報告されるとともに、不備があった場合の対応がなされている。

【基準 5】
基準 3 において整備・運用されている景品在庫に関する業務プロセスにつき、内部統制の有効性は改善不要な水準であり、かつ、重要な不備が発生していない。</td></tr>
</table>

調査上の留意事項

【全体】
TB2のJ-SOX共通の考え方に同じ。

【全体】
実施基準における「前年度の評価結果の継続利用（ローテーション評価）」は、「財務報告の信頼性に与える影響の重要性を勘案」した上で可否を判断することになっており、PTBで評価対象としている項目は、いずれも重要性が高いことからローテーション評価の対象とならない。

【基準1】
遊技機の取得／設置に関する業務プロセスについて文書化された規制や手続は、改善不要な水準であり、かつ、重要な不備が発生していない。

【基準2】
チェーンストア化と遊技機の二次使用の増加から、中古機販売に係る規制が強化されている。

【基準3】
遊技機の二次使用等の増加から、入替に関する権限の委譲を想定したが、入替申請には、導入遊技機の種類、基盤等の番号のみならず、撤去遊技機の明細等が必要となったことから、全社的に保有／購入遊技機の管理を実施していることを前提とする。単に業務マニュアルがあれば、足るとは判断しない。業務記述書には、管理方針や職務分掌を含む。フローチャートは、必須ではないが、取引開始から会計データ、報告までを明示する代替物は要する。RCMは、達成される統制上の要点、想定されるリスク、対応する統制手続を示すものがあれば代替可能とする。

【基準4】
セルフチェック（同一部課等で担当者相互に運用状況の確認）を行う場合であれば、「自己評価マニュアル」等評価項目と評価基準を明確化し、これに従って評価していることを要する。内部監査部門が評価する場合は、内部監査部門の能力等の十分性を考慮する。

調査上の留意事項（続）	【基準 5】 　重要な不備ではないが、改善事項を放置している場合は、評価 4。外部監査人の評価を行っている場合は、その評価結果で重要な不備事項がなければ、評価 5。
確認証跡等	・権限・決裁規程（別表） ・営業管理規程 ・稟議書 ・購入計画承認シート ・遊技台管理マニュアル ・重要業務 3 点セット ・情報交換ミーティング資料 ・監査結果報告書押捺履歴 ・報告内容概略シート

社員会社（株）ダイナムの最新評価結果（2023年3月）

以下の通り、各基準について確認ができたので、評価を5とした。

【基準1】

・「営業管理規程」「遊技機取り扱い規則」「決裁権限一覧表」にて 遊技機の取得・入替において適切な決裁基準が確立されている。

【基準2】

・「営業管理規程」「遊技機取り扱い規則」「決裁権限一覧表」にて 遊技機の取得・入替において適切な決裁権者の承認を得る旨記載されており、運用がなされている。

・遊技機取得に際し、全国遊技機商業協同組合連合会加入の遊技機販売業者登録制度に登録している販売会社から購入することとしている。

ex. 取得に際しての手続は下記

・対象機種を仮抑え（営業戦略部）

・遊技機の管理・選定・マスタ作成（営業戦略部）

・発注等実務（物流部）

【基準3】

・遊技購入プロセスについて3点セットが整備・運用なされている。

【基準4、5】

・監査部による内部監査を毎年受けており、監査結果報告書によると遊技機取得の内部統制の有効性に関する重要な不備は検知されていない。

・監査部による内部監査を実施後、内部統制委員会及び経営陣に報告されている。

分　類	財務
分類番号	TB11
目　的	業務プロセスに関する内部統制（遊技機の売却）
調査項目	遊技機の売却に関する選定、契約、代金受領、出荷等の一連の業務について、内部統制が構築／整備され、運用されているか。
基準に対する解説	【基準1】 取り外した遊技機が適切に管理されており、遊技機の横流し等の不正が発生していないことが役職者により確認されている。 【基準2】 売却する遊技機の選択にはじまる社内手続は定型化・標準化されており、マニュアル／規定規則等が定められており、これに準拠して業務が執行されている。 【基準3】 遊技機の売却については、全社の状態を把握する部門が存在し、保有遊技機等の管理を実施している上で、遊技機の売却に関する業務プロセスについて、「業務の流れ図」、「業務記述書」及び「リスクと統制の対応（RCM）」等が整備され、運用されている。 【基準4】 基準3において整備・運用されている遊技機の売却に関する業務プロセスについて、内部統制の有効性を、内部の第三者により評価する体制が構築され、評価結果が経営陣に報告されるとともに、不備があった場合の対応がなされている。 【基準5】 基準3において整備・運用されている遊技機の売却に関する業務プロセスにつき、内部統制の有効性は改善不要な水準であり、かつ、重要な不備が発生していない。
調査上の留意事項	【全体】 TB2のJ-SOX共通の考え方に同じ。 【全体】 実施基準における「前年度の評価結果の継続利用（ローテーション評価）」は、「財務報告の信頼性に与える影響の重要性を勘案」した上で可否を判断することになっており、PTBで評価対象としている項目は、いずれも重要性が高いことからローテーション評価の対象とならない。

確認証跡等	・撤去台一覧 ・ＴＡ伝票 ・不要台選定基準 ・売却予定データ ・売却台確認やりとり ・重要業務３点セット ・監査結果報告書押捺履歴
社員会社（株）ダイナムの最新評価結果（2023年3月）	以下の通り、各基準について確認ができたので、評価を５とした。 【基準 1】 ・主管部門が遊技台統合管理システムにより、遊技機の設置場所、稼働状況、管理番号を管理している。 ・設置台数は約 18.5 万台 ・稼働状況を把握することで故障時に台の停止をする等リスクを低減化 【基準 2】 ・遊技機売却プロセスについて３点セットが整備・運用されている。 ・販売先は他ホール（EC サイトオークション等活用)、販社へ売却の２パターン 【基準 3】 ・遊技機売却プロセスについて３点セットが整備・運用されており、営業戦略部が全社の状況を把握している。 ・担当→営業戦略部長承認→売却（DC にあるものを売却) ・押捺申請で売却の承認を得ている。 【基準 4、5】 ・監査対象になっている旨確認、購入と売却、それぞれ内部監査を行っている。 ・監査結果報告書によると、遊技機売却の内部統制の有効性に関する重要な不備は検知されていない。 ・監査部による内部監査を実施後、内部統制委員会及び経営陣に報告されている。

分　類	態勢構築（反社会）
分類番号	TC1
目　的	特殊株主の排除
調査項目	（閉鎖会社を前提として）株主の承認手続において、反社会的勢力等会社の経営を脅かす存在を排除するための仕組みが適切に構築されているか。
基準に対する解説	【基準 1】 株主としての承認が求められた場合に、当該株主がどういう人かについて何らかの確認する手続が取られている。 【基準 2】 基準（1）の承認手続にあたり、株主や反社会的勢力に関する情報を一元的に管理・対応している専門部署および組織体制がある。 【基準 3】 基準（2）について、株主としての承認制度に関する手続が規定等により整備され、運用が適切になされていることが検証可能である。 【基準 4】 基準（3）に加え、株主の確認に当たっては、外部から何かしらの情報を入手したり、当該株主より反社会的勢力との関係がない旨の宣誓書のようなものを入手するなど、常時確認を行っていることが検証可能である。 【基準 5】 基準（4）に加え、株主としての承認申請者が反社会的勢力関係者であることが判明した場合においての行政、外部機関及び法律家などとの連携手順も確立している。
調査上の留意事項	【全体】 100% オーナー企業の場合は、本項目を対象外とする。 【基準 1】 社内調査情報に限定されているが、調査したことがわかるような事例を検証 【基準 3】 社内手続が確立されているか（決裁権限規程としての整備、マニュアルとしての整備

調査上の留意事項（続）	がそれぞれできているか）。なお、特殊株主対策の具体的な規定が必要。手続の中には、日経 NET（EL）などで判明する程度の調査は含まれている。 【基準 4】 過去の株主についても一度全て調べた形跡がなければならない。外部専門情報機関を含むが、PTB としては違法行為をしてまでも情報収集したものは評価しない。なお、外部情報機関の情報についても、どれだけ信頼性をもてるものなのか具体的な評価が必要。外部機関に頼る場合は、企業自身で取り組めるあらゆることは対応をしたうえで、そのうえで、さらに付加的に外部の機能を利用しようとする場合に限定されることに留意。株式を公開した段階で本文は不要となる。
確認証跡等	
社員会社（株）ダイナムの最新評価結果（2023年3月）	ダイナムは株式公開企業であるため評価なし。

分　　類	態勢構築（反社会）
分類番号	TC2
目　　的	反社会的勢力等との不適切な取引関係の排除
調査項目	反社会的勢力等との間の不適切な取引関係を排除するための仕組みが適切に構築されているか。
基準に対する解説	【基準1】 不適切な相手との取引、商慣習上問題な内容の取引を絶無にすることが、行動規範等において経営方針として何らかの形で宣言されている。 【基準2】 反社会的勢力に関する取扱いのルール（マニュアルを含む）を有し、かつ、反社会的勢力に関する情報を一元的に管理・対応している専門部署および組織体制がある。 【基準3】 取引先が反社会的勢力等の不適切な相手ではないか、取引内容が妥当なものかどうか定期的に検証するチェック態勢をとっていることが検証可能である。また、取引契約書面に反社会的勢力排除条項を有し、取引先が反社会的勢力関係者であることが判明した場合において、行政、外部機関及び法律家などとの連携手順が確立している。 【基準4】 基準（3）に加えて、その適正性を会社内部の第3者（取引を直接担当する部署以外、例えば、内部監査室等）がチェックする体制が確立し、実際に問題のある取引が回避されるなどの態勢が機能していることが検証可能である。 【基準5】 基準（4）に加えて、他社や業界団体との連携により反社会的勢力に関する情報を共有し、より実効性の高い仕組みを構築している。
調査上の留意事項	【基準3】 ここでいう「取引先」とは、反復・継続的に取引を行う相手については、最低限でもすべての取引先を対象とする。外部機関に頼る場合は、企業自身で取り組めるあらゆることは対応をしたうえで、そのうえで、さらに付加的に外部の機能を利用しようとする場合に限定されることに留意。反社会的勢力排除条項は、少なくとも、相手方が反社会的勢力ではないこと、及び将来も関係を持たないことの表明保証、並びに、関係者であることが判明したときは当社が無催告で契約を解除することができ、相手方に対し契約解除による損害賠償義務を負担しないものでなければならない。
確認証跡等	・ダイナムジャパンホールディングスグループ企業行動憲章 ・取引先選定に関する細則 ・業務分掌規程、別表 ・取引先調査マニュアル ・取引に関する基本合意書 ・監査業務委託基本契約書 ・警備基本契約書 ・派遣基本契約書 ・機密保持契約書

確認証跡等（続）	・55期　年度一括調査 ・参考文書　反社調査運用見直しについて ・【結果報告の履歴】押捺申請 ・監査結果報告書（取引先管理・契約管理・決裁管理） ・DY購買部　監査レポート - 取引関連
社員会社（株）ダイナムの最新評価結果（2023年3月）	以下の通り、各基準について確認ができたので、評価を5とした。 【基準1】 ・『グループ企業行動憲章』を制定し、3条(6)において不適切な相手と取引を行わない方針を明確に示している。 【基準2】 ・反社会的勢力に関する取扱いのルールは、『取引先選定に関する細則』により定めている。 ・調査は購買部で取引先審査を実施することが、『業務分掌規程』および『業務分掌規程別表』に規定されている。 【基準3】 ・定期的に既存取引先に対する反社会的勢力との関係調査及び取引先調査を実施し取引先選定に関する細則に従い、該当部門へは取引先政策の確認を実施している。 ・新規取引先に対しては、契約が発生した都度に調査を行っている。 ・『取引に関する基本合意書』第4条及び第5条にて反社会的勢力排除条項及び取引の解約等について有しており、取引先が反社会的勢力関係者であることが判明した場合、調査会社との連携において対処することとし、各契約を締結している。各種基本契約書においても同様である。 ・55期より今般の行政などが企業に求める指針や、各都道府県が定める条例、反社でないことを欠格要件としている行政による許認可制度や弁護士からの意見を参考に、反社調査周期を1年に1回から5年に1回へ変更した。 【基準4】 ・2022年8月1日～2022年10月21日に「取引先・契約管理監査」が実施されている。監査結果については社長に報告されており、反社会的勢力との不適切な取引が回避される態勢が機能している。 ・監査は従来から変更なく年1回実施されており、監査指摘があれば適時に改善されている。 ・直近では、取引基本合意書未締結の指摘があった。グループ会社ですでに取引があり、基本合意書を締結していたケースであり、グループ内他社で取引をする際に別途締結すべきかという事案であった。 【基準5】 ・反社会的勢力との関係調査については専門の外部機関と監査契約を締結し調査を実施している。 ・実務にもとづく情報交換が常にできる状態となっている。定期的に書籍が配付されるため、関係者に共有している。 ・実際にスクリーニング調査実施時に取引先に年齢確認を書面で依頼するケースでは、外部機関からアドバイスをもらったケースあり。 ・取引先調査結果を社内に共有することにより、調査に関する実効性の強化と効率化を図っている。

分　類	態勢構築（反社会）
分類番号	TC3
目　的	反社会的勢力に対する危機管理対応
調査項目	反社会的勢力に対応するための組織体制及び教育体制が整備されているか。
基準に対する解説	【基準 1】 取引関係、日常的な業務等の様々な局面において反社会的勢力との関係が生じた場合に、対応できる組織がある。 【基準 2】 基準（1）に加え、手順等が明確でかつ具体的な対応マニュアルが存在し、従業員に対してもマニュアルに基づき教育研修を行っている。 【基準 3】 基準（2）に加え、体制構築に当たっては、日常的に行政機関や法律家等反社会勢力の専門家との連携が密となっており、有事に当たっては関係機関の協力を仰ぐことが可能な体制となっている。 【基準 4】 基準（3）に加え、体系的かつ定期的により効果の高い教育研修を行っており、有事の際には従業員の立場に応じた臨機応変な対応が十分に可能である。 【基準 5】 基準（4）に加えて、不当要求防止責任者を設置し、社会情勢の変化、経営環境の変化について社員に対して実効性のある方法により周知を行うとともに、あらかじめ危険が生じそうな部分について事前の予防策が講じられているほか、マニュアルについても常時見直しが図られていることが検証可能である。
調査上の留意事項	【基準 4】 社員教育は、各職階別に、定期的に実施されていることが必要。体系的とは、具体的な教育研修計画が存在し、計画通りに実行されていることが検証可能であること。反社会的勢力を含む危機管理マニュアルがあればよい（反社会に限定されるものではない）。なお、非正社員については、業務実態に応じた対応をはかることが必要。たとえば、一定の状況が生じた場合には、非正社員が把握した場合、すぐに正社員に報告を行うなど、業務の実態に即した対応が図れていることが必要。 【基準 5】 事前の予防策は、反社会勢力との関係がありそうな部署における行動基準が明確で、危険防止の対応策が講じられていることなどが必要。
確認証跡等	・危機管理実施細則 ・暴力団対策～新店対応の流れ～ ・事件事故マニュアル「暴力団来訪」「強盗対応」「迷惑客対応」

確認証跡等（続）	・「反社会的勢力への対応」勉強会 ・56期MT昇格時研修資料 ・事件事故発生時の連絡先 ・「管理者講習」、「責任者講習」の対応フロー ・【管理者変更・管理者講習・消防書類他】マニュアル ・不当要求防止 責任者講習　受講履歴
社員会社（株）ダイナムの最新評価結果（2023年3月）	以下の通り、各基準について確認ができたので、評価を5とした。 【基準1】 ・有事発生の際の対応組織はリスク管理部であり、事案の内容に応じて緊急対策本部を設置することを危機管理実施細則にて定めている。新店出店時のリスク予防策として「防禦判定協議会」を必要に応じて組成する。 【基準2】 ・事件事故マニュアル「暴力団来訪」をイントラネットに掲示している。 ・反社会的勢力と接触する可能性が高い新店出店時には、必要に応じ役職者対象に勉強会を実施する。 【基準3】 ・新店出店時は、必要に応じてDYJHコーポレートグループの法務担当が地元警察や事情に詳しい地元弁護士に相談することで、有事の際の協力関係を構築している。 ・新店出店時以外の有事における法的対応については自社の顧問弁護士との契約により連携を取れる体制を構築している。 【基準4】 ・近年、いわゆる暴力団が店舗に接触してくることがほとんどないため、現実的に発生している「強盗対応」、「迷惑客対応」を中心に、新任の副店長に対する社内研修を実施しており、有事の際にも臨機応変な対応が可能な体制を構築している。 ・万が一、不測の事態に発展した場合でも、情報コントローラーへ連絡し、適時に組織的に対応する態勢を整備している。短縮ダイヤルへの登録や各店舗への情報コントローラー連絡先のポスター掲示により、迅速に連絡できるようになっている。 【基準5】 ・すべての店舗に不当要求防止責任者（風適法上の店舗管理者と同一人物）を設置している。 ・責任者講習については、責任者講習受講履歴にて、受講状況を管理している。 ・リスク管理部にて、警察庁「暴力団情勢」・ニュース・ネット等を適宜チェックすることで環境情勢の変化を確認している。営業に影響する情報があれば現場に情報配信する。 ・予め危険が生じそうな場合（反社本拠地への出店）は、予防策として「防禦判定協議会」を開催し、マニュアルについても必要に応じて見直すことになっている。 ・直近では、反社会的勢力について営業に影響するような情報や事案は発生していない。

分　　類	態勢構築（反社会）
分類番号	TC4
目　　的	遊技機に対する不正への対応
調査項目	各店舗において、遊技機に対する不正行為を防止する体制が整備されているか。
基準に対する解説	【基準 1】 店内の監視カメラおよび管理システム（出玉状況）で出入口及び全ての台を監視できる体制（物理的なものが存在）となっている。 【基準 2】 警備保障会社と警備契約を締結している。有事の際には、警備会社または警察に発報するようになっているセキュリティシステムの設置が図られている。 【基準 3】 遊技機に対する不正行為が行われていないか確認するための手続に加え、不正行為の疑いがある異常を発見した際の対応手続がマニュアル等により明確となっており、従業員へ周知が徹底されていることが検証可能である。 【基準 4】 規程通りの運用が確保されているかについて、定期的に検証する体制（内部監査、監査役監査等）が確立されている。 【基準 5】 定期的に不正行為情報を入手し、不正防止策・手続について継続的な見直しが行われ、適時に従業員に周知されているとともに、継続的に対応できるように、必要に応じて適宜手続が見直されている。
調査上の留意事項	【基準 1】 監視カメラによらない場合は同等程度のチェック体制をもっていることが検証可能であること。 【基準 3】 マニュアルに具体的かつ平易な言葉で、対応策が盛り込まれており、かつ、従業員への教育が適切になされているかどうか検証する。 【基準 3】 「遊技機に対する不正行為」とは、ロムの改変・交換といった複雑・巧妙な態様だけでなく、糸付き玉、どつき行為といった古典的な態様も含まれる。 【基準 3】 「確認するための手続」は、遊技機の点検、遊技機データの確認、店内の監視等が想定される。現在の不正行為の内容や遊技機メーカーの不正対策の状況に応じて必要な対策がとられていることを確認する。 【基準 3】 中古機においては、流通過程での不正部品の取り付けリスクが高まることから、導入時（設置後開店前）の点検が必要である。

	【基準 4】 体系的かつ網羅的に監査が実施されていることが検証可能でなければならない。
確認証跡等	・遊技場カメラ配置図 ・警備業務委託契約書 ・セキュリティーサービス契約内容 ・店舗別警備会社一覧 ・遊技機取扱細則 ・「遊技台月次点検」案内文 ・不正対策コンサルタント契約更新に関する稟議書 ・不正対策コンサルタントサービス月次資料
社員会社（株）ダイナムの最新評価結果（2023年3月）	以下の通り、各基準について確認ができたので、評価を 5 とした。 【基準 1】 ・出入口及び全ての遊技機が映るように監視カメラで撮影している。 ・遊技機に異常と見られるデータが発生した際には、ホールコンピュータで自動的に感知し警報が出る。 【基準 2】 ・全ての店舗において警備保障会社との契約にて警備業務方法を定めている。 ・閉店後等、店舗から全従業員が退出し、警備システムをセットした後は、侵入者等の異常があれば警備会社が店舗に駆けつけ対応する。 【基準 3】 ・日常的な遊技機の点検のルールは、商品戦略部主管の「遊技機取扱細則」第 6 条に定められている。 ・具体的には、「遊技台月次点検」として、月 1 回、店舗で点検が行われており、全て店舗ストアマネジャーの管理責任の下で実行されている。 ・中古機の導入時においても、基本的には新台と同品質の確認・点検を実施している。 ・不正遊技発覚時は、店舗役職者が事件事故マニュアル、不正遊技報告のフローに従って対応している。 【基準 4】 ・規程に基づき、店舗で行われている「遊技台月次点検」について、実施結果は最終的にリスク管理部が確認し検証している。 ・発生した遊技機不正報告について、リスク管理部にて月次報告を取りまとめ、DY 危機管理委員会へ報告を行っている。 ・内部監査は、部門監査の一環として定期的に監査を実施しており、直近では 3 点セットと運用があっていないものが 5 件指摘されている。 【基準 5】 ・不正対策コンサルタントと業務委託契約を締結し不正行為情報の入手を行っている。 ・不正対策コンサルタントの WEB ページ、または緊急性の高い案件に対してはイントラネットやメール等により別途注意喚起を発信している。 ・不正事案の件数や手口は、記録して報告・共有している。 ・不正事案は、2021 年に対して 2022 年は件数も金額も減少傾向にある。

分　類	態勢構築（反社会）
分類番号	TC5
目　的	マネーロンダリングへの対応
調査項目	マネーロンダリングを防止するための仕組みが適切に構築されているか。
基準に対する解説	【基準1】 貯玉口座を作成する際に本人確認を行っている。 【基準2】 貯玉口座を作成する際の本人確認手続（本人確認書類、確認方法、記録、保管等）が具体的に定められ、従業員に周知されている。 【基準3】 マネーロンダリングの防止について、以下を含む手続が定められ、従業員に周知されている。 ・疑わしい取引や行動を発見するためのモニタリング手続 ・疑わしい取引や行動の判断基準／目安 ・疑わしい取引や行動を発見した場合の対応手続 【基準4】 マネーロンダリングの防止に関する手続の妥当性や遵守状況について、内部監査部門等により定期的な確認が行われている。 【基準5】 マネーロンダリングの防止について、基準（4）までの対応に加え、以下のような全社的な管理体制が構築されている。 ・所管部署の明確化 ・対応方針の明確化 ・従業員への教育研修

<table>
<tr><td>調査上の留意事項</td><td>【全体】
　香港 IPO においてアンチマネーロンダリングへの対応が必須であったことから、本評価項目を設定している。

【全体】
　本項目以外に香港 IPO 時にアンチマネーロンダリング対応で求められた事例として以下の事項があるが、他の項目において評価可能であることから本項目には含めない。
－社内外関係者の反社チェック→ TC
－不正行為のモニタリング（監視カメラの設置、島巡回、売上・差玉等の分析、差玉報告基準値の見直し等）TB、TD─ 内部通報制度の設置、不正行為の報告→ TA
－情報管理→ TA

【基準 3】
　香港 IPO 時の貯玉に対する直接的な対策事例である「50 万円以上相当の景品交換者や高額の貯玉残高を保有している上位者に対するチェック」等を参考とするが、これらの対応を必須とするものではない。

【基準 5】
　上記事例に該当する評価項目への評価結果も含めて総合的に判断する。</td></tr>
<tr><td>確認証跡等</td><td>・ワーカー作業マニュアル（カード会員入会処理・異常警報対応）
・役職者業務マニュアル（顧客問合せ対応・手入力処理）
・新顧客会員管理システム操作マニュアル
・事件事故マニュアル（遊技目的以外の玉・メダル貸し出し）
・反マネーロンダリングマニュアル【DYJH】
・アンチマネーロンダリング報告書（サマリ・別紙 50 万円超）
・【DY】監査項目不適合推移
・業務分掌規程【DY】
・【DY】業務分掌規程　別表
・2023 年 3 月期　コンプライアンス教育テキスト
・2022 年 3 月期コンプライアンス調査結果報告書</td></tr>
</table>

以下の通り、各基準について確認ができたので、評価を5とした。

【基準1】
・「氏名・生年月日が記入されている公的機関発行書面」で、本人確認を実施している。

【基準2】
・確認、記録方法は、基準1の書面をタブレットに撮影し、登録情報を口頭で確認することと「カード会員入会処理」に定めている。マニュアルは、イントラネットに掲載されている。
・入会手続はマニュアルを理解し社内で認められた担当者が対応している。
・登録情報は社内システム（新顧客管理システム）に登録され、撮影した書面データの保管はしない。

【基準3】
・「貯玉口座の不正利用」として以下を想定している。
　i．顧客が他者の口座内貯玉を引き出す→「暗証番号開示には身分証の提示」及び「登録情報との一致確認」を「顧客問合せ対応」に定めている。
　ii．従業員が顧客カードの貯玉を引き出す→暗証番号検索を行った際、店舗全役職者へ検索者、会員番号情報をメール通知し、不正利用を発見できる仕組みとしている。
　iii．従業員の手入力・来店ポイント加算処理による横領→手入力を行った際の疎明資料を明確にし、報告書に添付するよう「手入力処理」で定め、義務付けている。
　iv．貸玉をそのまま貯玉・交換しマネーロンダリングする→貸玉ボタンを連続で押した場合、警報が流れる。その警報に対する初期対応を「異常警報対応」に定め、警報が連続した場合の対応を「C44 遊技目的以外の玉・メダル貸し出し」に定めている。
・貯玉の交換が50万円以上の場合には役職者が必ず立会い、身分証明の確認や遊技履歴確認の上、異常がなくても本部へ報告している（本部において随時集計・記録化）。
・貯玉口座の不正利用等が発生した場合は、リスク管理部の情報コントローラーに連絡し、事件事故報告として対応する。

【基準4】
・財務部・監査部による定期的な確認等を行うことを、「反マネーロンダリングマニュアル」に定めており、定期確認の結果は、記録・報告されている。
・内部監査については、通常の監査の中に含まれており、年1回程度の頻度で監査されている。

【基準5】

・「管理手順は店舗運営部」、「リスク評価はリスク管理部」、「システム改修は設備管理部」、「管理手順が順守されているかは監査部」マニュアルを理解すれば対応できる体制を整えている。

・すべての従業員を対象とした教育については内部統制教育を年1回実施し結果を確認している。WEB上で受講し確認テストも含まれている。受講は必須となっている。

・所管部署・対応方針・従業員への教育が明確になっており、全社的な管理体制が構築されている。

分　　類	態勢構築（社会的要請）
分類番号	TD1
目　　的	地域社会への配慮①（ネオン、看板等）
調査項目	看板、屋外ネオン等の外装による広告等を地域環境にとけ込むものとするための基準はあるか。また駐車場の照明等にも配慮しているか。
基準に対する解説	【基準 1】 建築設計時において建築基準法等を遵守・確認していることが検証できる。 【基準 2】 屋外ネオン・屋外看板・照明等の設置に当たっての具体的な設置基準が会社として明確に定められている。 【基準 3】 基準（2）に加えて、屋外ネオン・看板・照明等の設置に当たって地域周辺への配慮がなされるような取り組みが社内的に明示されており、実際に取り組んでいることが検証できる。 【基準 4】 基準（3）に加え、設置基準の妥当性や設置基準どおりの対応がなされているかについて、内部監査部門等により定期的に確認されている。 【基準 5】 基準（4）に加え、新店舗の設計、改装時など周辺に対する環境変化を及ぼす場合において、地域周辺からの意見を聴取し、周辺地域に対する配慮が十分になされたことが具体的に検証できる。また定期的に周辺住民の意見を聴取し反映するような取り組みがなされている。
調査上の留意事項	【全体】 各店舗の地域において、個別の条例等が存在する場合は、それに対する配慮も考慮する。 【基準 1】 承継店舗について、承継する前に未検査等の不備があった場合は、建築基準法の遵守について対象外とする。
確認証跡等	・確認済証（愛媛四国中央店） ・検査済証（愛媛四国中央店） ・看板確認済証（愛媛四国中央店）

確認証跡等（続）	・看板検査済証（愛媛四国中央店） ・屋外広告物許可申請書 — 広告塔（愛媛四国中央店） ・景観条例受付印（山形天童店） ・看板標準図（ゆったり・既存仕様） ・資産管理評価委員会議事録（愛媛四国中央店） ・法改正サマリ（2020年2月度・ポータル公開） ・屋外広告物申請書（福岡久留米店） ・近隣住民説明会資料（山形天童店） ・近隣住民説明会説明会議事録（山形天童店）
社員会社（株）ダイナムの最新評価結果（2023年3月）	以下の通り、各基準について確認ができたので、評価を5とした。 看板、屋外照明等の設置については標準的なデザインが基準として決められ、継続的に見直されるとともに、本社にて一括して管理されている。 新規店舗については、基準をベースとしながらも周囲の環境を考慮して都度検討が行われ、最終的に資産管理評価委員会にて決定されている。 新規店舗設置の際には、店舗設備部にて周辺住民等に対して事前説明会を行っている。 基準や対応手続の文書化や監査は必ずしも十分ではないものの、基準およびプロセスが社内において明確であり、店舗設置の際の各種文書や店舗調査の結果からも適切に対応されていることが確認できるため、実態を考慮して基準5までを満たしていると判断した。 【基準1】 景観条例の有無の確認方法は、建築確認時の設計事務所から伝達される。 【基準2】 敷地利用および店舗の仕様について大きな変更なし。 【基準3】 資産管理評価委員会のメンバーは監査役を含む全取締役。 出店協議会と資産管理評価委員会の違いとして、出店協議会は店舗出店の議論の会とし、評価委員会は資産管理全般の議論をする会となっている。 【基準4】 出店時等の関連法令について法改正なし。 【基準5】 近年周辺に対する環境変化の該当なし。

分　　類	態勢構築（社会的要請）
分類番号	TD2
目　　的	地域社会への配慮②（騒音）
調査項目	二重ドアや防音機能の付いた換気システム等、地域環境に配慮した店舗運営を実践しているか。
基準に対する解説	【基準 1】 風適法や条例に定める騒音規制が、全店舗において遵守されている。 【基準 2】 基準（1）に加え、ドアの開閉による店舗外への騒音等についても、一部の店舗において対応が行われている。 【基準 3】 近隣の環境を踏まえた上で店舗外に騒音が漏れる様々なケースを想定した騒音対策の基準や手続が定められ、全店舗にて対応が行われている。 【基準 4】 基準（3）の対応について、独立した第三者の視点から定期的な検証がなされ、継続的な改善が図られている。 【基準 5】 基準（4）に加え、店舗内の騒音自体を抑制するような基準や手続が定められ、実際に対応が行われている。店舗内の騒音を抑制できない場合であっても周囲に対する騒音がないことが合理的に説明可能である。
調査上の留意事項	【全体】 店舗の騒音については、地域住民への配慮（TD）、顧客への快適な遊技環境の提供（TD）、過大な営業対策の防止（TF）、従業員の安全な労働環境の確保（TG）の観点から評価する。 【基準 5】 店舗内の音自体を抑えることを基準に記載しているが、全く外に音が漏れない構造（二重ドアの構造が離れていて扉が開く一瞬の間であっても騒音が聞こえない等）である場合、近隣への騒音の影響がないことが明確な場合（広大な駐車場の中心に店舗を設置する等）、もしくは周囲の環境に騒音がある場合（幹線道路や繁華街に面していて店舗の有無に関係なく当該環境に騒音が存在する等）等については、基準を満たすと判断する。

確認証跡等	・防音仕様書（愛媛四国中央店） ・騒音測定表（愛媛四国中央店） ・特定施設設置届出書（愛媛四国中央店） ・標準図（標準店の２重ドア構造） ・(55期)騒音測定シート ・(55期)騒音測定データ ・近隣要望対応（大分中津店） ・島設備防音対策検討書 ・音量設定確認シート／枠図解一覧
社員会社（株）ダイナムの最新評価結果（2023年3月）	以下の通り、各基準について確認ができたので、評価を５とした。 風適法や条例を遵守し二重ドアや防音壁など標準店における防音対策の標準仕様が定められており、開店前には営業時間外における騒音測定も実施している。 空調設備の老朽化に伴う騒音増加のチェックを行い、適宜見直しを図っている。以上より基準４までを満たしていると判断した。 大半の店舗において広範囲な駐車場の中心に店舗を設置することにより、敷地境界の外において騒音を感じないように配慮しており、また、店舗内の騒音を抑制するための取り組みも行っている。 全店において日中営業時間の敷地境界における騒音を測定しており、法定基準値を超える店舗が２割程度発生しているものの、暗騒音によるものが多く、実際にはほとんどの店舗で問題はない。以上より、基準５を満たしていると判断した。 【基準1】 騒音確認と併せて空調についても確認を行っている。 ここ３年での新設は３店舗程度だが、防音壁を設置したようなケースはなし。 【基準2】 近年クレームなし。 【基準3】 年１回程度、各エリアの設備管理部員が確認している。 近隣環境が大きく変わったところはなし（市街化調整区域などに出店しているのでケースとして少ない)。 【その他】 過去に立体駐車場から公道に出る際の自動車渋滞にかかる意見があったため、敷地から公道に出る際の右折禁止表示を設置している。

<table>
<tr><td>分　　類</td><td>態勢構築（社会的要請）</td></tr>
<tr><td>分類番号</td><td>TD3</td></tr>
<tr><td>目　　的</td><td>地域社会への配慮③（駐車・駐輪）</td></tr>
<tr><td>調査項目</td><td>遊技機設置台数、立地条件等に対応した十分な駐車・駐輪スペースを確保し、近隣に迷惑をかけていないか。</td></tr>
<tr><td>基準に対する解説</td><td>【基準1】
必要に応じて駐車・駐輪スペースが確保され、設置状況が管理されている。

【基準2】
新規店舗の開設において、遊技台数や立地状況等に応じて適切な駐車・駐輪スペースを設置するような手続が定められ、運用されている。

【基準3】
基準（2）に加え、駐車・駐輪スペースの設置状況について、新規店舗開設以降も継続的に確認し、必要に応じて改善を図るような手続が定められ、運用されている。また、駐車・駐輪スペースがあっても利用されない等により近隣の迷惑となっているようなケースについても適時に改善が図られている。

【基準4】
駐車・駐輪スペースの設置・管理に関する手続の妥当性および遵守状況について、内部監査部門等により定期的に確認されている。

【基準5】
来店客の動向調査等を定期的に行った上で、全ての店舗について、適切な駐車・駐輪スペースが継続的に確保されていることが検証可能である。</td></tr>
<tr><td>調査上の留意事項</td><td>【全体】
駐車場／駐輪場の台数は、遊技台数との関係で一概に判断せず、徒歩での来客が多い場合は、客観的に説明可能な範囲で、その旨を考慮して判断することも可。都市型店舗において駐車・駐輪スペースが十分に確保できていない場合でも、来客動向により駐車場、駐輪場の必要性がないことが、客観性のある資料により確認することができれば基準を充足しているものと判断する。

【基準3】
特に外部環境の変化、店舗の改築や増設等、大幅な顧客増が想定されるタイミングにてチェックができるような仕組みがあるか確認する。

【基準3】
屋上に駐輪場を設置している、店舗から離れたところに駐輪・駐車場が設置されている等、設置場所によりほとんど利用されていないケースも十分に管理されているか確認する。

【基準5】
来店客の動向調査・分析、駐車場の利用状況の分析等の記録があり、その結果として実態に合った駐車場が確保されているケースを想定。</td></tr>
</table>

<table>
<tr><td>確認証跡等</td><td>・修理依頼システム店舗情報
・店舗情報の保管状況
・資産管理・評価委員会資料
・駐車場適正台数について
・臨時駐車場（千葉茂原店）
・駐車場チェックマニュアル・チェック表
・店舗別駐車場利用状況 56 期
・資産管理協議会議事録
・重要業務３点セット
・店舗状況報告書
・店舗臨店計画</td></tr>
<tr><td>社員会社（株）ダイナムの最新評価結果（2023年3月）</td><td>以下の通り、各基準について確認ができたので、評価を５とした。

郊外店に関しては、遊技台数に対する駐車場台数の割合について目安となる基準を設定している。
新規出店の際には、近隣の環境や競合店の状況等を調査した上で資産管理評価委員会にて必要な駐車場台数を決定している。
当該手続にもとづき適切な駐車・駐輪スペースが確保されるとともに、適宜見直しを行っている。以上より基準４までを満たしていると判断した。
稼動ピーク時の遊技台数の年間平均と駐車場台数の比較一覧を作成しており、駐車場台数を超えている店舗については、店舗に問題がないか確認している。継続的に改善を図る仕組みがあり、現時点で駐車・駐輪スペースにおける問題は発生していないことから、基準５を満たしていると判断した。

【基準 1】
図面からデータベースまで管理されている。

【基準 2】
駐車場確保の適正台数はその都度の検討となる。複合施設などが近隣にある場合も同様。

【基準 3】
区画を新たに書くケースや、新たに敷地を借りるケースがある。

【基準 4】
慢性的に解決できていない問題なし。
年数が経過し、集客が落ち着いてきて転貸をするパターンが増加している。
集客に追いつかないパターンは現状なし。

【基準 5】
過去に駐輪場が足りないケースがあった場合の対応として、都度増設で対応できている。対応できず駐輪トラブルになるケースはなし。
複合施設における駐車場の不足意見は直接顧客の声が届きづらいため把握が困難。
事故情報は特になし。
駐車場の区画の基準があるので、店舗により特別狭いという問題は生じない。
直線距離が長い区画については、速度抑制のバンプーを設置する場合もある。</td></tr>
</table>

分　類	態勢構築（社会的要請）
分類番号	TD4
目　的	駐車・駐輪スペースおける安全の確保
調査項目	駐車・駐輪スペースにおける事故防止・防犯等のため、定期的に巡回する等のルールが定められているか。
基準に対する解説	【基準 1】 車内に幼児の置き去りがないか等の確認も含めて、従業員等による駐車・駐輪スペースの巡回活動を適宜行っている。加えて、過去 3 年間、深刻な事故が発生していない。 【基準 2】 従業員に対して車内放置事故防止に対する啓蒙・意識づけが定期的に行われており、顧客に対しても店内放送やポスター・折込チラシ等により子供を連れての入場禁止等について周知している。駐車場の巡回活動を定期的に行うことが定められ、巡回を行った記録がある。 【基準 3】 基準（2）の巡回について、社内外のトラブル事例を考慮した巡回における具体的かつ詳細な確認項目が設定され、当該項目に基づく巡回活動が行われている。スーパー等の施設との共用駐車場については、当該施設と協議を行う等により、適切な防止対策を講じている。また、子どもの車内放置を発見した場合の手続（緊急保護や応急処置等を含む）が定められ周知されている。 【基準 4】 基準（3）に加え、社内外のトラブル事例が発生した場合には適時に全店に共有されるとともに、内容に応じて適宜防止策が手続に反映されている。また、内部監査部門等により手続の遵守状況やトラブル事例にもとづく手続の改善状況について、定期的に確認されている。 【基準 5】 各店舗の状況に応じて、駐車場の警備員を営業時間前後も含めて常時配置しており、また、出入口の施錠管理、防犯カメラの設置等、休日・夜間等においても一定の牽制を図っている。

調査上の留意事項	【全体】 社内に取り残された子どもへの配慮、車上狙い、駐車場内の目的外使用の防止などを目的とした取り組みが実質的になされているかどうかを検証することが必要。 【基準 2】 店舗調査にて巡回記録書類（可能であれば夏期実施分）を確認し、記録不備等が散見された場合には基準を満たさない。 【基準 3】 巡回手続については、パチンコ関連 5 団体にて発行している「子どもの車内放置防止対策マニュアル」等を参考に自社内のマニュアルが作成されていることを確認する。詳細な巡回方法（スモークガラスや毛布等で見えにくい場合の対応等）、巡回や緊急対応の備品（懐中電灯やハンマー等）を含む。 【基準 3】 巡回頻度については原則 1 時間に 1 回以上とする。時期、時刻、地域など必要に応じて 30 分に 1 回も検討されていることが望ましい。 【基準 3】 共用駐車場への対応について、共用先との協議は必須ではないが、協議しない場合には自社の責任範囲や状況に応じた防止策等について合理的に説明できる必要がある。
確認証跡等	・【必読】56 期車内放置対策について ・56 期駐車場車内放置対策方針 ・ワーカー作業マニュアル（003-001_駐車場チェック） ・55 期駐車場車内放置対策方針 ・販促展開一覧（強化期間用・通常期間用） ・事件事故マニュアル（C43） 車内放置発見時 ・車内放置報告書 ・56 期テナント会社様注意喚起文 ・56 期協力依頼文送付先 ・事件事故からの注意喚起「車内放置事故の防止」 ・車内放置集計 ・【DY】監査項目不適合推移

	・【DY】在籍駐車場警備員 ・【標準仕様】防犯カメラ映像の取扱いと配置図
社員会社（株）ダイナムの最新評価結果（2023年3月）	以下の通り、各基準について確認ができたので、評価を5とした。 駐車場の安全を確保するための手続が定められ、当該手続にもとづき定期的な巡回が行われており、過去3年以上、深刻な事故は発生していない。 駐車場におけるトラブルが発生した場合には、事件事故マニュアルにもとづく対応・報告が行われており、全店への情報共有や手続の見直し等が行われている。以上より基準4までを満たしていると判断した。 必要に応じて駐車場の警備員を配置し、休日・夜間については、駐車場入口の施錠および防犯カメラにて一定の牽制を図る等、駐車場における安全性の確保について徹底して取り組んでいる。以上より、基準5を満たしていると判断した。 【基準1】 開店30分後から午後10時迄、1時間に1回「車内放置防止チェック」を主とした駐車場の巡回を実施。強化期間はGW～10月・年末年始 ※巡回頻度を全日遊連推奨の回数に設定している。 過去3年間、21件車内放置の発見報告があり、全て未然に対応。深刻な事故は発生していない（グループ会社含む)。 乳児放置は過去3年において毎年1件ずつ発生（通報はなし)。 【基準2】 駐車場チェックマニュアルに基づき、巡回活動を定期的に行い、その記録も残している。 また店内放送の実施頻度、啓蒙販促の展開方法に関しても明確に定めている。オペレーションに変更なし。 【基準3】 基準2の巡回については、過去の事例をもとに、今期も予測されるトラブル等について注意喚起を実施している。 スーパー等の施設共有店舗については、弊社の取り組みを伝え、協力依頼を実施。 前回調査時とオペレーションに変更なし。

【基準 4】

事件事故マニュアルに基づいてトラブル対応を行い、必要に応じて全店舗役職者への注意喚起を実施している。

今期は車内放置の発見件数も大きく減少していること、他社での事例もないことから緊急配信は行っていない。

また定期的な店舗監査によりマニュアルの遵守状況や改善状況に関して確認を行っている。新規の案件なし。

【基準 5】

全店舗で内製化できており、店舗状況に応じて常駐の警備員を雇用している。

【駐車場警備員（常駐）雇用店舗　398 店舗中 95 店舗　112 名】

休日、夜間は駐車場出入口施錠（チェーン）、防犯カメラによる常時録画等を実施。新規の案件なし。また業界的に新たな通達等新ルールの動きなし。

分　類	態勢構築（社会的要請）
分類番号	TD5
目　的	遊技環境（安全の確保）の整備
調査項目	店舗内におけるトラブルを未然に防ぐとともに、発生した場合においても適宜迅速な対応が図られる体制がとられているか。
基準に対する解説	【基準1】 店舗内のトラブル（酔っ払い、喧嘩、盗難、無許可営業など）への対応として、定期的に従業員もしくは警備員による巡回活動を行っている。 【基準2】 店舗内において、防犯カメラを設置し、店舗内の状況を録画している。 【基準3】 基準（2）について、店舗内トラブルの防止およびトラブル発生時の対応についての手続があり、従業員に周知されている。 【基準4】 基準（3）に加え、社内外のトラブル事例があった場合には適時に全店に共有されるとともに、内容に応じて適宜防止策が手続に反映されている。 【基準5】 基準（4）に加え、手続に沿った運用がなされているか、独立した第三者（内部監査部門）等により検証されている。
調査上の留意事項	【全体】 トラブル発生時の対応については、TA11「緊急事態への対応」にて確認する。反社会的勢力（暴力団や不正遊技）については、TCにて確認する。 【基準3】 頻繁に発生する可能性があるトラブル（景品、現金、備品、顧客の持ち物や貸玉／メダル等の盗難等）については、具体的な防止策の有無を確認する。
確認証跡等	・役職者業務マニュアル（各種確認） ・ワーカー作業マニュアル（ホール巡回ポイント一覧） ・【標準仕様】防犯カメラ映像の取扱いと配置図 ・事件事故マニュアル目次 ・事件事故報告システム（作成画面・通知メール画面・閲覧画面） ・事件事故発生時の連絡先一覧 ・事件事故を受けての注意喚起 ・【DY】監査項目不適合推移

社員会社（株）ダイナムの最新評価結果（2023年3月）	以下の通り、各基準について確認ができたので、評価を5とした。 定められた手続にもとづき、防犯カメラの設置、役職者による防犯カメラの映像チェック、店内巡回等が行われている。 店内におけるトラブルについては、事件事故マニュアルにもとづく対応および報告が行われており、全店への情報共有や手続の見直し等が行われている。 監査部のチェック項目に事件事故対応や不正対策対応の項目があり、当該手続にもとづき監査が行われている。以上より基準5までを満たしていると判断した。 【基準1】 店内に複数名の従業員を配置し巡回を行うとともに、役職者によって事務所内カメラの映像チェックや店舗内の巡回を行っている。 【基準2】 防犯カメラは店内に31台設置し、映像を録画している。尚、録画した映像は1週間保持している。 【基準3】 店内トラブル防止の為、従業員によるホール巡回と防犯カメラによる抑止を実施。また、トラブル発生時の対応は「事件事故マニュアル」に記載され、全従業員に徹底されている。「ホール巡回ポイント一覧」を基に発見したトラブルはただちに役職者へ連絡するものと定めている。更にトラブルの内容に応じて、事件事故相談ダイヤルまたは情報コントローラーへの報告を行うルールとなっている。 マニュアルは頻繁に更新。ただし有事の際のオペレーション対応部分に変更はなし。 顧客が自ら獲得玉を計数する際のトラブルが増えた（違うレートの玉のカウントによる混乱）。 【基準4】 トラブル発生時には店舗で「事件事故報告書」を作成し、リスク管理部に報告されている。 リスク管理部で情報を集約し、関連部門へ報告されている。 事例の多い事件事故は社内イントラネットに注意喚起文を掲載している。 【基準5】 監査部のチェック項目に事件事故対応や不正対策対応に関する項目があり、実態確認と結果報告が行われている。報告の結果見つかる事件はあるものの、大きな事件は現状なし。

<table>
<tr><td>分　　類</td><td>態勢構築（社会的要請）</td></tr>
<tr><td>分類番号</td><td>TD6</td></tr>
<tr><td>目　　的</td><td>遊技環境（お客様への積極的対応）の整備</td></tr>
<tr><td>調査項目</td><td>快適な遊技環境を提供するための継続的な改善の仕組みが構築されているか。</td></tr>
<tr><td>基準に対する解説</td><td>【基準1】
健康増進法にもとづき、店舗の遊技環境において受動喫煙対策がとられている。

【基準2】
各店舗の従業員に対して、顧客に対するサービスのあり方についての研修を定期的に実施していることが検証できる。

【基準3】
快適な遊技環境について、設備、備品、従業員サービス等、様々な観点から検討し、快適な遊技環境を継続的に確保するための手続が定められ、運用されている。

【基準4】
内部監査部門等により、手続の妥当性および遵守状況が定期的に確認されている。

【基準5】
顧客や有識者等からの意見を積極的にとりいれて継続的な改善を図っており、店舗内騒音への対応を含め業界の慣行水準を超えた快適な遊技環境を確保できていることが、具体的な事例を挙げて説明可能である。</td></tr>
<tr><td>調査上の留意事項</td><td>【全体】
店舗の騒音については、地域住民への配慮（TD）、顧客への快適な遊技環境の提供（TD）、過大な営業対策の防止（TF）、従業員の安全な労働環境の確保（TG）の観点から評価する。

【基準1】
本社が、店舗の受動喫煙対策が法規制にもとづいているかどうかをどのように管理しているかについて確認する。

【基準1】
本項目では、店舗の遊技環境のみを調査対象とし、従業員に対する対策は、TGの安全衛生管理体制の構築にて確認する。</td></tr>
</table>

調査上の留意事項（続）	【基準3】 快適な遊技環境がハード／ソフト両面から検討された上で、各種手続が定められていることを確認する。 【基準5】 他社にないような対応としてはバリアフリー・託児所等も想定される。タバコについては、次項目にて評価するものの、検討対象ともなっていなければ当項目の基準5は満たさない。 【基準5】 ホール内の騒音については、新規ユーザー獲得における重大なリスクであり、他のレジャー産業と比較しても問題ない程度に抑制する必要性はある。ただし、遊技機メーカーも含めて業界全体で取り組まなければ効果はなく、個社の取り組みでは限界がある。したがって、評価基準の「業界の慣行水準を超えた」については、他のレジャー産業並みの騒音の抑制を必須とはせず、大多数の店舗において店舗内騒音を抑制する対策をとり、効果があることが測定されている等、店舗内騒音を抑制する実効性のある取り組みが継続的に行われていることをもって基準を満たすものとする。
確認証跡等	・分煙対応ガイドライン ・分煙販促ガイドライン ・接客対応マニュアル ・ワーカー作業マニュアル目次 ・役職者業務マニュアル（付帯サービス） ・社内SNS投稿画面　店舗の取り組み投稿一覧（56期下期） ・業務チェックリスト使用画面　確認のポイント ・【DY】店舗監査FBシート ・エリアマネジャー月次チェック項目 ・店舗管理レポート画面 ・顧客向け目安箱への回答 ・CS四半期報告書 ・対応事例_マスク対応について ・遊技台音量問題の遊技環境改善について ・音量設定確認シート ・音環境への取り組み（騒音対策） ・【マニュアル】喫煙室風速測定

・喫煙室測定記録表（56期上期）
・【お知らせ】施設内・業務中の禁煙化

以下の通り、各基準について確認ができたので、評価を4とした。

法令に基づき適切な分煙対応がされている。接客についてマニュアルや研修等でサービス向上を図っている。各種サービスや設備は、全社標準で決められたものに加え、選択できるものについては店舗毎に適宜追加して対応しており、本部で各店の対応状況を管理している。

カスタマーサービスや目安箱への苦情・相談に基づく見直しや、顧客満足度に関する各種チェックを行っており、継続的な改善が図られている。

店舗のよい取り組みを表彰する制度を行うなど、全社的に改善を図っている。よって、基準4までを満たしていると判断した。

店舗内の騒音に関して、遊技台導入時の音量調整、防音ボードの設置、島内設備への吸音材の使用等を行うとともに、店内音量を測定する等、さらなる取り組みを行っている。

一部の店舗における吸音対策や業界団体としてメーカーへの騒音への申し入れなど改善に向けて行動が行われているが、全店舗における業界の慣行水準を超えて継続的な改善を行ったとまでは判断できないため、評価は4とする。

【基準1】
・健康増進法に基づき、分煙化のガイドラインと役職者業務マニュアル「分煙化対応」に沿って全店舗で対応を行い、受動喫煙が発生しない体制を取っている。現状適合しない店舗はなく、ぎりぎり適合の店舗もない。店内で利用客から意見・クレーム等が入ることはない。

【基準2】
・新規入社時において、基本となる接客・接遇教育を実施している。また、新規出店時・リニューアル時などに接客研修・他店舗研修を実施している。研修は店舗ごとにスケジュールを組みOJTを行っている。
・他店舗研修はマストではないが、評価項目となっている（実施している店舗で3か月に1回程度）。ただし、新店舗については、他店舗研修はマストとなっている。

【基準3】

・各種マニュアルの整備、付帯サービス一覧を運用している。

・社内SNSを活用し、全従業員が様々な観点から、快適な遊技環境を提供するための提案を行い、好事例情報の水平展開を行うことで、より快適な空間を提供する為の行動を行っている。→店舗側が独自に実施したものを全店舗に展開し、社内表彰をするケースあり。

【基準4】

・店舗は業務チェックリストを使用し、遵法・社内ルールの一元管理を行っている。

・店舗が正しく管理・運用しているかは監査部のインスペクション、エリアマネジャーの店舗チェックにより確認を行っており、管理状況に関しては管理レポートにて随時確認できる様にしている。

・監査結果は社内報告として展開される。また、社内からのトラブル事例は監査部に都度報告される。

・顧客からの意見については月次単位で部門長出席会議で共有されている。

【基準5】

・低貸玉店舗を中心に目安箱を設置し、お客様の声を店舗のサービス向上に反映させる仕組みを作っている。また、CSに寄せられた意見やクレームから継続的に遊技環境の改善を行っている。

・店内騒音についても、機種ごとの適正音量を計測し、調整ガイドとして全店に公開・運用することで対策を図ると共に、遊技顧客に対しても、遊技台の音量に対する理解を図るオペレーションを構築している。

・加えて遊技機全台に防音ボードを設置することで、騒音対策に取り組んでいる。また、2009年以降に開店した店舗については、島内設備に吸音材を用いており、店内騒音を抑止する取り組みがなされており、多角的に騒音対策への取り組みを継続実施している。

・遊技機の音量問題については業界団体として低音量化の申し入れを行っている。コロナ禍により隣席間にボードが設置されたことから他の機種の音対策にはなったものの、依然として音は大きい。

分　　類	態勢構築（社会的要請）
分類番号	TD7
目　　的	地域社会との交流
調査項目	店舗は周辺地域との適切な関係を構築できているか。
基準に対する解説	【基準 1】 地域コミュニティ団体（商店会など）などに加盟している。 【基準 2】 地域の社会に対して、寄付など金銭等を通じた貢献を行っている。 【基準 3】 新規店舗の開設に際しては、必要に応じて地域の関係者に対して説明等を行っている。また、既存店舗においても、大規模な改装・増築、イベント等、地域に与える影響が大きいと想定される場合には、必要に応じて説明等を行っている。 【基準 4】 基準（1）～（3）に加え、地域周辺の催し物などにおいて係わり合いをもち、地域との関係を強化している。また、本社において当該対応を含めた各店の地域との関係等について把握している。 【基準 5】 基準（4）に加え、大多数の店舗で地域社会との交流として積極的な取り組みがなされていることが具体的な事例により検証できる。
調査上の留意事項	【基準 5】 「大多数」とは、2/3 以上を想定している。但し、業界や会社に対する社会の評判や店舗毎の地域住民の理解度等の状況を踏まえ、適宜割合を引き上げて評価する。
確認証跡等	・防災協定書 ・55 期地域催事への寄付・協賛金稟議書 ・55 期寄付・協賛金管理 ・令和 3 年 7 月伊豆山土砂災害への義援金寄贈について　稟議書 ・令和 3 年 9 月九州豪雨災害への義援金寄贈について　稟議書 ・ニュースリリース（寄付記事・寄贈記事・活動実績） ・鹿児島伊集院店担当者商談記録 ・55 期集計　行動計画書 ・ダイナムグループの社会貢献活動ブログ ・56 期方針　地域共生担当

社員会社（株）ダイナムの最新評価結果（2023年3月）

以下の通り、各基準について確認ができたので、評価を5とした。

地域コミュニティ団体への加盟、地域の祭りや各種活動への寄付や協賛等を行っている。
また、新規開店や大規模修繕の際には、地元住民に事前説明を行っている。
店舗によっては、地域イベントへの参加や地域貢献活動を行っており、会社ブログや社内報にて全社に紹介されている。
当該活動は、店舗からの報告書により総務部にて管理されており、全社的な推進を図った結果、過去3期における活動実績も年々向上している。以上より基準4までを満たしていると判断した。
地域との交流については、全社クリーンデーなど新たな取り組みを行い効果が出ているなど、全店舗にて積極的な取り組みがされているため、基準5を満たしていると判断した。

【基準1】
地域との協力体制を築く上で、54期より新担当：地域共生担当を設立。自治体との災害協定や地元ボランティア活動の登録などしている。

【基準2】
店舗地元の行事等を通じて、寄付や協賛金支出を行っている。更に、地震・水害等被災地での地元寄付など【①令和4年台風第15号等大雨災害 義援金、②令和4年8月東北、北信越豪雨災害　義援金】発生の都度実施している。

【基準3】
新規店舗出店時は、行政の求めに応じ必要であれば実施している。また大規模改装等で影響が想定される地域でも必要であれば適宜説明会等を行っている(2022年4月開店_鹿児島伊集院店は開店前の2022年2月から行政《市役所・社会福祉協議会》に事前訪問)。
直近でも小学校や新聞社に自発的に訪問し、説明を行った。持ち帰り検討があった場合は迅速に対応している。
店舗の従業員全員が対応対象者。

【基準4】
各店地元の自治会、町内会、神社等の地域行事参加や、行政と連携したボランティア活動等にも積極的に参加している。店舗での活動は、地域共生担当が実施状況を把握・集計し、ブログ等でも紹介している。
活動が活発な店舗とそうでない店舗ではブランディング（好意度）は顕著に変わってきている。

【基準5】
過去3期における活動実績は以下の通り。
53期：246/404店舗（887回)、54期：404/404店舗（3,212回)、55期：396/396店舗（4,021回)
担当による店舗への働きかけや地域行事再開により54期より全店舗が実施し活動件数も増加している。
全社の取り組みとしてクリーンデーを設置。全社員が参加する取り組みだが、同業界の他法人や異業種も参加し始めている。

分　類	態勢構築（法令順守体制）
分類番号	TE1
目　的	個人情報保護法・番号法への対応
調査項目	個人情報保護法・番号法を遵守するための適切な管理態勢が構築されているか。
基準に対する解説	【基準 1】 個人情報保護法・番号法の趣旨を理解し遵守に努めており、かつ、自社にて保有している個人情報が洗い出されている。 【基準 2】 個人情報保護法・番号法を遵守するための個人情報保護に関する基本方針が定められている。 【基準 3】 個人情報保護法・番号法を遵守するための基本方針だけでなく、具体的な手続を定めた管理規程等が作成され、周知徹底されている。 【基準 4】 基準（3）を充足するとともに、個人情報の取扱状況につき、定期的な監査を実施し、必要な改善措置を講じている。 【基準 5】 個人情報保護法・番号法を遵守するための取り組み内容が、ISMS、P マーク等の認証基準を満たすレベルとなっている。

<table>
<tr><td>調査上の留意事項</td><td>【全体】
2022年4月に施行された改正個人情報保護法（令和3年法律第37号）および関連する政令、指針、ガイドライン、説明資料等の内容を踏まえた対応が行われているかどうかをチェックする。

【全体】
保護すべき個人情報として、顧客情報は当然のこと、取引先および自社の従業員の個人情報も含むものとする。

【基準2】
個人情報に関する基本方針として、以下を含んでいることを確認する。
①個人情報取扱事業者の名称
②安全管理措置に関する質問及び苦情処理の窓口
③個人データの安全管理に関する宣言
④基本方針の継続的改善の宣言
⑤関係法令等遵守の宣言

【基準3】
個人情報管理規程等においては、経済産業省等、各省庁から公表されているガイドライン等を参考にしており、社にとって必要な手続が網羅的に定められていることを確認する。</td></tr>
<tr><td>確認証跡等</td><td>・個人情報に関する教育および研修実施記録（2021年度）
・個人情報に関する年間教育および研修実施計画書（2022年度）
・個人情報・情報セキュリティ教育テキスト
・個人情報資産管理台帳（店舗・本部・特定個人情報）
・個人情報保護方針
・個人情報に関する公表事項
・個人情報保護管理規程
・特定個人情報保護管理規程
・個人情報に関する手順書一式
・55期_個人情報保護・情報セキュリティ監査結果報告書
・56期_個人情報保護対応監査実施計画書
・プライバシーマーク登録証</td></tr>
</table>

以下の通り、各基準について確認ができたので、評価を5とした。

個人情報保護法および番号法に基づく管理手続を定めた各種規程が整備されており、適宜アップデートも行われている。イントラネットへの掲示、研修、テスト等を通じて、従業員に周知されている。

改正個人情報保護法に関する従業員周知も適時に行われている。

当該手続については、定期的な内部監査やPマークの認証更新審査のための監査が実施されている。

以上より基準5までを満たしていると判断した。

【基準1】

・個人情報法・番号法を遵守・理解する体制を維持するため、全従業員を対象として年1回の個人情報保護教育を実施し、全従業員の遵法意識と理解度の向上に努めている。
・かつ、事業場（本部は各部門）ごとに「個人情報資産管理台帳」を作成し、業務で取扱う個人情報を洗い出している。
・直近のe-ラーニング実績　7057人中6827人受講、主な未受講者は出向者と休職者。
・e-ラーニングの最後にテストを実施し、80%を下回る成績の場合は再受講となる。
・情報セキュリティ研修で個人情報について教育。顧客データはファイル送信ツールを使用し、各店舗で自店舗分を閲覧可能（会員カード再発行処理目的）。

【基準2】

・個人情報保護法・番号法を遵守するための個人情報保護に関する基本方針を定め、事業所毎に所定の場所へ掲示し、従業員周知に努めている。基本方針については特に変更なし。
・公表事項についてはカメラの定義および個人情報の共同利用にかかる共同して利用する者の情報を詳細化した。

【基準3】

・個人情報保護方針のほか、個人情報保護管理規程および特定個人情報保護管理規程と具体的な手続を定めた各種手順書を作成し、イントラネット（マニュアル管理システム）に掲示し周知徹底を図っている。個人情報保護管理規程は4月法改正により一部追加。
・個人関連情報については保有していない認識（リスク管理部に確認が入る）。

【基準4】

・監査部による個人情報保護管理に関する内部監査が年1回全社を対象に実施され、指摘事項については改善計画書を作成し、計画に基づく改善措置を実施している。なお直近で監査部からの指摘なし。

【基準5】

・2年に1度の頻度でPマーク認定団体（JIPDEC）による更新審査を受けている。現在Pマーク更新作業中。

分　　類	態勢構築（法令順守体制）
分類番号	TE2
目　　的	廃棄物に関する対応方法
調査項目	廃棄物を適切に処理するための管理態勢があるか。
基準に対する解説	【基準1】 廃棄物の処理については、各店舗もしくは個別部署にて適宜対応している。 【基準2】 廃棄物の処理について担当する部署および遊技台の廃棄に関する対応手続が定められている。 【基準3】 全ての廃棄物の処理に関する対応手続が定められており、廃棄物の処理にあたっての外部委託先の資格の確認ならびにマニフェストの確認・保存が適切に行われていることが検証可能である。 【基準4】 担当部署から独立した第三者組織（内部監査部門等）が検証する仕組みがあると同時に、実際に検証したことを具体的に確認ができる（検証の対象には最終処分までの処理の適切性を含む)。 【基準5】 廃棄物対応策について、法規制の変化への対応、社会環境の変化に係る情報を収集するとともに、会社内におけるリスクに応じた対応策が常時取れるような体制となっていることが具体的に説明可能である。
調査上の留意事項	【全体】 原則として、本項目の対象を遊技台および事業から発生する一般廃棄物とし、それ以外の廃棄物については、廃棄物の発生状況に応じて手続や運用を確認する。 【全体】 実務的には、産業廃棄物処理業者の選定手続などが重要と考えられる。本項目では以下のチェックポイントを確認する。 1）一般廃棄物の処理を委託する場合、市町村長の許可を得た業者に行わせているか。 2）産業廃棄物の処理を委託する場合、都道府県知事の許可を得た業者に行わせているか。

調査上の留意事項（続）	3）産業廃棄物の処理を委託する場合、書面により業務委託契約を締結しているか。 4）産業廃棄物の処理に関して、産業廃棄物管理表の管理を行っているか。 【基準 2、3】 遊技台を全台売却している等の事由により廃棄手続や運用実績がないケースについては、産廃逃れとなっていないか、中古台のマーケット状況にもとづく売却金額の妥当性や買い取り業者が実質的に廃棄している可能性の有無等を確認した上で判断する。 【基準 4】 最終処理までの適切性の確認について合理的な保証が得られる方法であることが主旨であり、実際に現地に赴き確認することを必須とするものではない。
確認証跡等	・廃棄物分別表 ・業務分掌規程・別表 ・売却遊技機リスト ・入金伝票 ・中古機販売入金管理表 ・重要業務 3 点セット（廃棄物処理） ・放置自転車対応マニュアル ・不要物回収業務フロー ・不法投棄物取扱手順書 ・不法投棄物連絡表 ・契約管理台帳 ・マニフェスト管理台帳（紙・電子） ・DY 物流部　監査レポート - 取引関連 ・教材（風適法 ST1） ・業務マニュアル ・産業廃棄物取引先実態調査 ・産業廃棄物処理連絡メール（サンプル） ・管理会社役割 ・不要物回収依頼フォーマット

以下の通り、各基準について確認ができたので、評価を5とした。

【基準1〜3】
・廃棄物関連業務は、「業務分掌規程」において物流部が所管すると規定されており、イントラネットに掲載されている。
・遊技台は、基本的には廃棄せず、業界団体に認定された取引先にのみ売却している。売却台の選定基準に基づいて選定し、担当者2名にて確認を実施している。また、部門長の承認を経て業務が行われる。
・遊技台管理システムにより取り外した台の情報を元に「撤去台一覧」「TA伝票」が作成され、管轄の物流センターへ入荷される。物流センター入荷後は遊技台管理システムと連動したロケーション管理システムにて管理され、半年に1回棚卸しが行われる。
・遊技機の中古相場は変動しやすいのでトレードサイトの相場を参考にして妥当な価格で売却している。
・個別売却は、業界内の遊技機取扱商社もしくは他のパチンコホール会社に対してであり、再利用されることが前提の売却となっている。商品戦略部で価格決定をしている。
・遊技台は、リサイクル時に1台ずつ番号がふられて、最終処分後にメーカーに報告される。売却後のリサイクル処理がどのようになっているかの内訳情報について業者から入手して把握しており、むやみに廃棄物として取扱われていないことを確認している。
・自社のPB機は、ダイナム内での使用としているだけであり、一般的な遊技機と同様に遊技機メーカーにより製造されているため、取扱いに違いはない。
・契約と許可証の管理については、契約管理台帳を作成し、期限切れを確認し、許可証の更新等も行っている。
・「マニフェスト管理台帳」を作成し、適宜運用状況を確認している。電子マニフェストは取引先に応じて対応している。

【基準4】
・監査部により、年1回、金商法対応監査（遊技機購入業務）が実施されており、社長に監査結果報告がされている。監査にて不備があった場合の対応については、監査結果報告書における改善計画（案）に基づき対応を実施している。

社員会社（株）ダイナムの最新評価結果（2023年3月）（続）

【基準5】

・法規制の変化等は、物流部が環境省HP及び廃棄物処理の管理会社情報を元に確認し対応している。
・年次で産廃業者の処分場を調査するとともに、事業の実態を面談して聴取し、評価している。
・取引先が行政処分を受けた場合、委託管理会社から早急に一報を受ける情報ルートを確立しており、必要に応じて社内会議を開き、対応を検討している。
・随時、産業廃棄物処理の注意事項を記載したメールを店舗役職者向けに配信している。

分　　類	態勢構築（法令順守体制）
分類番号	TE3
目　　的	知的財産法への対応方法
調査項目	知的財産法に抵触する行為について、従業員に十分に周知され、当該行為を管理するための仕組みがあるか。
基準に対する解説	【基準 1】 知的財産法の遵守を宣言しているか、知的財産法に抵触する行為（文章・美術・映像・写真・音楽・プログラム・データベースの無断引用・転用・コピー等による著作権侵害、商標（文字・図形・記号またはその結合したもの、立体的な形を持つ商品）・サービスマークの不正使用による商標法違反等）を不十分ながらも把握し、抑制の必要性について認識していることが検証可能である。 【基準 2】 知的財産法の遵守もしくは基準（1）の行為の抑制について、関連する部署等で検討しており、同法の遵守もしくは基準（1）の行為の抑制を図ろうとしていることが確認できる。 【基準 3】 知的財産法の遵守もしくは基準（1）の行為の抑制に向けた規定・文書・通達等があり、従業員に対しその周知を実施していることが検証可能である。 【基準 4】 知的財産法もしくは基準（1）の行為についての問題が生じた場合に対応する体制があるとともに、会社としての態勢の構築や継続的な改善を担当する部署がある。加えて、基準（3）の規定・通達等の遵守ができているか、担当部署から独立した第三者組織（内部監査部門等）が検証できる仕組みがあり、実際に検証したことを確認できる。 【基準 5】 知的財産法に抵触する行為につき、会社内におけるリスクに応じた対応策がとられていることが具体的に説明可能である。

<table>
<tr><td>調査上の留意事項</td><td>【全体】
　当業界における具体的な抵触行為としては、コンピューターソフトのコピー、ホールのホームページ・ポスターなどにおける他者の文章、マーク、キャラクター等の転用、ビデオ・DVD 等による映像の無断放映、有線放送契約を締結していない状態での楽曲の放送などが考えられる。こうした行為を禁止する何らかのシステムがあればよい。

【基準 4】
「問題が生じた場合に対応する体制」は、企業の規模や知財法に抵触する頻度等にもよるが、必ずしも知財に特化した体制である必要はない。知財法もしくは基準（1）の行為についての問題が生じた場合の対応につき「他のリスクも併せて対応する体制」に沿って具体的に説明できれば良いが、「他のリスクも併せて対応する体制」のリスクの 1 つとして知財分野も明記するなど、関連・担当部署及び検証を行う第三者組織において知財リスクも同体制で対応していることのコンセンサスがとれていることが客観的に判断できる必要がある。

【基準 5】
「リスクに応じた対応策」とは、「事例に応じた対応策」ではない。業界特有のリスクとしては、コンピューターソフトのコピー、ホールのホームページ・ポスターなどにおける他者の文章、マーク、キャラクター等の転用、ビデオ・DVD 等による映像の無断放映、有線放送契約を締結していない状態での楽曲の放送などが考えられ、これらについて問題事例が発生した場合の対応策及び問題事例が発生しないための予防策を具体的に説明することで基準を満たすことは可能である。 なお、「抵触するおそれのある事案が実際に発生していない」といっても、そこには、事案があっても現場が知財マターと認識しなかったり、本部まで上がってきていない場合も考えられるため、企業側は、積極的な従業員教育・情報収集・リスク管理を行うことが求められる。</td></tr>
<tr><td>確認証跡等</td><td>・DYJH グループ企業行動憲章
・販促案件 DYJH コーポレートＧｒ確認表（抜粋）
・POP 用マテリアルシート（抜粋）
・知的財産マニュアル
・版権関連について
・営業秘密に関する不正競争の防止規程
・臨店報告書（インスペクションマニュアル）
・DYJH グループ遵法関連対応監査結果報告書
・リスク管理台帳</td></tr>
</table>

以下の通り、各基準について確認ができたので、評価を5とした。

【基準1〜3】
・「ダイナムグループ企業行動憲章」において、第三者の知的財産権を尊重し、関連法規を遵守することを宣言している。
・知的財産法について、DYJHコーポレートグループ及びリスク管理部で検討し、同法の遵守を図っている。ルールの作成やQ&A等はコーポレートグループが対応し、法的観点でリスク管理部が関与している。
・知的財産法の遵守に向けて、「知的財産マニュアル」、「版権関連について」、「営業秘密に関する不正競争の防止規程」等を作成している。イントラネット上に掲示され、従業員への周知が実施されている。
・社内教育システムのコンテンツの一部として、自己学習ツールがあり、知的財産に触れる研修が任意で受講可能となっている。
・遊技機のキャラクター等については、販促担当が遊技機メーカーから、キャラクター等に関する素材を受領し、定められたルールにもとづき加工して店舗で利用している。
・店舗で疑問に思った場合は、コーポレートグループに確認して対応し、確認結果を確認表に記録している。

【基準4】
・知的財産法について問題が生じた場合、DYJHコーポレートグループ及びリスク管理部が対応する体制がある。
・規程等の遵守状況について、監査部が「インスペクション業務マニュアル」に基づいて、年1回、監査を実施している。昨年度の監査結果では、特に指摘事項はなかった。リスク管理部においても、知的財産法に関する点検を実施している。
・監査部が疑義をもった事案については、主管部門に確認依頼がなされ、リスク管理部及びコーポレートグループに法的見解を確認している。問題がある場合には、都度、主管部門より店舗等に対し改善指示が出される。

【基準5】
・知的財産法に抵触する行為について、発生頻度や影響度により会社内におけるリスクを評価し、対応策を検討している。
・知的財産法に抵触した事案は、全てリスク管理台帳にて管理し、リスクに応じた対応策が取られている。

社員会社（株）ダイナムの最新評価結果（2023年3月）（続）

・自社の知的財産権の管理強化を目的とし、産業財産権マニュアルが2018年10月に作成された。当社が新製品をだすときには、他社の特許等を侵害しないようにチェックしている。商標は原則出願し、出願時に問題ないことを調査している。

分　類	態勢構築（法令順守体制）
分類番号	TE4
目　的	消防法への対応方法
調査項目	消防法の遵守を含めて、実効性の高い防災対策がとられているか。
基準に対する解説	【基準 1】 消防法第 8 条に定める防火管理者を選任（防災管理対象物にあっては消防法第 36 条に定める防災管理者の選任も必要）し、消防計画が策定され、消防用設備が設置されているほか、避難路を十分に確保している（避難の支障となるような物件が放置されていたり、存置されていない）。 【基準 2】 各ホールにおいて、計画に基づく定期点検・整備と避難訓練が行われている。 【基準 3】 本社において、各店舗の防火・防災設備、避難訓練、防火・防災上の留意点等について適切に管理している。 【基準 4】 災害対応マニュアルや具体的な行動計画等があり、計画に基づく定期点検・整備と大部分の従業員が参加して避難訓練を行ったことが適切な記録として残され、独立した第三者組織（内部監査部門等）が消防用設備の設置と避難路の確保も含め、検証していることが記録上確認できる。 【基準 5】 消防署員の立会いのもと消防用設備を試したり、遊技客の避難誘導を想定した訓練をほぼ全員の従業員が参加して行い、その際に避難路の見直しをしてみるなど、従業員・遊技客の安全確保に格別の努力を行っていることが記録上確認できる。
調査上の留意事項	【基準 1】 防災管理対象物とは、消防法施行令第 46 条に規定される建築物その他の工作物であり、消防法施行令第 4 条の 2 の 4 の防火対象物である（いわゆる大規模ビルに入居している店舗が対象となる）。

調査上の留意事項（続）

【基準3】

本社の管理においては、消防用設備と避難訓練の状況把握だけでなく、防火・防災上の留意点（通路や倉庫が狭い店舗にて納品が集中した場合の置き場所、多層階である場合の避難誘導、サーバーを設置している店舗における機器やコンセント周り、タバコに関する防火上の対応が不十分な店舗等）について、防火・防災上の危険性が高い店舗について認識し対応がとられていることが必要である。

【基準4】

消防設備の更新有無、避難訓練の実施有無といった形式確認ではなく、基準3の留意点等をふまえた実効性の高い監査が行われていることが望ましい。

【基準4】

「大部分の従業員が参加」について、パチンコホール企業は、営業中の避難訓練の実施は難しく、閉店後の訓練では夜遅くなり危険な面もあることから、どうしても営業開始前の避難訓練のみとならざるを得ない。また、シフトも早番・遅番があることから遅番担当者の参加が難しい等といった実情もある。したがって、3分の2程度の参加率を判断の目安とし、訓練や記録の実質的な内容に応じて判断する。

【基準5】

実際に火災・災害が発生した際、対応すべき従業員がシフトの関係で訓練を受けておらず適切な対応ができないという事態はあってはならず、「ほぼ全員」という訓練参加率の定めは維持すべきである。訓練への一定割合以上の従業員の参加を確認した上で、どうしても参加できない従業員に対しては、当該従業員を特定し、訓練参加と同等の効果が期待できる内容の教育・研修等の機会を与えることにより、実質、「ほぼ全員」の従業員が訓練に参加したといえる状態を備えた場合には、基準5の参加率を満たすと判断する。「ほぼ全員」の目安は90%とし、研修で代替する従業員の割合の目安は最大10%とする。

【基準5】

「従業員・遊技客の安全確保に格別の努力を行っていること」を確認する際に、消防訓練・防災訓練の実効性を評価することはもちろんであるが、訓練の実効性が訓練参加率を補充・補填する関係にはない。

調査上の留意事項(続)	【基準5】 業務上のやむを得ない理由により、実地訓練で参加率90%を達成できず、机上訓練等で補う場合には、以下の例を目安に実地訓練参加率90%と同レベルで基準を満たしているか総合的に判断する。 －実地訓練の参加率が、70%を超えている。 －実地訓練に参加できなかった従業員が、机上訓練にほぼ100%参加している。 ・机上訓練が、実地訓練と同程度の実効性をもった内容となっている。 ・机上訓練で代替した従業員が、次年度以降の実地訓練に参加できている。
確認証跡等	・管理者変更フロー（防火管理者選任届出書） ・防火管理者選任・消防計画作成届出書 ・【役職者】マニュアル（消防訓練・通路誘導灯・避難経路・消防自主点検） ・防火対象物点検結果報告書 ・(防火対象物点検報告)特例認定管理表 ・消防設備点検報告書 ・消防設備点検結果一覧 ・大地震発生時対応マニュアル ・店舗業務のための消防法（マニュアル・テキスト） ・【必読 — 依頼】56期1回目消防訓練の実施について ・【必読 — 依頼】56期2回目消防訓練の実施について ・消防訓練実施結果(56期) ・監査部店舗チェック項目（消防法関連） ・DYJHグループ遵法関連対応監査結果報告書(55期) ・消防訓練参加率(56期)
社員会社(株)ダイナムの最新評価結果(2023年3月)	以下の通り、基準4までを満たしている。 基準5については、消防訓練への参加率およびフォローが十分ではなく、避難訓練にほぼ全員の従業員が参加していることが確認できなかったため、基準を満たしていない。 【基準1〜3】 ・店舗の防災管理者は店長が担当しており、防火管理の資格を保有している。管理者変更フローは、イントラネット上に掲載されている。 ・避難路に関しては、必読文書で周知するとともに店舗に掲示している。 ・自主検査チェック表（日常）「火気関係」にて、各店舗で自主検査を実施している（キ

ントーンを使用)。

・防火対象物点検は、年1回、消防設備点検・消防訓練は年2回実施することが義務付けられており、所管部署で管理している。結果は関係部署にも報告されている。
・特例認定制度については、管理帳票により管理しており、全店のうち40店舗程度が未取得である。

【基準4、5】

・消防訓練については役職者が事前に学習し、マニュアルに基づいて実施している。
・消防法に関するテキストも作成しており、店舗にて消防訓練などの際に活用している。
・マニュアル等は、イントラネットのマニュアル管理システムに掲載されている。
・消防法に係る内部監査は全店舗に対し、年2、3回実施している。
・全店舗において訓練の際は消防署員の立会いは必ず依頼しており、消防設備の試用も実施している。
・2022年の実地訓練の参加率は、1回目55.9、2回目58.9%であり、前年よりも向上している。机上訓練を合わせると1回目92.9%、2回目95.8%となっている。
・マニュアルに机上訓練のやり方も記載されており、実地訓練ができない店舗は、マニュアルにもとづき机上訓練を行っている。机上訓練は、避難経路図をおいて、発見、役職報告、役職者の模擬通報、避難誘導などをシミュレーションしている。
・通報訓練、避難誘導訓練、消火訓練は、必須としている。
・実地訓練の参加率は50%を超え、机上訓練も含めた参加率は90%を超えてきているが、実地訓練の不参加者の個別の特定には至っておらず、一度も実地訓練に参加していない従業員へのフォローができていない。
・実地訓練の参加率が調査上の留意事項に記載の目安である70%に至っていない。
・現在、誰がいつどの訓練に参加したかを表にまとめており、個人別にフォローをはじめている。

分　　類	態勢構築（法令順守体制）
分類番号	TE5
目　　的	食品安全への対応方法
調査項目	景品として提供される食品または店舗内で遊技者に対して提供される食品について、品質が保持されているか。
基準に対する解説	【基準1】 食品の品質については納入業者に任せてあるが、納入業者の選定に注意している。 【基準2】 食品を提供する設備の衛生状況について定期的に点検し食品安全衛生法の遵守が図られていることが説明可能である。 【基準3】 基準（2）に加え、食品の取扱いについて、定期的に賞味期限や品質を確認する手続が定められ、従業員に周知されていることが検証可能である。 【基準4】 基準（3）に加え、食品について顧客からクレームを受ける窓口が明確になっており、クレーム対して具体的な対応がなされていることが検証可能である。 【基準5】 基準（4）に加え、基準（3）におけるマニュアルどおりの対応がなされているかどうか、第三者組織（内部監査部門等）により検証されていることが説明可能である。
調査上の留意事項	
確認証跡等	・56期年度一括信用調査結果 ・クルー作業マニュアル ・レシピ（味噌ラーメン） ・使用材料基準一覧表 ・店舗衛生管理データ ・衛生管理計画・記録表 ・DYJHグループ遵法関連　監査結果報告書 ・賞味期限管理表 ・ワーカー作業マニュアル（賞味期限チェック） ・役職者業務マニュアル（賞味期限管理） ・事件事故報告書（異物混入） ・臨店報告書（監査）

社員会社（株）ダイナムの最新評価結果（2023年3月）

以下の通り、各基準について確認ができたので、評価を5とした。

【基準1～3】

・取引先の信用調査を毎年実施し、社内基準に基づき要注意取引先については、改善勧告もしくは取引先の変更を検討している。「【景品担当】取引先評価・分析一覧」を用いて社内基準に基づき年次で評価を行っている。
・ダイナム店舗に併設された食堂の設備の衛生状況は、各種マニュアルを用いて、点検を実施している。直近の改訂は2021年3月1日で小口現金管理作業手順等を変更している。
・店舗併設の食堂では、工場生産・冷凍納品が主であり、最低限の調理（炊飯、ネギを切る）しかなく、基本的には加熱調理でほぼ完了するため、調理過程で細菌等が発生する可能性は低い。
・衛生責任者が店舗に1名配置され月次でチェックし管理点検票に記録している。管理点検票は、保健所の査察の際に開示できるよう最低1年間店舗に保管している。衛生計画は店舗マネジャーが作成し、衛生記録はクルーが作成している。
・食品の賞味期限管理は、月次でクルーがワーカー作業マニュアルに従い実施している。ワーカー作業マニュアルは、イントラネットのマニュアル管理システムに掲示している。
・賞味期限管理は、賞味期限管理表にもとづき、クルーが賞味期限を確認し、店舗マネジャーがチェックしている。賞味期限のチェック状況については、監査部も監査を行っている。

【基準4】

・顧客からのクレームは、カスタマーサポートにて対応している。緊急性が高いものは情報コントローラー（リスク管理部）が対応し、必要に応じて購買部に連絡するなど、クレーム内容に応じて指示を行える体制となっている。
・事件、事故等については、「事件事故マニュアル」にもとづき「事件事故報告書」にて記録・報告し、改善を含めて、すべての対応が完了するまで関係各所に共有する仕組みとなっている。
・直近では、2022年12月に「景品のヤクルトが酸っぱい味がした」という事案があった。顧客の体調不良はなく、景品を新しいものに交換し、顧客とのトラブルはなかった。
・過去にクレームに基づき景品の成分調査を実施したケースもあったが、景品に問題はなかった。

【基準5】

・監査部インスペクション担当の確認項目として賞味期限管理が含まれており、半期から四半期に1回程度、各店舗の運用状況を確認している。また不備があった場合は、営業部およびリスク管理部へ報告されている。
・直近の監査報告では、特に指摘事項はなかった。

分　類	態勢構築（法令順守体制）
分類番号	TE6
目　的	環境・省エネ対策
調査項目	環境規制等を含む環境問題への対応に積極的に取り組んでいるか。
基準に対する解説	【基準 1】 一部の部署や店舗において、ゴミの削減や節電などに取り組んでいる。 【基準 2】 環境関連規制も含む環境問題への対応について、部分的ではあるが組織的な取り組みが行われている。 【基準 3】 環境問題について様々な視点から検討された結果、自社として取り組むべき方針が明確になっている。また方針に基づく具体的な対応策が手続として定められ、従業員に周知されている。 【基準 4】 基準（3）の対応について、定期的な検証がなされ、継続的な改善が図られている。 【基準 2】 基準（4）に加え、環境問題への対応について、グリーン調達宣言をしている等、自社だけでなく関連する取引先等にも展開している。
調査上の留意事項	【全体】 廃棄物処理法への対応は、従来通り TE2 で評価する。本項目では、個々の法令への対応だけでなく、より全体的な環境問題への対応に焦点をあてて基準を設定している。 【基準 5】 「環境への対応」とは、取引先の商品自体だけでなく、社内における各種の環境への取り組みも含まれており、省エネ対応商品を売買している取引先であっても社内の環境対応ができていない場合には基準を満たさない。 【基準 5】 グリーン調達宣言を HP にのせるなどするだけで、取引先に対する具体的なアクションがない場合には評価基準を満たさない。
確認証跡等	・エネルギー管理統括者届出 ・エネルギー管理企画推進者届出 ・中古トップランプ出荷表 ・54～56 期電気データ ・節電マニュアル ・定期報告書 (2021 年度)

確認証跡等(続)	・中長期計画書(2021年度) ・取引先選定に関する細則 ・設備調達ガイドライン ・業務委託基本契約書 ・商品売買契約書
社員会社(株)ダイナムの最新評価結果(2023年3月)	以下の通り、基準4までは確認できた。 基準5については、一部の取引先への展開にとどまり、全社的な取り組みがなされていないため、基準を満たしていない。 【基準1〜3】 ・省エネ法にもとづく特定事業者として、エネルギー管理統括者及びエネルギー管理企画推進者を選任し一元管理している。 ・設備の整理・再利用を積極的に実施することによりゴミの削減を図っている。例えば、データ表示器については中古再利用等を管理表で管理している。 ・電力会社から入手した各店舗の契約電力、使用電力量、料金等について、電力データ管理表にて一括管理している。 ・節電マニュアルを作成し、季節に合わせた店舗内の温度コントロールなどについて記載している。 ・各店舗には、消費電力を抑制するための機器として、BEMS(Building Energy Management System、空調を機械的に制御する装置)が導入されている。 【基準4】 ・定期報告書にて各エネルギー資源の使用量をまとめている。 ・省エネ法に基づくエネルギー使用量の報告と中長期計画書を毎年提出している。毎年2%削減していく目標をたてていて達成してきている。 ・電気消費量の削減について、設備改善等により継続的な改善を図っている。 【基準5】 ・「設備調達ガイドライン9. 取引先選定」にて、「環境関連　ISO14000の取得、または環境マネジメントの導入等、環境に配慮した企業」という文章を追加し、取引先選定において環境への配慮を考慮することを規定している。 ・商品売買基本契約書の第4条にて、また「甲及び乙は、本件商品について、再生資源その他環境への負荷の低減に資する原材料又は部品等を使用したものを積極的に取扱うように努めるものとする。」と記載されている。 ・設備管理部が担当する周辺設備機器等に関する全ての取引先(物品納入業者も含む)との間で、取引条件として環境への配慮を盛り込み、契約書等を取り交わしている。 ・他の部門が担当する遊技機メーカーや景品の製造元との間では、これらの取り組みは行われていない。

分　類	態勢構築（風適法）
分類番号	TF1
目　的	遊技機の設置・変更に関する届出
調査項目	遊技機の設置・変更に際し、風適法に準拠するための仕組みがあるか。
基準に対する解説	【基準 1】 遊技機の設置・変更に際し、風適法に基づく届出等の手続を各店舗が独自に行っている。 【基準 2】 遊技機の設置・変更に際し、風適法に基づく届出等の手続を遵守するためマニュアルやチェックリスト等の仕組みが部分的に定められている。 【基準 3】 遊技機の設置・変更に際し、風適法に基づく届出等の手続を遵守するためマニュアルやチェックリスト等の仕組みが網羅的に定められ、全ての従業員に周知徹底されている。 【基準 4】 基準（3）の手続が遵守されていることが、内部監査等により定期的に検証されている。 【基準 5】 基準（4）に加え、風適法に基づく届出等の手続の各地域における違い（提出部数、添付書類など）を本社にて把握し、手続の変更があった場合には適時に確認している。
調査上の留意事項	【全体】 遊技機に検定切れのものがないかどうかチェックする仕組みについては、本項目にて確認すること。 【基準 1、2】 本項目は、申請行為について基準 1 を店舗が実施、基準 2 以降を本社が実施としているものではない。基準 1 は、法に基づいて全社的に標準化された手続がなく、各店舗が個別に法を理解し、もしくは所轄警察と調整の上、属人的に実施している状態を表している。したがって、申請書作成などの面で本社が関与している場合であっても、関与の内容が「適宜本社が相談を受けている」程度であれば、店舗の属人的な対応の域を出ず、会社として部分的に統制しているとまで判断できないため、基準 1 レベルとなる。
確認証跡等	・「リスク管理部掲示板」 ・書類確認／店舗提出依頼 ・申請書作成システム ・役職者入替業務チェックリスト ・承認受理報告（システム） ・研修資料 ・申請期限アラート一覧（システム）

確認証跡等（続）	・変更届出提出状況一覧 ・店舗別書類マスタ ・店舗マスタメンテナンス（システム） ・保守対応依頼管理表
社員会社（株）ダイナムの最新評価結果（2023年3月）	以下の通り、各基準について確認ができたので、評価を5とした。 【基準1】 ・本部担当者により、書類の作成と点検を申請書作成システムにて、届出期日管理を遊技台管理システムで行い、各店舗は業務フローに従って届出を行う。 【基準2】 ・リスク管理部掲示板において遊技機管理業務の詳細を掲示し、遊技台管理システムのステータスに応じて申請上のチェックを本部で実施している。 【基準3】 ・風適法を遵守する為の会社ルールを、リスク管理部掲示板に集約し、説明と活用促進を図っている。 ・現場がすぐに取り出し活用出来るように、イントラネットにリスク管理部掲示板のアイコンを設定している。 ・ルールの周知という点では、MT昇格時研修を通じて活用方法についての説明を現場向けに実施しており、イレギュラー発生店舗には指導を行っている。 【基準4】 ・店舗で実施される遊技機の設置・変更に関する届出手続の遵守状況については、リスク管理部担当者が遊技台管理システムにて日次点検しており、届出の期日が迫っているものについては、アラートメールを配信（毎週水曜日）し、必要に応じて電話確認を行っている。 ・監査部が、3年に1回程度、部門監査において監査を実施している。直近では形式不備（ドキュメント不整合）のみで内容に関する指摘事項はない。 【基準5】 ・届出等の手続について店舗毎の届出実態を本部担当者が把握している。 ・店舗別の書類作成マスタを作成し、届出書類の構成や提出日等のスケジュール、店舗毎の届出状況を管理している。 ・変更があった場合は、店舗別書類作成マスタ、遊技台管理システム、申請書作成システムにより各店の変更事項を随時更新している。 ・申請書作成システム（本部で自動的に作成）では、全店舗の所轄警察署の手続に従った書類を作成できるようになっている。

<table>
<tr><td>分　　類</td><td>態勢構築（風適法）</td></tr>
<tr><td>分類番号</td><td>TF2</td></tr>
<tr><td>目　　的</td><td>営業所の設備等の変更に関する届出</td></tr>
<tr><td>調査項目</td><td>営業所に関する変更（構造・設備等）について風適法に準拠するための仕組みがあるか。</td></tr>
<tr><td>基準に対する解説</td><td>【基準 1】
営業所の設備等に関する変更に際し、風適法に基づく届出等の手続を各店舗が独自に行っている。

【基準 2】
営業所の設備等に関する変更に際し、風適法に基づく届出等の手続を遵守するためマニュアルやチェックリスト等の仕組みが部分的に定められている。

【基準 3】
営業所の設備等に関する変更に際し、風適法に基づく届出等の手続を遵守するためマニュアルやチェックリスト等の仕組みが網羅的に定められ、全ての従業員に周知徹底されている。

【基準 4】
基準（3）の手続が遵守されていることが、内部監査等により定期的に検証されている。

【基準 5】
基準（4）に加え、風適法に基づく届出等の手続の各地域における違い（提出部数、添付書類など）を本社にて把握し、手続変更の有無などを定期的に確認している。</td></tr>
<tr><td>調査上の留意事項</td><td>【基準 1、2】
本項目は、申請行為について基準 1 を店舗が実施、基準 2 以降を本社が実施としているものではない。基準 1 は、法に基づいて全社的に標準化された手続がなく、各店舗が個別に法を理解し、もしくは所轄警察と調整の上、属人的に実施している状態を表している。したがって、申請書作成などの面で本社が関与している場合であっても、関与の内容が「適宜本社が相談を受けている」程度であれば、店舗の属人的な対応の域を出ず、会社として部分的に統制しているとまで判断できないため、基準 1 レベルとなる。
・その他：あらかじめ本社により会社代表印が押印された届出申請書用紙が店舗に配付されている企業が多く、印章管理上の問題がある。但し、届出書類のチェックが適切に行われていれば、本基準の主旨である届出漏れや不適切な届出などのリスクコントロールは可能である。また、当該書類は所轄警察への届出専用の用紙であり、その他の目的には使用できないことから、印章の不正使用等のリスクも低いものと考えられる。したがって、印章管理上の問題については、調査時の指導に留め、評価には反映しないこととする。</td></tr>
</table>

確認証跡等	・「リスク管理部掲示板」 ・申請期限アラート一覧（システム） ・変更届出提出状況一覧 ・管理者対象アンケート内容 ・管理者アンケート確認資料 ・構造設備に関わるデータベース ・届出判定表（設備変更）
社員会社（株）ダイナムの最新評価結果（2023年3月）	以下の通り、各基準について確認ができたので、評価を5とした。 【基準1】 ・営業所設備等の変更に伴う所轄手続については、届出書類の表紙及び添付資料を本部担当者が作成し、メールにて各店舗へ送付している。 ・店舗起案の設備変更の場合は店舗にて添付書類を作成し、本部担当者が確認を実施。各店舗にて印字を行い、所轄警察署へ提出を行っている。 ・書類提出完了後、店舗は遊技台管理システムにて提出完了報告を行う。 【基準2、3】 ・構造・設備の届出管理ルールについてはリスク管理部掲示板に網羅的にまとめ、イントラネットに掲示している。フローや手順に加え、届出判定表（設備変更）を整備し、店舗でも簡単に届出判断が可能な状態である。 【基準4】 ・店舗で実施される遊技機の設置・変更に関する届出手続の遵守状況については、リスク管理部担当者が遊技台管理システムにて日次点検しており、届出の期日が迫っているものについては、アラートメールを配信（毎週水曜日）し、必要に応じて電話確認を行っている。 ・管理者対象アンケートを毎月実施し、構造設備変更の有無について、店舗情報を収集し、届出漏れがないかを確認している。 ・監査部が、3年に1回程度、部門監査において監査を実施している。直近では形式不備のみで内容に関する指摘事項はない。 【基準5】 ・各店舗から所轄警察署に提出した書類の履歴はリスク管理部にて一元管理している。 ・構造・設備変更の届出に関する店舗別のマスタをデータベース（キントーン）にとりまとめており、届出相違等がないようにしている。 ・構造変更に係わる変更承認申請についてはストアマネジャーとDYJHコーポレートグループ担当者にて所轄警察署へ申請方法の確認を行った後、店舗ストアマネジャーが所轄警察署へ申請を行っている。

分　類	態勢構築（風適法）
分類番号	TF3
目　的	18 歳未満の者への対応
調査項目	18 歳未満の者や高校生を入店させないための仕組みがあるか。
基準に対する解説	【基準 1】 18 歳未満の者や高校生が営業所内に立ち入ってはならない旨を、公衆に見やすい方法で営業所の入口に表示している。 【基準 2】 当該事項について、従業員に対する教育研修が定期的かつ網羅的に実施されている。 【基準 3】 基準（1）に相当する者の営業所への立ち入りについて、具体的な手続（早期発見、本人確認、退店依頼など）が定められ、従業員に周知されている。 【基準 4】 基準（3）の手続が遵守されていることが、内部監査等により定期的に検証されている。 【基準 5】 基準（4）に加え、基準（1）に相当する者が遊技しづらい環境の構築について、積極的に取り組んでいることが説明可能である。
調査上の留意事項	【基準 5】 「遊技しづらい環境」については、18 歳未満らしき人を見かけたら積極的な声かけにより年齢確認をしているレベル以外の何か積極的な取り組みがあれば調査員の判断にて評価する。必ずしも完全な立ち入り／遊技防止策（入口での本人確認、会員カードの義務化など）まで求めるものではない。
確認証跡等	・必須販促展開マニュアル ・役職者業務マニュアル（各種確認・禁止行為の教育） ・風適法（55.4 更新） ・教育システム（一部抜粋） ・事件事故マニュアル（年少者対応） ・ワーカー作業マニュアル（ホール巡回ポイント一覧・ＨＣ音声システム設定） ・【DY】店舗監査フィードバックシート ・【DY】監査項目不適合推移 ・エリアマネジャー業務チェックリスト（11 月度） ・年少者対応履歴表

社員会社（株）ダイナムの最新評価結果（2023年3月）

以下の通り、各基準について確認ができたので、評価を5とした。

【基準1】
・店舗の全ての出入口に、「18歳未満者の入場禁止プレート」を掲示している。店舗における各種チェックマニュアルの中に、掲示物の確認が含まれている。

【基準2】
・研修及び社内教育システムにより、定期的な教育が行われている。
・店舗ミーティング（朝終礼）や業務認定制度に基づく教育が行われている。
・店舗役職者のマニュアルにおいて、風適法の禁止事項が記載されており、18歳未満の入場禁止も含まれている。

【基準3】
・具体的な手続は事件事故マニュアル「年少者対応フロー」に定めている。
・ホール従業員はワーカー作業マニュアル「ホール巡回のポイント」で作業（声掛け・報告）の標準化を図っている。
・何か問題があれば事件事故報告をすることになっている。事件事故マニュアルは、イントラネットに掲載されており、店舗のPCで閲覧可能である。

【基準4】
・監査部により、「18歳未満立入禁止告知対応」、「年少者対応履歴表」、「店内マイク放送実施」について確認している。監査は、年1回実施されている。
・前期に立入禁止告知対応で不備指摘があった。前期に掲示場所を明確に定めたため、掲示はされていても指定の場所ではなかったという指摘ではないかと思われる。
・監査結果は店舗とエリアマネジャーへフィードバックを行っている。またエリアマネジャーによる定期チェックも実施している。

【基準5】
・見た目の若いお客様を発見した場合は、必ず声掛けをして記録を残すことが義務付けられている。仮に18歳未満でなかった場合も記録は残している。
・年少者対応記録表は、5年間保管することになっている。
・店内放送では「18歳未満の遊技禁止」を、3時間に1回以上の自動放送を実施している。通年での共通ルールとしており、時期に応じて頻度を高めたり個別にアナウンスする等は店舗判断となっている。
・事件事故報告が多い時には、本部から注意喚起の通達等が発信される。

分　類	態勢構築（風適法）
分類番号	TF4
目　的	適正な景品の提供
調査項目	等価性や適法性等といった景品の適正性を確保するための仕組みがあるか。
基準に対する解説	【基準 1】 　担当者が景品の適正性を適宜確認している。 【基準 2】 　景品の適正性を確認するための基準や手続が部分的に定められている。 【基準 3】 　以下の内容を含む景品の適正性を確認するための基準や手続が網羅的に定められており、従業員に周知されている。 ・「景品が国内で流通している市場価格」と「交換する遊技球等に対応する金額」との等価性の確認 ・景品の適法性の確認（偽ブランド商品等がないか） ・景品提供を委託している場合の委託先管理（景品の設置・管理の委託やカタログ景品など） 【基準 4】 　基準（3）の手続が定期的に見直されており、かつ当該手続が遵守されていることが内部監査等において検証されている。 【基準 5】 　基準（4）に加え、納入業者や委託先についても、自社と同等の手続により景品の適正性が確保されていることを納入業者や委託先への監査等により確認している。
調査上の留意事項	
確認証跡等	・景品原本入力シート ・景品企画書 ・押捺申請 ・購買管理規程【DY】 ・新規取引先契約稟議書 ・購買手続確認依頼書（見積り） ・【依頼】玩具景品の出庫単価変更に伴うプライスカード差し替え対応 ・ディズニーライセンス契約書 ・商品売買基本契約書 ・金商法整備状況監査結果報告書 ・56 期取引先年度一括調査結果表 ・55 期取引先評価表

以下の通り、各基準について確認ができたので、評価を5とした。

【基準1、2】
・景品の仕入れは購買部が一括して管理している。新しい景品を購入する場合は、必ず商談・打合せ記録を作成している。
・商談記録とは別に原本登録／店舗マスタ配信申請書を作成している。起案者、確認者、部門長、システム担当者の承認が必要となっており必ず景品の適正性確認が充足されるようになっている。
・市場価格は、市場売価欄に記載しており、取引先から入手する見積書で裏付けをとっている。メーカー希望小売価格はないため、取引先が提示する価格を参考にしている。
・取引先の選定は、「購買管理規程」及び「取引先選定に関する細則」に基づき調査を行い、社内基準に満たない取引先とは取引を行っていない。

【基準3】
・価格調査は、価格変更の申請の都度、調査を実施している。市場価格は、取引先からの報告やインターネット等で確認・記録化している。売価を変更する場合は、玉数変更申請書にて店舗より申請があり、購買部にて玉数変更が妥当か確認し、結果を店舗へ連絡する。
・真贋問題が発生する可能性がある並行輸入品（ブランド品）は取扱っていない。著作権問題の多いキャラクター商品も現状取扱っていない。
・店舗の景品棚自体の管理もふくむ景品提供の委託取引は現在実施していない。カタログ景品は、専門業者と取引をしており、適切な契約締結をしている。
・店舗が景品を発注する際は、発注可能一覧を確認し、システムで発注している。景品毎に発注上限数を定め、その枠内でしか購入できない仕組みとなっている。

【基準4】
・監査部による仕入管理業務の内部監査が四半期に1回程度の頻度で実施されている。監査指摘については、改善計画書にもとづき改善を図っている。今年度の監査指摘は特にない。
・購買管理規程は、監査結果を踏まえて随時見直しを実施しており、業務実態と合っていないものがあれば改訂している。

【基準5】
・年次にて、取引先の商品管理等について問題がないか評価し、評価結果については、管掌役員に報告後、保管している。尚、商品管理上問題のある場合は、改善勧告もしくは取引先の変更を検討している。
・大きな取引先は月次、小規模な取引先は数年に1回面談を設けて、市場の動向や信用調査だけではわからない部分を確認し、商談記録に残すルールがある。
・新規取引の場合は、倉庫へ訪問し商品保管状況について確認するルールとなっている。規程では定められていないが、取引開始後も必要に応じて倉庫等を訪問している。

分　類	態勢構築（風適法）
分類番号	TF5
目　的	顧客の射幸心をあおるような営業対策の防止
調査項目	顧客の射幸心をあおるような営業の抑制について会社として対応を図っているか。
基準に対する解説	【基準1】 顧客の射幸心をあおるような不当な営業対策はしないことが経営姿勢として明確になっており、会社として実施している。 【基準2】 顧客の射幸心をあおるような不当な営業対策についての具体事例や当該営業を行わないようなマニュアル、広告等の表現についてのガイドラインがあり、研修等で周知されている。 【基準3】 基準1および2に加え、顧客の射幸心をあおるような営業対策を防止する手続が定められ、当該手続に沿った営業がなされている。 【基準4】 当該手続に沿った営業がなされていることについて、内部監査部門等の第三者により検証されており、継続的な改善が図られている。 【基準5】 顧客の射幸心をあおるような営業対策について、顧客や有識者等の意見を参考に、業界や営業地域の慣行水準を超えた全社統一の管理基準を設定して遵守している。
調査上の留意事項	【全体】 店舗の騒音については、地域住民への配慮（TD）、顧客への快適な遊技環境の提供（TD）、過大な営業対策の防止（TF）、従業員の安全な労働環境の確保（TG）の観点から評価する。本項目では、必要以上の店内放送や音楽も射幸心をあおる営業行為と捉える。玉がぶつかり合う音や遊技台裏等で玉が流れている音などは、本項目とは関係しない。

<table>
<tr><td>調査上の留意事項（続）</td><td>【全体】
顧客の射幸心をあおるような不当な営業対策には、以下が含まれる。
−射幸心をあおる広告宣伝（折込チラシ、会員メール、HP、CM 等）
−射幸心をあおるイベント
−サクラ行為
−玉／メダルの積み増し
−過度な店内放送・音楽

【基準 3】
広告等の表現についてのガイドラインは、行政の規制なども踏まえ、表示例等を含め具体的かつ詳細に定められている必要がある。

【基準 4】
業界もしくは地域において一般的な営業行為であり、当該行為の禁止等により競争力に著しい影響がある場合については、即時の対応を必須としないが、継続的かつ具体的に検討されていることが必要となる。</td></tr>
<tr><td>確認証跡等</td><td>・ダイナムジャパンホールディングスグループ企業行動憲章
・販促広告に関する運用基準について
・販促の表現と運用の可否一覧
・都道府県地域規制一覧【全国版】
・使用禁止文言一覧
・風適法（55.4 更新）
・販促の基礎とは？
・出玉管理について
・ワーカー作業マニュアル（箱下ろし・箱並べ）
・役職者業務マニュアル（自作 POP ルール・販促掲示確認）
・空き台札の設置ルール
・【DY】店舗監査 FB シート
・【DY】監査項目不適合推移
・エリアマネジャー業務チェックリスト（11 月度）
・DY 会社概要（抜粋）
・DY−SIS 設置台数比率（レート比率）
・PB 機コンテスト案内資料
・ごらく新デザイン販促運用について</td></tr>
</table>

社員会社（株）ダイナムの最新評価結果（2023年3月）

以下の通り、各基準について確認ができたので、評価を5とした。

【基準1】
・ダイナムジャパンホールディングスグループ企業行動憲章として、会社の経営姿勢を社内外へ公開している。

【基準2】
・広告規制に関する運用基準が、各種文書により定められており、イントラネットに掲載されている。
・上記の文書を活用し、入社時研修や管理職への昇格時研修等において、継続的に教育を行っている。
・教育システムにもコンテンツがあり、昇格までに受講していることが条件となっている。

【基準3】
・出玉の置き方、自作POP、札の使用に至るまで運用基準が各種通達・マニュアルによって周知されており、ホール管理者が日々の確認を行っている。
・広告等にて禁止されている語句を「禁止語句一覧」としてとりまとめ、店舗に周知している。
・メールやSNSは、役職者が配信前に内容を確認する。LINEについては個別にマニュアルを作成しており、エリアマネジャーが確認してから配信している。TwitterやFacebookは使用していない。

【基準4】
・年に1回、監査部によるチェックが行われ、フィードバック、改善につなげている。
・エリアマネジャーによる定期確認を行い、不備がある場合はその場で改善指導を行っている。基本的には月1回としているが、実際には2回程度訪問している。

【基準5】
・低貸玉営業の推進（継続出店、設置比率）、PB機の開発などをHPや会社パンフレットを通じて社内外へ公開している。
・PB機「ごらく」では、射幸性をおさえるために、音量や光量をおさえ、出玉性能の面で長く遊べるような設計がされている。顧客が遊技した金額を見ることができるような機能も開発している。

社員会社（株）ダイナムの最新評価結果（2023年3月）（続）

・PB機の販促展開についても、射幸心をあおらないような遊技機の性能を記載している。
・地域の規制が不明確な場合には、当該地域の慣行水準を超えた全社基準に従い対応することにしている。
・地域の慣行基準よりも射幸心をあおらないような営業として全国統一の基準にもとづき対応している。業界や慣行水準を超えた全社統一の管理基準の例としては、1拠点で指摘された事項については、組合の加入状況を問わず、全店舗へ展開・適用し高い管理基準を維持していることや、他社が行っている広告でも自社基準に照らし問題があるものについては許可していないことなどが挙げられる。営業上、地域の基準に合わせる必要がある場合は、本部に報告し、必要に応じて所轄警察や遊技組合に確認した上で問題のない対応をしている。

<table>
<tr><td>分　　類</td><td>態勢構築（風適法）</td></tr>
<tr><td>分類番号</td><td>TF6</td></tr>
<tr><td>目　　的</td><td>パチンコ・パチスロへの過度なのめり込み問題対策</td></tr>
<tr><td>調査項目</td><td>顧客の遊技への過度なのめり込みを予防、または改善するための対策に取り組んでいるか。</td></tr>
<tr><td>基準に対する解説</td><td>【基準1】
業界団体等による共通標語の広告宣伝での表示等、社会一般に対してのめり込み問題に関する啓発活動を行っている。

【基準2】
各種啓発ツールの店内掲示・利用等により、来店客に対してのめり込み問題に関する啓発活動を行っている。

【基準3】
のめり込み問題の具体的な内容、業界等の問題への対応、自社の取り組み等について、従業員への教育（従業員が顧客としてのめり込んでいる場合も含む）を継続的に行い、十分に周知している。

【基準4】
のめりこみ問題対応に関して、所管部署が定められており、業界団体等によるガイドラインの遵守も含め、各店舗での実効ある推進体制を構築している。

【基準5】
業界団体が提示するガイドラインの水準を超えて、先進的な取り組みが行われている。</td></tr>
<tr><td>調査上の留意事項</td><td>【全体】
日遊協によりH27.2.28付で制定（その後の改訂含む）された「パチンコ店における依存（のめり込み）問題対応ガイドライン」にもとづき、パチンコホールにおける取り組みの難易度を考慮して基準を設定している。

【基準1】
広告宣伝には、新聞折込チラシ、テレビCM、屋外広告、ポケットティッシュ等の配付広告宣伝物、企業ホームページ等が含まれる。</td></tr>
</table>

調査上の留意事項（続）	【基準2】 各種啓発ツールには、ポスター、ステッカー、DM、配付物、アナウンス等が含まれる。 【基準4】 ガイドラインでは、「社内に依存（のめり込み）問題対応に関する専任の担当者を置き」となっているが、企業規模によって専任者は難易度が高いため、「所管部署が定められており」としている。 【基準4】 遵守すべきガイドラインの規定には、以下が含まれる。 －初心者等に対する適度な遊び方の案内 －遊技客に対する遊技機等の説明責任の履行 －のめり込み問題を抱えていると思われる顧客（家族を含む）からの相談への自己申告プログラムやリカバリーサポート・ネットワーク等の紹介 －業界団体による「子どもの車内放置防止対策マニュアル」にそった取り組みの再徹底 －パチンコ・パチスロアドバイザーの設置 【基準5】 先進的な取り組みであるかどうかについては、取り組み内容の実効性、業界内外への影響度、コストも含む難易度、継続性・継続期間、などの観点から、評価の都度、評価委員会で判断する。
確認証跡等	・折込広告（チラシ・DM） ・RSN（お客様・従業員） ・RSN ステッカー ・RSN リーフレット ・店舗販促物一覧 ・依存問題テキスト ・自己診断チェックシート ・社内教育システムの e-ラーニング ・サイネージ動画 ・依存問題定例 MT 資料 ・RSN への寄附金、出向研修に関連する資料

確認証跡等（続）	・「車内放置事故」の未然防止に係る各種資料 ・安心パチンコ・パチスロアドバイザーガイドライン ・アドバイザー講習会受講状況 ・依存問題基礎講座関連資料
社員会社（株）ダイナムの最新評価結果（2023年3月）	以下の通り、各基準について確認ができたので、評価を5とした。 【基準1】 ・共通標語を折込広告（チラシ）、電子掲示板、DM等に記載している。組合の加入非加入関係なく、全店舗で共通標語の大きさは統一している。 【基準2】 ・リカバリーサポート・ネットワーク（以下、「RSN」）の案内を各種ツールにより全店舗に掲載している（ポスター、ステッカー、リーフレット等）。 【基準3】 ・従業員用スペースにRSNポスターと、自己診断チェックシートを設置している。 ・社内イントラネット、サイネージ動画等により自社の取り組みの周知徹底を図るとともに、e-ラーニングを用いた教育を実施している。 ・e-ラーニングは、入社3か月以内の従業員および入社1年以降の従業員をそれぞれ対象としたコンテンツがあり、昇給・昇格の条件となっているため、全員受講している。 【基準4】 ・リスク管理部が所管部署となり、店舗の推進体制を構築している。 ・全店に自己申告・家族申告プログラムを導入している。 ・業界団体による「子どもの車内放置防止対策マニュアル」を踏まえた、放置事故の防止強化策を立て、運用している。 ・アドバイザー講習を全役職者が受講することを目標に推進している。講習が少ない都道府県組合にはアドバイザー講習の開講を交渉し、業界全体への普及を推進している。現状受講完了率は、店長クラスは92%、副店長クラスは76%程度となっている。 【基準5】 ・RSNおよび回復施設の特定非営利活動法人ワンデーポートに継続的な人的・金銭的支援を実施している。

社員会社（株）ダイナムの最新評価結果（2023年3月）（続）

・毎月、有識者（RSN代表理事、ワンデーポート施設長、浦和まはろ相談室代表）を招いての定例MTを開催し、社内取り組みの点検、情報共有とアドバイスを受けている。
・業界団体を通じて他社を牽引し、ギャンブル等依存症対策基本法の定める「健全な遊技の啓発のための情報発信」をしている。
・社会福祉系団体主催の勉強会に出席し、自社や業界の依存対策について広く情報開示している。
・業界初の取り組みとして、大学と共同で、ダイナム会員に対しパチンコ依存問題についての行動実態調査を実施している。パチンコ遊技に対しての考え方と、実際の遊技状況を比較し傾向を見える化することで、今後の依存問題対策に活用することを目的としている。

<table>
<tr><td>分　　類</td><td>態勢構築（労働法）</td></tr>
<tr><td>分類番号</td><td>TG1</td></tr>
<tr><td>目　　的</td><td>男女の均等な雇用機会と女性活躍推進に関する制度</td></tr>
<tr><td>調査項目</td><td>男女の差別なく従業員を活用し、女性の活躍が推進されているか。</td></tr>
<tr><td>基準に対する解説</td><td>【基準 1】
男女の区分を設けずに採用を行っている。

【基準 2】
女性従業員にも均等の昇格機会を与えている。

【基準 3】
女性が管理職（マネジャーかつ 1 次考課者以上）に登用されている。

【基準 4】
女性が上位の管理職（部長かつ 2 次考課者以上）に登用されている。

【基準 5】
女性の管理職の割合が、全管理職（全ての階層）の中で、10% に達している。</td></tr>
<tr><td>調査上の留意事項</td><td>【基準 5】
女性の割合については、適宜見直しを行うものとし、当面は、10% とする。</td></tr>
<tr><td>確認証跡等</td><td>・募集要項・求人表
・昇格試験案内
・登用試験案内
・2023 年 1 月 1 日付人員構成表</td></tr>
</table>

社員会社（株）ダイナムの最新評価結果（2023年3月）

以下の通り、各基準について確認ができたので、評価を4とした。

【基準1】

採用募集要項において、男女を区別する採用は行っていない。

・2020年4月新卒入社　50名中女性18名（36%）を採用。
・2021年4月新卒入社　21名中女性8名（38%）を採用。
・2022年4月新卒入社　24名中女性5名（21%）を採用。

【基準2】

昇格機会は、男女均等に与えている。6月に昇格試験を毎年実施。

【基準3、4】

・2023年1月1日現在、女性年棒社員（幹部社員）が1名在籍している。また、店舗では女性ストアマネジャーは6名、女性ストアマネジャートレーニーは1名、女性アシスタントマネジャーは85名在籍している。
・2023年1月1日現在、女性の管理職（部長かつ2次考課者）は、1名在籍している。

【基準5】

・女性の管理職の割合が10%未満の為、基準5は満たさない。

分　類	態勢構築（労働法）
分類番号	TG2
目　的	雇用契約の締結・更新プロセス
調査項目	労働契約の締結・更新のプロセスが法令に則って適切に行われているか。
基準に対する解説	【基準 1】 非正社員（期間雇用・パートなど）について雇用契約の締結にあたっての労働条件明示書がある。 【基準 2】 基準（1）に加えて、正社員についても労働条件明示書が存在する。 【基準 3】 基準（1）、（2）に加えて、その内容が労基法 15 条、パートタイム労働法第 6 条に定める事項を網羅している。 【基準 4】 有期契約社員の契約更新について、時機を失することなく労働者の意向を確認したうえでの更新手続が行われていることが検証できる。 【基準 5】 基準（4）に加えて、有期契約社員の契約更新プロセスの一環として更新面談が実施され、現契約における改善点の指摘、更新後の課題設定等が行われていることが検証できる。
調査上の留意事項	
確認証跡等	・クルー社員雇用契約書（試用期間） ・クルー社員雇用契約書（再契約） ・契約社員雇用契約書 ・正社員労働条件通知書 ・2022_上期_クルー社員人事考課 ・クルー考課フィードバック

以下の通り、各基準について確認ができたので、評価を5とした。

【基準1】
非正社員については、クルー社員・勤務地限定社員という雇用区分ごとに契約書を作成し、締結している。

【基準2】
正社員については、労働条件通知書を交付している。

【基準3】
労働基準法第15条およびパートタイム労働法に定める事項は網羅されている。

【基準4】
・契約更改日前に店舗役職者が面談を実施し、契約書を締結している。
・全国の統括事務所にゾーン人事労務担当を配置しており、定期的に従業員の勤務状態を確認している。
・クルー社員の年2回（4/1・10/1）の再雇用契約を締結の際に、ゾーン人事労務担当が内容を確認している。
・雇用契約を更新しない場合は、本人の意思を以て退職する。なお、登用基準を満たさないので更新をしないという場合（明らかに勤怠評価が悪い等）は、30日前までに本人に通知し、今後30日の間勤務するかどうかを確認している。

【基準5】
・基準4の通りであり、クルー社員に対して、契約前に面談を行い、問題点について相互確認し、改善指導を行っている。
・社内評価システムにて、フィードバックを行っている。

分類	態勢構築（労働法）
分類番号	TG3
目的	労基法107条に定める重要書類の保管状況
調査項目	労基法107条に定める労働者名簿、賃金台帳が作成され、3年間保存しているか。
基準に対する解説	【基準1】 労働者名簿、賃金台帳に代わる資料が作成されているが、一元管理されていない。 【基準2】 労働者名簿、賃金台帳が作成され、本社または人事部門のみに保管されている。 【基準3】 労働者名簿、賃金台帳が作成され、各事業所に保管されて、3年間の保管期間が遵守されている。 【基準4】 労働者名簿、賃金台帳の内容が適時・適切に更新されている。 【基準5】 労働者名簿、賃金台帳の保管・更新の状況について、内部監査部門など人事部門から独立した機関において継続的に検証している。
調査上の留意事項	
確認証跡等	・労働者名簿見本 ・電子労働者名簿閲覧操作マニュアル ・賃金台帳 ・金商法対応（整備）監査結果報告書

社員会社（株）ダイナムの最新評価結果（2023年3月）	以下の通り、各基準について確認ができたので、評価を5とした。 【基準1、2】 ・労働者名簿は、グループ統合人事システム内で管理されており、店舗にて閲覧・印字が可能である。 ・賃金台帳は、人事システム内から出力が可能であり、各所属長のみ閲覧が可能である。権限所有者以外が閲覧をする際は、本部と連携してアクセス権を一時付与することで閲覧可能な状態にしている。 【基準3】 ・労働者名簿は、全ての在籍従業員、及び退職従業員（3年間）の閲覧が可能である。賃金台帳は、システム内に3年間保管されており、3年より前のデータは見ることができない（出力できない）仕様になっている。 【基準4】 ・労働者名簿・賃金台帳の内容は、人事情報変更の都度、更新している。 ・退職者に関しては、退職理由を含めて、労働者名簿に反映している。 【基準5】 労働者名簿については、56期実施の人事部監査にて、賃金台帳については、毎年度実施される金商法対応監査（給与・賞与計算業務）にて点検されており、その結果は社長に報告されている。また、本件に関する指摘事項はない。

<table>
<tr><td>分　類</td><td>態勢構築（労働法）</td></tr>
<tr><td>分類番号</td><td>TG4</td></tr>
<tr><td>目　的</td><td>賃金の支払及び控除</td></tr>
<tr><td>調査項目</td><td>賃金の支払及び控除が適切に行われているか。</td></tr>
<tr><td>基準に対する解説</td><td>【基準 1】
就業規則に賃金計算の締切日、支払日が明記されており、実際の支払にくい違いがない。

【基準 2】
口座振り込みを行うにあたって、ⅰ労働者の同意を得ること、ⅱ労働者が指定する銀行その他の金融機関の本人名義の預貯金口座に振り込むこと、という要件がみたされている。

【基準 3】
賃金の控除にあたって、過半数労働組合・過半数代表者との間で書面協定が事業所毎に締結されており、協定内容、協定手続が適正であるとともに、賃金控除の内容が個々の従業員の労働条件としても賃金規定などに明記され、かつ周知されている。

【基準 4】
口座振り込みを行うにあたって、本人からの同意書の取得、賃金計算書の交付、及び事業場の過半数労働組合・過半数代表者との間で書面協定の締結が適切に実施されている。また、賃金の控除項目の追加、変更など必要に応じた見直しが適切になされている。

【基準 5】
現金払、振込払が本人の任意で選択でき、振込口座も 2 箇所選ぶことができるなど、賃金の支払にあたって、従業員の希望を反映している。</td></tr>
<tr><td>調査上の留意事項</td><td>【基準 5】
基準 5 に記載されている支払方法の選択や振込先の複数指定を認めることは、従業員の希望を反映した賃金の支払いを認めていることの例示であり、例示以外にも、例えば、支給日前の支払など従業員の希望を反映した賃金の支払制度が認められているのであれば基準 5 を充たすものとする。
今後、賃金を電子マネーで支払う給与の「デジタル払い」の制度（現状、労働者の同意を前提とし、口座残高上限を 100 万円とする制度となっている）が解禁された場合には、これらの制度を認めているかどうかという点も例示の 1 つに加えることを検討する。</td></tr>
<tr><td>確認証跡等</td><td>・給与規程
・勤務地限定社員給与規程
・クルー社員給与規程</td></tr>
</table>

確認証跡等（続）	・給与口座振込依頼書 ・賃金控除に関する覚書 ・労働協約（第 10 版） ・給与口座振込協定書
社員会社（株）ダイナムの最新評価結果（2023年3月）	以下の通り、各基準について確認ができたので、評価を 5 とした。 【基準 1】 ・賃金計算の締切日、給与支払日は「給与規程」に明記されている（給与の計算期間は前月 1 日から全月末日までとして、翌月 18 日に支払われる）。 ・これまで給与支払日に支給できなかった例はない。 【基準 2】 ・入社時および入社後の変更時に「給与口座振込依頼書」を提出させ、従業員が指定する金融機関に振込を実施している。 【基準 3】 ・従業員の過半数で組織する労働組合があるため、事業所ごとに協定を締結することは行っていない。 ・控除の内容は、給与規程に労働組合と書面で協定したものと明記しており、別途適正な手続に基づいて、労働組合と「労働協約」を取り交わしている。 ・給与明細において記載されている控除費目は、すべて規定されている控除費目である。 ・「給与規程」、「労働協約」は、イントラネットに常時掲載しており、従業員に周知されている。 【基準 4】 ・給与の口座振込については「給与規程」に明記されており、従業員は入社時および入社後の変更時に「給与口座振込依頼書」を提出している。給与明細は、毎月支払い日の前日までに書面を交付し WEB でも確認できるようにしている。 ・労働組合と「給与等の口座振込に関する協定書」を締結し、適切に実施している。 ・賃金の控除項目も随時追加を行っている。 【基準 5】 ・従業員は給与口座及び経費口座について、金融機関を別々（最大 2 箇所）に指定できるようになっている。また、非常時払いの際には、現金で支給するとの対応も行っていることが確認できた。

分　類	態勢構築（労働法）
分類番号	TG5
目　的	所定労働時間の設定プロセス及び設定内容
調査項目	所定労働時間の設定プロセス・設定内容は労働基準法に適合しているか。
基準に対する解説	【基準 1】 正社員、パート、アルバイト等いずれの従業員の就業規則でも 1 週あたり平均労働時間は 40 時間以下となっている。 【基準 2】 所定労働時間の設定について、就業規則・労働協約における要件が完備している。 【基準 3】 所定労働時間の設定について、基準（2）に加えて、各月のシフト作成を適式に行う手続があり運用されている。 【基準 4】 基準（3）の仕組みの妥当性および遵守状況について、本社の内部監査部門や人事部門等の店舗以外の第三者により検証されており、継続的な改善が図られている。 【基準 5】 基準（4）に加えて、実際の勤務シフトにおいてやむを得ない事情がある場合を除き、1 週あたり平均労働時間が 40 時間を超えるシフトが組まれることがない。

調査上の留意事項

【基準2】
変形労働時間制を採用する場合には就業規則において「各直勤務の始業終業時刻、各直勤務の組合せの考え方、勤務割表の作成手続及びその周知方法等」を定めなければならないとされている（月間変形労働時間制について昭和63年3月14日基発第150号。年間変形労働時間制についてほぼ同旨、平成11年1月29日基発第45号）。とりわけ、就業規則において「各直勤務の始業・終業規則」を記載することなく、変形労働時間制を採用する場合における始業・終業時刻の定めは勤務割表による旨を記載しているに過ぎないケースが散見されるが、かかる場合は労基署からも是正指導対象となるものであり、基準2は満たさないものとする（ただし、平成6年5月31日基発第330号に注意すること）。

【基準3】
基準3レベルでは、手続の存在と運用の事実が確認できれば、シフト表において人的ミスによる単発の軽微な不備があったとしても基準を満たす。

【基準5】
従来の調査よりもサンプリング件数を増やし（10～15件等）、1件でも不備が発見されれば原則として基準を満たさない。

【基準5】
恒常的な要員不足は、やむを得ない事情には当たらないものとする。また、シフト表作成と同時に（所定労働時間のシフトとは明確に区別できるかたちで）時間外労働を指示しているケースについてはやむを得ない事情の存在を必要とする。

【基準5】
基準5に適合したシフトが作成された後、シフト作成前の事情（Ex. シフト作成時点で予定されていたパチンコ台の入れ替え等）に基づいて、1週当たり平均労働時間が40時間を超えるシフトに変更した場合には、変更自体が適法であっても、基準5を満たさない。一度、1週当たり平均労働時間が40時間を超えないシフトを組んだ後に、シフト作成前の事情に基づいて、1週間当たり平均労働時間が40時間を超えるシフトに変更した場合には、TG5基準5の潜脱となり、また、従業員の予測可能性を害する。

確認証跡等	・就業規則 ・勤務地限定社員就業規則 ・クルー社員就業規則 ・労働協約（第10版） ・1か月単位の変形労働時間制に関する覚書 ・就業管理マニュアル ・シフト作成マニュアル ・【必読 — 依頼】クルー社員の月間予定労働時間について ・インスペクション業務マニュアル

社員会社（株）ダイナムの最新評価結果（2023年3月）	以下の通り、各基準について確認ができたので、評価を5とした。 【基準1】 ・正社員、契約社員は、1か月単位の変形労働時間制を採用し、労働時間はいずれも1週間を平均し40時間以下となっている。 【基準2】 ・所定労働時間の設定について、「就業規則」、「労働協約」に明記しており、「1か月単位の変形労働時間制に関する覚書」も締結している。 ・変形労働時間制は、「就業規則」に規定しており、併せて社員のグレード毎にシフト表のパターンが記載されている。 【基準3】 ・シフト作成のマニュアルがあり、イントラネットで公開されている。 ・ワークフローのシステム制御により、週40時間超のシフトは組めないようになっている。40時間を超えたシフトを組もうとするとアラートが出て、シフト編成の確定処理ができないようになっている。 ・シフトは、毎月末までに翌月分全てを確定させるように定められている。 ・マニュアル上には明記されていないが、店舗のストアマネジャー及びアシスタントマネジャーに対し、勤怠に関する注意喚起をイントラネットのトップに掲載することで適切なシフト作成の周知を実施している。 【基準4】 ・勤務シフトの作成が適切に行われているかゾーン人事労務担当が確認し、指導を行っている。 ・監査部により勤務シフトの作成状況について点検されている。 【基準5】 ・実際の勤務シフトにおいて、1週あたりの平均労働時間が40時間を超えるシフトが組まれることはない。 ・40時間を超えたシフトは確定処理が不可能であり、確定処理がされないシフトはゾーンの人事担当が確認することになっている。

<table>
<tr><td>分　　類</td><td>態勢構築（労働法）</td></tr>
<tr><td>分類番号</td><td>TG6</td></tr>
<tr><td>目　　的</td><td>就業規則等の周知及び変更手続</td></tr>
<tr><td>調査項目</td><td>就業規則は社員に対し、周知されているか。また、就業規則に基づく労働条件の変更は、適切に行われているか。</td></tr>
<tr><td>基準に対する解説</td><td>【基準 1】
正社員に対する就業規則の周知が法令に則って行われている。

【基準 2】
基準（1）に加え、非正規社員に対する就業規則の周知が法令に則って行われている。

【基準 3】
基準（1）、基準（2）に加え、就業規則に基づく労働条件の変更にあたっても、労働基準法所定の意見聴取、監督官庁への届出、変更内容の周知が正社員、非正社員に対して行われている。

【基準 4】
就業規則に基づく労働条件の変更について、労働条件変更の必要性、労働者の受ける不利益の程度、変更後の就業規則の内容の相当性等、労働契約法第 10 条所定の合理性を充足しているか否かについて予め検証していることが客観的に確認できる。また、労働条件の変更の都度、従業員に変更内容などが一般的に周知されるだけでなく、個別的な書面の配布などをもって変更内容を知らせるなど、変更内容を明確化するための取り組みが行われている。

【基準 5】
労働条件の変更に先立ち、労働組合や検討委員会・検討チーム等（以下「労働組合等」という）との間で協議が行われており、かつ、これら労働組合等が労働条件変更の対象となる職場従業員の意見を公正に集約したうえで協議に臨んでいることが客観的に確認できる。</td></tr>
<tr><td>調査上の留意事項</td><td>【基準 4】
評価期間中に不利益変更が発生していない場合には基準を充足しているものとする。</td></tr>
</table>

確認証跡等	・規程管理システム ・労使協議会議事録 ・労基署届出資料（意見書） ・イントラネット「年休」検索 ・規程改定前後表 ・ユニオンニュース ・労使協議会資料
社員会社（株）ダイナムの最新評価結果（2023年3月）	以下の通り、各基準について確認ができたので、評価を5とした。 【基準1】 ・就業規則は全従業員へイントラネットで周知している。 【基準2】 ・非正規社員（勤務地限定社員・クルー社員）についても正社員同様に就業規則を周知している。なお、イントラネットに接続可能な端末は事務所と休憩室に設置されている。 【基準3】 ・制度変更に伴う就業規則改定については、労働組合との協議の上で内容を検討しており、イントラネットで周知している。手続においては「組合意見書」も添付した上で法定手続を実施している。 【基準4】 ・社内にて必要性、不利益の程度などを協議するとともに、グループ法務委員会にて相当性、合理性などを検証した上で就業規則の変更を行っている。 ・就業規則の変更はゾーン協議会や社内報などを通じて周知するとともに、必要に応じて個別に説明を行っている。 ・労働条件変更に関し、不利益な変更は発生していない。 【基準5】 ・労働条件の変更に先立ち、労働組合と会社代表にて労使協議会を開催し、労働組合も従業員の意見を公正に集約した上で協議を行っている。 ・労働条件の変更があった場合は、各事業所に組合からの連絡（ユニオンニュース）を周知する、イントラネットへの必読文書として関連文書を掲載して最新情報として通知を行う等している。

<table>
<tr><td>分　類</td><td>態勢構築（労働法）</td></tr>
<tr><td>分類番号</td><td>TG7</td></tr>
<tr><td>目　的</td><td>懲罰規程の整備・運用</td></tr>
<tr><td>調査項目</td><td>経営者は、定められたルールを逸脱した者に対して厳正かつ公平な対応を実施しているか。</td></tr>
<tr><td>基準に対する解説</td><td>【基準 1】
社内規則や企業倫理に反する行為に対して、懲戒処分を行うための規程が存在する。

【基準 2】
規定されている懲戒の種類、懲戒理由等が合理的な内容となっている。

【基準 3】
基準（2）に加え、予め定められた手続に従って実際の懲戒処分の決定がなされており、本人に弁明の機会が付与されている等、懲戒処分実施に当たっての適正手続を実践していることが記録により確認できる。

【基準 4】
基準（3）に加え、懲戒処分等の実施が公正、公平に行われているとともに、懲戒処分事例が社内で開示され、教育研修において使用されるなどして、再発防止の抑止力となっていることが記録により確認できる。

【基準 5】
基準（4）に加え、懲戒処分等の実施が公正、公平に行われていることを監査役監査や労働組合への意見聴取等により検証しているとともに、懲戒の運用実績や社会情勢の変化等により適宜懲戒規程や運用の見直しが実施されていることが検証できる。</td></tr>
<tr><td>調査上の留意事項</td><td></td></tr>
<tr><td>確認証跡等</td><td>・就業規則
・懲戒委員会規程
・「懲戒委員会資料」他委員会実施時資料
・懲戒告知文
・懲戒基準一覧表
・懲戒基準見直し資料
・コンプライアンス教育資料
・懲戒事案再発防止教育資料</td></tr>
</table>

社員会社（株）ダイナムの最新評価結果（2023年3月）	以下の通り、各基準について確認ができたので、評価を5とした。 【基準1】 ・懲戒処分を行うにあたり、処分の基準を明示した「就業規則」、及び懲戒処分を行うプロセスについて運用を明示した「懲戒委員会規程」を定めている。 【基準2】 ・「就業規則」に定められている懲戒の種類は6段階となっており、違反事項や懲戒処分の対象となる行為についても、明確に規定している。 【基準3】 ・事案の軽重によらず、事務局にて詳細な調査・確認を行い、当事者とは直接のヒアリングを行いつつ、弁明の機会を与えている。 ・処分の決定にあたっては、調査結果と、当事者作成による「顛末書」をもとに、過去の事例との整合性を確認し、懲戒委員会にて就業規則と照合の上、決定している。 ・懲戒処分決定後は、組合員の場合、労働組合へ報告し、労働組合から当事者へ処分に対する異議申立ての確認の機会が与えられており、当事者は処分に不服がある場合は処分決定後3日以内に異議申立てができる。 【基準4】 ・当事者への処分決定後、全社に「懲戒告知」にて周知し、その中に、再発防止へ向けた取り組みを明記して啓蒙している。 ・事案の再発防止へ向けた抜本的な対策を協議しルールの見直しを行っている。更にグループ全従業員に対してハラスメントなどのモラル教育、コンプライアンス教育を実施している。 【基準5】 ・懲戒委員会における審議の結果は労働組合に共有することになっており、労働協約に記載されている。 ・運営に関する妥当性については、労働組合から被懲戒者に対して異議申立をするか否かを確認する、というプロセスが実際に取られており、これにより懲戒処分の公正さ、公平さが担保される仕組みとなっていることが確認できた。

分　類	態勢構築（労働法）
分類番号	TG8
目　的	退職・解雇手続
調査項目	解雇・雇止めの手続が法令に準拠した適切なものか。また、退職勧奨を行う場合の手順が適切なものであるか。
基準に対する解説	【基準1】 実際の解雇が就業規則と労働基準法の定める手続に則って適式に行われている。 【基準2】 基準（1）に加えて、解雇理由証明書・雇止理由証明書の交付が適切に行われている。 【基準3】 基準（2）に加えて、実際の雇止めが「有期労働契約の締結、更新及び雇止めに関する基準」に則って適式に行われている。 【基準4】 解雇相当と考える従業員などに対して退職を勧奨する場合にその手順や勧奨による退職の合意内容などが適切である。 【基準5】 期間契約の場合、雇止めの予告をその理由の告知ともに書面により適切に行っているなど、すべての従業員との関係で、退職時のトラブルを避けるための積極的な取り組みが行われている。
調査上の留意事項	【基準2】 過去に解雇を行っていない場合は、過去の退職者の退職状況を確認し、不当な退職の強要が行われていないかどうかを確認する。不当な退職強要が行われているケースでは、解雇手続が履践されていないことと同視し、基準2は満たさない。 【基準3】 普通解雇と懲戒解雇の違いや解雇の相当性判断にかかわる事項が、単に就業規則上の解雇事由の字面だけでなく、実質的にも理解されているか否かを過去の社内事例などからチェックする。もし、客観的に懲戒解雇として無理があると判断されるようなケースにおいて強引な懲戒解雇がなされているように、過去に問題のある解雇が行われており、かつ、そのような考え方が現時点においても正されているとはいえない場合には、基準3は満たさない。 【基準4】 実際に退職勧奨のうえで退職に至ったケースについて、最終的な退職条件（未払賃金の有無・金額、退職金の有無・金額、離職票の記載方法、未消化年休の買取合意の有無、清算条項の有無など）が明確に書面などで合意されているなど退職時のトラブルを避けるための対応が行われているか否かを確認する。 【基準5】 行政基準上も、雇止め理由の明示は、積極的には求められていない（一定の労働者について請求があってはじめて明示しなければならない）が、そのような要件を前提とせ

調査上の留意事項（続）	ずに、積極的な取り組みが行われているかどうかを5点の判断要素とした。なお、期間雇用者が存在しない企業では、雇止めは問題とならないため、すべての従業員との関係で、退職時のトラブルを避けるための何らかの先進的な取り組みが行われているか否か（例えば、退職者に対する転職のための金銭的な支援の実施など）をチェックする。
確認証跡等	・就業規則 ・解雇予告除外認定書 ・勤務適正判断フロー資料一式 ・勤務不良社員に対する改善指導フローの補足説明と一部運用見直しについて ・解雇通知書 ・クルー社員契約更改の手引き ・無断欠勤対応フローと解説 ・クルー社員就業規則（自動退職条項）
社員会社（株）ダイナムの最新評価結果（2023年3月）	以下の通り、各基準について確認ができたので、評価を5とした。 【基準1】 ・普通解雇では解雇予告手当を支給し、懲戒解雇では解雇予告除外認定を受けている。 ・就業規則において、解雇（就業規則22～25条）、懲戒（就業規則57条）条項を明示しており、懲戒委員会により過去事案の集積に則り適正に処分を決定している。 ・今年度では、直近の事例として2021年9月17日に解雇通知を出し、同日付で解雇した事例があった。 【基準2】 ・雇止めは、「勤務適正判断フロー、手順書」を定め、適正に手続を行い従業員とのトラブル防止としている。 ・適切な対応に関する知識向上のため、弁護士による「退職、解雇に伴う法的な諸問題への対応」などの法令に関する講演会を定期的に実施している。 【基準3】 ・解雇理由証明書については、対象者から申出がなされた場合は別途対応するが、現状、申出がなされたケースはない。 【基準4、5】 ・「クルー社員契約更改マニュアル」、「無断欠勤マニュアル」、及び「就業規則」に則り適切対応を行っている。 ・解雇相当な従業員に対して退職勧奨は実施しているものの、会社の方針としてパッケージの提示などは行っておらず、合意するかどうかは勧告を受けた側に委ねている。 ・「勤務不良改善手順」については、正社員まで拡大整備し、退職に至るまでの対応や手順を明確にすることにより、退職時のトラブルを更に低減させる取り組みを実施している。 ・裁判に発展するような事案は現時点でなし。 ・期間満了通知書を郵送し、受領出来たか否かは把握できる。56期は14件発生した。

<table>
<tr><td colspan="2">分　類</td><td>態勢構築（労働法）</td></tr>
<tr><td colspan="2">分類番号</td><td>TG9</td></tr>
<tr><td colspan="2">目　的</td><td>割増賃金の支払い</td></tr>
<tr><td colspan="2">調査項目</td><td>時間外・休日・深夜労働をした場合、働いたすべての時間について割増賃金が支払われているか。</td></tr>
<tr><td>基準に対する解説</td><td colspan="2">【基準 1】
就業規則・労働契約における時間外・休日・深夜労働に対する割増賃金の定めが適法に行われている。

【基準 2】
基準（1）に加え、労働時間の把握が切り捨てることなく適切に行われ、把握された労働時間の全てに対して割増賃金の支払いが行われている。

【基準 3】
基準（2）に加え、休日振替・代休に関する賃金清算が適切に行われている。

【基準 4】
基準（3）に加え、労働時間の把握をタイムカード等の客観的な記録に基づいて行っている。または、労働時間の把握を自己申告制により行っている場合、申告内容の適切さをタイムカード等との間で突合し、申告の正確性を確認している。

【基準 5】
基準（4）に加えて、把握した労働時間をより客観的な在社時間の記録（サーバーのアクセス履歴等）との間で突合している。</td></tr>
<tr><td>調査上の留意事項</td><td colspan="2">【全体】
就業規則等に切捨ての文言があれば違法となる。X 分単位にて申請することとなっていても、申請時間が実残業時間と全く同一か、より多い時間が申請できる（切り上げられる）のであれば違法にはならず、評価も 0 にはならない。上司である管理職の業務指示が X 分単位で行われ、それが実行されていることが確認できて初めて X 分単位の申請が実際の業務時間と合致していると判断される。X 分単位の目安としては、実時間以上であることが確認できる範囲であることから 15 分が限度と思われる。

【基準 5】
店舗勤務者についても、評価対象期間内に自己申告やタイムカード等により把握した労働時間と客観的な事業場在場時間に関するエビデンス（入退場記録等）を突合していることを要するものとする。サンプリングによる調査については、全店舗について 3 年程度の周期でローテーションしている方針が認められれば基準を満たすものとする。

【基準 5】
各人の客観的な在社時間の記録との突合を原則とするが、役職者の打刻とサーバー時</td></tr>
</table>

調査上の留意事項（続）	間との突合、最終退社時刻と個々の打刻との関係性の分析、詳細なアンケート結果の分析、サンプリングによる監視カメラの確認など、様々な検証手法を組み合わせている場合には、各人の客観的な在社時間の記録との突合と同等の実効性の高い検証方法・結果となっているかを総合的に判断し、基準を満たす場合もある。
確認証跡等	・給与規程 ・クルー社員給与規程 ・深夜割増（勤務表） ・深夜割増（賃金台帳） ・振替出勤（勤務表） ・振替出勤（賃金台帳） ・レコーダースキャン履歴と勤務表 ・勤務時間外 PC 操作ログチェック
社員会社（株）ダイナムの最新評価結果（2023年3月）	以下の通り、各基準について確認ができたので、評価を4とした。 【基準 1】 ・給与規程において、割増賃金について定めている。 【基準 2】 ・労働時間を切り捨てることなく、1 分単位で把握した労働時間に基づき割増賃金の支払いを実施している。 ・出勤表において、分単位で労働時間が記録されている。 【基準 3】 ・休日振替・代休に関する賃金清算を適切に実施している。 ・任意の対象者月次勤務表、および賃金台帳の実績を確認したところ、休日振替・代休における賃金清算が適切に実施されていた。 ・ダイナムでは代休取得の仕組みは取り入れていない。申請の際、振替出勤と振替休暇は必ずセットとなるよう勤怠システムにて制限されている。 【基準 4】 ・ID カードをレコーダーにスキャンすることにより、始業・終業時刻が勤怠システムに自動打刻される仕組みになっている。 ・レコーダーは本社の各フロア出入口付近と各事業所に設置されている。 【基準 5】 ・本部、統括従業員については、在宅時はトークグループでの報告、オフィス出社時は ID カードでのスキャンデータにより管理している。 ・他方、店舗においてはＩＤカードの打刻時間と客観的な在社時間の突合は、セキュリティを起動させる最終退館者以外は行われていないとのことであるので、基準 5 は満たさない。

分　類	態勢構築（労働法）
分類番号	TG10
目　的	管理職の範囲及び管理職に対する割増賃金の支給
調査項目	管理職の範囲は適切か、また管理職に対して割増賃金が適正に支払われているか。
基準に対する解説	【基準1】 就業規則・労働契約における管理職に対する深夜割増賃金の定めが適法に行われている。 【基準2】 基準（1）に加え、管理職の深夜労働時間の把握が切り捨てることなく適切に行われ、把握された深夜労働時間の全てに対して割増賃金の支払いが行われている。 【基準3】 基準（2）に加え、管理職の範囲を非正規従業員の採用・契約に関する権限および正社員への一次考課権限のいずれも有する者に限定している。 【基準4】 基準（3）に加え、労働時間の把握をタイムカード等の客観的な記録に基づいて行っている。 【基準5】 基準（4）に加え、労基法上の管理監督者の範囲を正社員に対する2次考課権限を有する者か経営上の重要事項に関する企画立案等の業務に従事する者に限定している。また、把握した労働時間をより客観的な在社時間の記録（サーバーのアクセス履歴等）との間で突合している。
調査上の留意事項	【基準1】 管理職の深夜割増賃金について、就業規則等に「基準内賃金に含める」等といった抽象的記載のみしかなされていない場合（明確区分性の要件を満たさない場合）は基準1を満たさないものとする。 【基準5】 いわゆるスタッフ職の管理監督者の該当性判断については、行政通達（昭和52年2月28日基発104号の2及び同105号）も踏まえて検討すること。部下なしの管理職について高度の専門性があるというだけでは経営者との一体的な地位が認められることにはならないことを留意すること。 【基準5】 店長の管理監督者の該当性判断については、いわゆるチェーン店の形態により相当数の店舗を展開して事業活動を行う企業における比較的小規模の店舗の店長等の管理監督者性の判断についての行政通達（平成20年9月9日基発0909001号）を踏まえて検討すること。

確認証跡等	・グループ幹部社員の評価・処遇に関する規程 ・勤務表（年俸 _ 深夜割増） ・賃金台帳（年俸 _ 深夜割増） ・人事制度集 ・勤務表（年俸） ・勤務時間外 PC 操作ログチェック
社員会社（株）ダイナムの最新評価結果（2023年3月）	以下の通り、各基準について確認ができたので、評価を5とした。 【基準 1】 ・給与規程・グループ幹部の評価・処遇に関する指針において深夜割増賃金について定めている。 【基準 2】 ・管理職の深夜労働時間は、ID カードの打刻により 1 分単位で把握しており、把握した深夜労働時間の全てに対して割増賃金の支払いを行っている。 【基準 3】 ・管理職者は非正規従業員の採用・契約に関する権限を有しており、正社員への一次考課権限についても、人事制度集の通り有している。 ・管理監督者に区分されているエリアマネジャーが非正規従業員の採用・契約に関する権限を直接有しておらず、実質的にという形で採用・契約に関与している状況となっている。 ・管理職者はエリアマネジャー以上の役職が該当する。 ・部下なしのマネジャーがいるのか、全員が二次考課件を有しているのか確認出来れば評価 5 の可能性もあり。 【基準 4】 ・管理職の労働時間は、ID カードの打刻により把握している。 【基準 5】 ・管理職の範囲を正社員に対する 2 次考課権限を有する者か経営上の重要事項に関する企画立案等の業務に従事する者（原則として部長以上）に限定している。 ・本部・統括事務所の従業員については、職位に関わらず、打刻時間と個人貸与 PC の操作時間の差異を確認し、差異事由の確認、及び指導を行っている。 ・エリアマネジャーは現在 58 名在籍しており、管理監督者手当ての支給対象者である。なお、グレードでは一般社員と幹部社員が混在しているが、一様に労務管理者である。エリアマネジャーは、店舗正社員の二次考課権限を有している。 ・管理監督者としての権限の妥当性を保つため、残業代を含めた給与額について、下位職との逆転が発生しないように調整している。 ・前回調査時（2019 年）に、本部管理職ポスト（マネジャー）については、部下なしの管理職の一部を EX（エキスパート職・時間管理対象）とするなど改善が認められていたが、その後の改善状況として、部下なしの管理職は存在しなくなり、かつ、MT グレード以下の二次考課権限を有していることが確認できたので、評価を 5 点とする。

分　類	態勢構築（労働法）
分類番号	TG11
目　的	休憩時間の確保
調査項目	休憩時間は自由に利用できるか。また休憩の施設は整備されているか。
基準に対する解説	【基準1】 雇用形態を問わず、就業規則・労働契約における休憩の定めが労働基準法に則り適法に行われている。 【基準2】 基準（1）に加え、事業所内に食事・休憩の専用のスペースがあり、休憩時間を自由に過ごすことができる。 【基準3】 基準（2）に加え、休憩時間の途中で日常的に呼び出しなどを受けることがなく、予定した時間が確保されている。 【基準4】 基準（3）に加え、休憩時間中に自由に外出することが可能である（届出・上長承認等の形式的な手続を要する場合も含む）。 【基準5】 休憩室の入退室に関するデータやチェックシートによる記録等により、休憩時間が適切に確保されていることが客観的に検証できる。
調査上の留意事項	【基準3】 休憩時の外出が、「届出制」ではなく「許可制」の場合、許可制と届出制とでは労働からの解放の実質的保障という意味において差異はあるものの、許可制も違法ではないというのが行政通達であるため、調査において休憩時間中の外出を積極的に不可としている事例が見受けられないのであれば、許可制であっても基準3を満たすこととする。 【基準3】 休憩室にインカムのスピーカーが設置されていてもインカムの内容を確認して対応することが義務付けられていなければ、基準は満たす。 【基準3】 役職者等が休憩を執務室でとっていたとしても休憩中の業務遂行が義務付けられていなければ、基準を満たす。 【基準3】 休憩中にインカムの装着が義務付けられていなくても、店舗調査において、休憩中に頻繁に呼び出しが発生している店舗が半数以上あった場合は、基準を満たさない。

調査上の留意事項（続）	【基準4】 　休憩中の外出は自由に可能と決められていても、シフト的に要員が不足して休憩中にインカムを外すことができない等の状況が1人でもいた場合は、実質的に外出できないのと同等と判断して基準を満たさない。 【基準5】 　休憩時間の確保が客観的に検証できるかどうかの判断にあたっては、基準にある例示の他にも、就業環境に関するアンケート調査を実施し、その中で店舗責任者を含めた店舗のスタッフが、就業規則所定の休憩時間を現実に確保できているのかどうかについての確認を行うなどの方法も考えられる。なお、調査については、TG9と同様に周期的にサンプリング調査を行う方針が確立していれば可とする。
確認証跡等	・就業規則（30、35条） ・【必読】「休憩時間に関する注意点」について ・添付（休憩時間に関する注意点（ガイドライン））
社員会社（株）ダイナムの最新評価結果（2023年3月）	以下の通り、各基準について確認ができたので、評価を4とした。 【基準1】 ・就業規則において、労働時間が8時間超は1時間、6時間超8時間未満は45分の休憩が規定され、運用においても同様となっている。 【基準2】 ・事業所内に食堂・休憩室を設けており、休憩時間を自由に過ごすことができる。 【基準3】 ・休憩時間の自由利用については「通達」を出しており、休憩時間途中での呼び出しはない。 【基準4】 ・所属長に届け出ることにより、休憩時間中に外出することができる。 ＜店舗調査＞ 　届け出による外出は可能か、休憩可能なスペースが確保されているかを実地確認する。 →店舗調査において問題ないことを確認した。 【基準5】 ・休憩時間が記録されておらず、休憩時間が適切に確保されていることが検証できないため、基準5は満たさない。

分類	態勢構築（労働法）
分類番号	TG12
目的	休日の確保
調査項目	休日はどの程度付与されているか。
基準に対する解説	【基準 1】 年間 53 日以上で週 1 日または 4 週 4 日が確保されている。 【基準 2】 年間 85 日以上で変形労働時間制の要件が満たされている。 【基準 3】 年間 105 日以上で、月間変形労働時間制またはフレックスタイム制の要件が満たされている。 【基準 4】 年間 105 日以上で、4 週あたり 8 日の休日が確保されている。 【基準 5】 年間 120 日以上で、完全週休 2 日の休日が確保されている。
調査上の留意事項	【全体】 パートタイマーが休日の基準を超えてより働きたいという希望があるケースについては、パートタイマーを無条件に評価対象外とするのではなく、時間外労働を含めた年間の総労働時間数が、対象会社における正社員の年間所定労働時間を超えていないことを条件として評価する。 【基準 4】 「4 週あたり」の起算日は、年度最初の日曜日とする。会社として起算日が定められている場合は、当該規定にしたがって確認する。

確認証跡等	・就業規則（34、35、40条） ・2023年3月期　年間休日カレンダー ・労働協約 ・変形労働時間制に関する覚書
社員会社（株）ダイナムの最新評価結果（2023年3月）	以下の通り、各基準について確認ができたので、評価を4とした。 【基準1】 ・全事業所ともに「1か月単位の変形労働時間制・年間117日」となっている。 【基準2】 ・基準1の通り年間休日数は満たし、1か月単位の変形労働時間制の規程と労使協定を結んでいる。 【基準3】 ・基準2の通り年間休日数・変形労働時間制の要件を満たしている。 【基準4】 ・変形労働時間シフトについて、必ずしも週休2日になるとは限らない場合がある。 ・ただし、変形労働時間シフトについては、平均週2日の休日が確保されているものの、完全週休2日ではない場合がある。 【基準5】 ・年間休日数117日であり、基準5は満たさない。

分　類	態勢構築（労働法）
分類番号	TG13
目　的	36 協定の遵守
調査項目	時間外または休日労働をさせる場合、36 協定は締結されているか。
基準に対する解説	【基準 1】 すべての事業場で 36 協定が締結され、届出が行われている。 【基準 2】 基準（1）に加えて、36 協定の内容が従業員に周知されている。 【基準 3】 基準（2）に加えて、36 協定を超過しないよう管理職が部下の労働時間をコントロールする仕組みを全社的に導入している。また、36 協定に特別条項がある場合、特別条項適用のための手続が協定に則って実践されていることが検証できる。 【基準 4】 基準（3）の仕組みの妥当性および遵守状況について、内部監査部門等の第三者により検証されており、継続的な改善が図られている。 【基準 5】 基準（4）に加えて、36 協定を超過する労働を行っている者が存在せず、かつ、労働時間の短縮に取り組んだ結果として顕著な実績が認められる。
調査上の留意事項	【基準 1】 締結・届出が行われている 36 協定については、旧法の経過措置が適用される 36 協定を除き、時間外労働の上限規制を定めた改正労基法の内容を満たすものでなければならない。 【基準 3】 「管理職が部下の労働時間を管理する仕組み」としては、リアルタイムでモニタリングし超過があればアラートにより確認できるような厳密な仕組みまでは必要とせず、一般的な勤怠管理システム等により管理職が部下の労働時間を把握できる仕組みがあれば可とする。 【基準 5】 労働時間短縮の顕著な実績については、正社員に関する①年間総実労働時間数の平均、②年間法定時間外労働時間数の平均、③年間法定時間外労働時間数が 360 時間超の正社員の全体に占める割合等を参考に判断する。判断にあたっては、正社員の年間総労働時間数の平均が 2000 時間前後で推移していること（上記①）、平成 10 年労働省告示により法定時間外労働の原則的な上限時間が年 360 時間とされていること（上記②、③）などを参考に、当該企業における労働時間数の経年変化なども踏まえて総合的に行う。具

調査上の留意事項（続）	体的な目安としては、①が2000時間未満、②が年360時間を下回っている、③が5%未満であるとともに、当該企業の取り組みとして前年よりも労働時間数が削減されている若しくは前年からの削減効果が引き続き維持されていると認められるのであれば可とする。判断基準の目安については、一般的な労働環境の状況などを踏まえて適宜見直しを図る。
確認証跡等	・36協定届 ・時間外労働に関する報告書 ・日次時間外45時間超過見込みリスト ・残業時間週間進捗一覧（店舗・統括） ・当月残業時間進捗一覧 ・【53期】部門個人別時間外（9月） ・360時間超過者チェック表（全員リスト・180時間以上）
社員会社（株）ダイナムの最新評価結果（2023年3月）	以下の通り、各基準について確認ができたので、評価を5とした。 【基準1】 ・全事業所の36協定の届出と周知は毎年3月に翌期分を実施している。 【基準2】 ・従業員周知については店舗・統括事務所は書面掲示、本部はイントラネットのポータル掲示をしている。 【基準3】 ・2015年より、労使合意のもと36協定の特別条項を設けており、突発臨時的な業務が発生する場合は、協定に則り、労働組合に報告を行っている。また、残業時間は毎週、進捗報告し長時間労働の未然防止に繋げている。 ・特別条項の適用に際しては、店舗毎にストアマネジャーが申請を行っている。 【基準4】 ・遵守状況については、毎月人事担当者が定期的に確認しており、かつ、超過者が発生した場合は原因を特定し、事業所単位で改善策を提出している。 ・一人当たり毎月3～5時間ほどの残業時間となっている。 【基準5】 ・特別条項事由以外の36協定超過者は発生していない。 ・時間外労働が360時間を超えていないかの調査については、年俸社員である管理職も調査対象としている。

<table>
<tr><td>分　　類</td><td>態勢構築（労働法）</td></tr>
<tr><td>分類番号</td><td>TG14</td></tr>
<tr><td>目　　的</td><td>年次有給休暇の確保</td></tr>
<tr><td>調査項目</td><td>年次有給休暇は付与されているか。</td></tr>
<tr><td>基準に対する解説</td><td>【基準 1】
労基法 39 条に定める日数が付与されている。

【基準 2】
パート・アルバイトにも有給休暇が法令に則り比例付与されている。

【基準 3】
シフトを決める際、有給休暇を指定し、シフト表を決定した後でも、適法な時季変更権の行使や時季指定義務の履行の場合を除いて従業員は自由に有給休暇を取得できることとなっており、有給休暇の取得実績が確認できる。

【基準 4】
有給休暇の取得率向上を図る仕組みがあり、取得状況を定期的に確認し、取得率が当年度付与日数の 50% を超過している。

【基準 5】
年次有給休暇の取得率が当年度付与日数の 70% を超過している。</td></tr>
<tr><td>調査上の留意事項</td><td>【基準 3】
有給休暇の取得実績については、傷病や慶弔事等のやむを得ない理由以外の休暇について正社員の取得実績を本社調査時にサンプリングにて確認する。取得率については基準 5 にて評価する。

【基準 5】
2016 年 7 月に有給休暇の取得率の向上を目指して以下を参考に 50% → 70% に修正。

【参考】
平成 27 年度就業条件総合調査　全体平均 47.6%　生活関連サービス業・娯楽業 38.2%、サービス業（他の分類されないもの）48.8%。他方で取得率 70% は、企業ランキングでは 122～123 位。小売業、サービス業では、三越伊勢丹ホールディングス 84.7%（3 年平均、以下同じ。34 位）、オリエンタルランド 82.2%（40 位）、高島屋 67.2%（154 位）など。</td></tr>
</table>

確認証跡等	・就業規則（43条） ・勤務地限定社員就業規則（48条） ・クルー社員就業規則（34条） ・休暇申請書（ワークフロー当日） ・年休取得率
社員会社（株）ダイナムの最新評価結果（2023年3月）	以下の通り、各基準について確認ができたので、評価を5とした。 【基準1】 ・就業規則、勤務地限定社員就業規則においてそれぞれ労基法39条に定める内容と同じ日数の有給休暇を付与することが定められている。 【基準2】 ・クルー社員（パート）については、法定通りの比例付与を行っており、その内容の通り、就業管理システムの設計がなされ、運用されている。 【基準3】 ・店舗における勤務シフトは、毎月月末までに翌月1日～末日分を作成しており、シフト作成にあたって、従業員から事前に有給休暇取得の申請があった場合は、極力、希望に添えるように対応している。 ・シフト表の決定後であっても上司が認めれば有給休暇の取得は出来るが、店舗においてはシフト勤務のため、就業規則上は2日前までに申請と規定し、当日の勤務に支障が出ないよう配慮されている。ただし、やむを得ない理由がある場合については、就業規則にも明記しているが、2日前までの申請は不要としている（前日や当日の申請も可）。 ・有給休暇はワークフローシステムにより申請を行う。但し、クルーの場合は、上位者が代理申請を行っている。 ・有給取得状況がよくない店舗については、ゾーンの人事担当に連絡が入るようになっている。 【基準4、5】 ・「6連続休暇」（社員であれば必ず1年に1回取得するよう定められている休暇）、「メモリアル休暇」という年休取得を促進する制度があり、2021年度の年次有給休暇の取得率は「75.5%」である。

<table>
<tr><td>分　　類</td><td>態勢構築（労働法）</td></tr>
<tr><td>分類番号</td><td>TG15</td></tr>
<tr><td>目　　的</td><td>家庭責任に対する休業の確保</td></tr>
<tr><td>調査項目</td><td>女性社員に対して産前産後の休業を付与しているか。また、育児・介護に関する休業の付与もしくは勤務時間短縮等の措置をとっているか。</td></tr>
<tr><td>基準に対する解説</td><td>【基準1】
正社員の就業規則に法令に則った産前産後休業、育児休業、育児時短、介護休業、介護時短、及び深夜業、時間外労働制限等の規定がある。

【基準2】
パート・アルバイトにも同様の規定がある。

【基準3】
女性従業員について、育児休業または介護休業などの事例がある。

【基準4】
仕事と家庭の両立の見地から、育児・介護に関する休業等の制度において、法令を上回る休業や時短等が認められている。

【基準5】
従業員の仕事と子育ての両立を図るための取り組みを継続的に検討・実施しており、かつ、その取り組み内容が「子育てサポート企業」（次世代認定マーク［くるみんマーク］）の認定基準を満たすレベルでの雇用環境の整備となっている。</td></tr>
<tr><td>調査上の留意事項</td><td>【基準1】
基準1に記載されている「法令に則った」規定整備との関係では、2022年4月と10月に順次施行されることとなった改正育児介護休業法（令和3年法律第58号）の内容を踏まえた規定整備が行われているかどうかをチェックする。</td></tr>
<tr><td>確認証跡等</td><td>・就業規則（42条）
・育児休業等に関する規程（2、5、10条）
・介護休業等に関する規程
・勤務地限定社員就業規則（47条）</td></tr>
</table>

確認証跡等（続）	・クルー社員就業規則（33条） ・育児休業取得実績 ・マタニティ制度一覧 ・マタニティ制度申請書 ・ダイナム行動計画（女性活躍推進法） ・ダイナム行動計画（次世代育成支援対策推進法） ・くるみんマーク認定申請（認定済） ・くるみん認定通知書（東京労働局）
社員会社（株）ダイナムの最新評価結果（2023年3月）	以下の通り、各基準について確認ができたので、評価を5とした。 【基準1】 就業規則に産前産後休暇、育児休業・育児時短・介護休業・介護時短・深夜業制限・時間外労働制限は育児休業規程と介護休業規程に規定している。 【基準2】 勤務地限定社員、クルー社員にも同様規程がある。 【基準3】 女性従業員に育児休業事例がある（2019年度149名取得、2020年度159名取得、2021年度133名取得）。 【基準4】 法令を上回る制度（「育児休業の延長（3歳まで）」、「勤務時間の短縮（小学校6年生の終期まで）」、「子の看護休暇（小学校6年生の終期まで）」）を規定しており、正社員・パート・アルバイトの区分なく取得が可能となっている。 【基準5】 男性従業員についても育児休業取得実績（2019年度47名取得、2020年度78名取得、2021年度132名取得）があり、行動計画についても社内・社外に周知されている。また、次世代育成支援対策推進法に基づく認定基準を満たし、プラチナくるみんマークの認定を受けている（2020年11月）。

分類	態勢構築（労働法）
分類番号	TG16
目的	健康診断の実施
調査項目	従業員に対して健康診断を行っているか。
基準に対する解説	【基準 1】 1 年に 1 度実施している。 【基準 2】 1 年に 1 度実施し、受診率は 90% 以上である。 【基準 3】 深夜業などの特定業務に従事する労働者に対しては、6 か月に 1 回実施している。 【基準 4】 深夜業などの特定業務に従事する労働者に対しては、6 か月に 1 回実施し、受診率は 90% 以上である。 【基準 5】 健康診断の結果、異常の所見（有所見）があると判断された場合には、法令に基づき医師等の意見を聴取した上で当該労働者の実情を考慮して、適切な就業上の措置（就業場所の変更、作業の転換、労働時間の短縮、深夜業の回数の減少等）を講じており、かつ、定期健康診断の結果に基づく保健指導や健康教育等、有所見率の改善に資する措置を計画的かつ効果的に実施していることが客観的に確認できる。
調査上の留意事項	【基準 3】 健康診断の対象となる深夜業従事者の抽出については、「6 か月間を平均して 1 か月あたり 4 回以上深夜業に従事した者」を対象にすべきである（安衛則 50 条の 2 参照）。 【基準 4】 深夜業などの特定業務に従事する労働者のみの受診率（他の労働者を含めた全体の数字ではない）として 90% 以上を求めるものである。 【基準 5】 健康診断結果（異常所見）に基づく意見聴取は健康診断実施後 3 か月以内に行い、その意見は健康診断個人票に記載しなければならないこととされているので（安衛則 51 条

調査上の留意事項(続)	の2）当該記載を確認すること。 【基準5】 使用者が講じている措置については、「定期健康診断における有所見率の改善に向けた取り組み（厚生労働省平成22年3月25日基発0325第1号）」なども踏まえて確認する。
確認証跡等	・【ご案内】2023年3月期一般健康診断について ・一般健診_巡回・施設健診事業所一覧 ・一般健診_施設健診受診方法 ・一般健診_人間ドック受診方法 ・2023年3月期「深夜業健診」について ・深夜業健診巡回・施設事業所一覧(DY) ・受診情報_人事システムにて管理、保管 ・【お知らせ】2021年度一般健康診断結果に係る就業判定対応について ・就業判定対応の手引き ・特定保健指導パンフレット ・特定保健指導の概要について（健保組合より） ・特定保健指導受診希望アンケート格納場所について
社員会社（株）ダイナムの最新評価結果（2023年3月）	以下の通り、各基準について確認ができたので、評価を3とした。 【基準1～3】 ・一般健康診断の受診率は90%を超えている。 ・深夜業などの特定業務に従事する労働者に対しては、6か月に1度健康診断を実施している。 【基準4】 ・深夜業などの特定業務に従事する労働者の受診率は2021年で72.4%であり、基準である90%には到達していない。 【基準5】 ・専門業者と業務委託契約を行い、就業判定を実施している。 ・健康診断結果に一定の基準を設け、その基準値をオーバーしている従業員に対しては、健康状況の把握、就業措置の判定を行っている。また、医師の診断内容によっては、就業制限・配置転換・休業等の対応を行っている。

分　類	態勢構築（労働法）
分類番号	TG17
目　的	ストレスチェック・メンタルヘルスケア
調査項目	従業員に対してストレスチェック・メンタルヘルスケアを行っているか。
基準に対する解説	【基準 1】 法の定める対象事業場（常時 50 人以上の労働者を使用する事業場。以下「法定事業場」という）において対象労働者に対するストレスチェックを実施している。法定事業場のない会社についてはストレスチェックに準ずるセルフケア支援のための何らかの取り組みを実施している。 【基準 2】 法定事業場においては、ストレスチェックに関する制度の実施を社内規程で定め、その内容が従業員に周知され、イントラネットなどで対象労働者に受検勧奨していることが客観的に確認できる。法定事業場のない会社においては、基準（1）の取り組みを継続的に実施している。 【基準 3】 法定事業場においては、ストレスチェック等の結果に基づき、医師による面接指導・意見聴取・就業上の措置・実施状況の監督官庁への届出が行われている。法定事業場のない会社においては基準（2）の措置の内容について定期的に内容を点検し、必要に応じて見直しを行っている。 【基準 4】 法定事業場においては、職場ごとの集団分析が行われているととともに、その結果に基づく職場環境改善のための取り組みが行われている。法定事業場のない会社においても、職場面談などの職場環境の把握とその改善のための何らかの取り組みを行っている。 【基準 5】 基準（4）までの措置が全ての事業場の全ての従業員を対象として継続的に実施されているほか（但し、法定事業場のない会社における監督官庁への届出は除く）、メンタルヘルスケアに関する相談窓口が設置・周知されたり、ラインケアに必要な教育研修を実施するなど職場環境の把握とその改善のための取り組みが行われている。

調査上の留意事項	【全体】 ストレスチェックの実施が義務づけられている対象事業場のある会社（対象会社）と対象事業場のない会社（非対象会社）で評価基準を分けている。 【全体】 対象会社については、1～3点で法令遵守のレベルを確認し、4点では努力義務となっている集団分析の実施とその結果を踏まえた職場環境改善のための取り組み実績を確認する内容となっている。 非対象会社については、必ずしも法令に基づくストレスチェックの実施を義務づけるものではないが、これに準ずるセルフケア支援のための何らかの取り組みを必要とし（1点。例として社内報などによるセルフケアのための情報提供など）、これが継続的に実施され（2点）、定期的に内容の点検を行っていることを評価対象としている（3点）。 【基準4】 集団分析の実施とその結果を踏まえた職場環境改善のための取り組みに準ずる職場環境の把握とその改善のための何らかの取り組み（例として職場巡視や職場面談の実施などによる情報の収集とその分析、改善策の実行など）がなされていることを評価対象としている。 【基準5】 対象会社・非対象会社を問わず、全事業場の全従業員を対象（法令上は、50人未満の事業場や一部パート労働者などは対象外となっている）としてストレスチェックを実施していることに加えて（但し、非対象会社は実施状況を監督官庁へ届け出る必要はないのでこの点は不要とする）、相談窓口の設置・周知や教育研修の実施など職場環境の把握とその改善のための取り組みが制度的かつ継続的かつ全社的に行われていることを評価対象としている。

確認証跡等	・受検方法案内資料 ・【お知らせ】2022 年度（56 期）ストレスチェックの実施について ・添付②_ストレスチェックとは ・2022 年度ストレスチェック集団分析レポート ・【お知らせ】新サービス利用開始のご案内 ・団体保険付帯サービスのご案内 ・サービス利用案内ポスター ・TA 交流分析（自我状態・やりとり分析・ストローク）
社員会社（株）ダイナムの最新評価結果（2023年3月）	以下の通り、各基準について確認ができたので、評価を 5 とした。 【基準 1】 2022 年度については全事業所にて、2022 年 9 月にストレスチェックを実施済である。回答率は 89.0% となった。 【基準 2】 ストレスチェックの実施については社内規程にて定めている。また、その内容をイントラネットで掲示し従業員に周知している。その他に実施案内文なども配信し受検勧奨を実施している。法定内外事業所のストレスチェックも継続して実施している 【基準 3】 ストレスチェックの結果に基づき、法定内外の事業所の高ストレス者に対し、保健師による面接指導を行っているが、医師面接を希望される従業員は 0 名であった。また、実施報告書は労働基準監督署に提出済である。 【基準 4】 職場ごとの集団分析を行い、結果をフィードバックしている。また、その際に今後の改善内容を話し合い職場環境の改善に努めている。 【基準 5】 全従業員を対象にストレスチェックを実施している。外部メンタルケアに関する相談窓口を用意し、いずれも社内報等で周知している。また、高ストレス者群に対してはメールまたは書面にて医師面談勧奨を行うほか、職場以外の相談窓口を掲載した冊子を作成し、職場以外の相談窓口を紹介することで、相談窓口を増やしている。

現在、相談窓口としては2つのサービスを活用している。

教育研修としては、ゾーン人事労務担当に対して、コミュニケーション理論（交流分析等）の勉強会を実施し、客観的、学術的な視点での課題改善手法の教育を実施している。

分類	態勢構築（労働法）
分類番号	TG18
目的	安全衛生管理体制の構築
調査項目	労働安全衛生法に則って、衛生委員会を設置し、衛生委員会での調査審議を通じて職場における安全衛生上の問題点の改善が図られているか。
基準に対する解説	【基準1】 本社において、産業医（産業医の選任義務がない場合でも産業医に準じる顧問医）が選任されており、当該産業医・顧問医が事業者から適切な情報の提供を受けて長時間労働者の面接指導の実施をはじめとする従業員の健康管理に関する業務に従事していることが確認できる。 【基準2】 本社において衛生管理者ないし衛生推進者が選任され、かつ、本社において衛生委員会（衛生委員会の設置義務がない場合は衛生委員会に準じる委員会等）が組織されており、当該委員会が労働衛生ないし従業員の健康管理に関する調査・審議をしていることが確認できる。 【基準3】 設置・選任が必要なすべての事業場において、産業医、衛生管理者、衛生推進者、衛生委員会の設置・選任が行われるとともに、衛生委員会若しくはこれに準じる委員会については1か月に1回以上開催され、その議事の概要が従業員に周知されていることが確認できる。 【基準4】 基準（3）に加え、衛生委員会若しくはこれに準ずる委員会において、メンタルヘルスや過重労働対策等の問題に加え、重量物の取扱い、高所作業、騒音、受動喫煙対策といったパチンコホールに特徴的な労働安全衛生上の問題に関する事項（健康障害・危険防止や労働災害の再発防止に関する事項）について、具体的な調査・審議がされていることが確認できる。 【基準5】 基準（4）に加え、衛生委員会若しくはこれに準ずる委員会における調査・審議の結果（事業者に対する意見具申）が職場における危険防止・健康障害防止の対策に具体的に反映されるとともに、衛生委員会若しくはこれに準ずる委員会においてこうした対策の実

	施状況の点検・評価が行われていることが確認できる。
調査上の留意事項	【全体】 店舗の騒音については、地域住民への配慮（TD)、顧客への快適な遊技環境の提供（TD)、過大な営業対策の防止（TF)、従業員の安全な労働環境の確保（TG）の観点から評価する。 【全体】 労働安全衛生法では、50人以上の事業場に対する規制となっているが、PTB評価では、50人以上の事業場が存在しない場合であっても全社の従業員が50人以上である場合には、労働者に対して同等の安全衛生管理が必要と考えて評価基準を設定している。尚、10人以上50人未満の事業場についても衛生推進者の選任は求められており、実際の不備指摘事例もある。 【基準1】 事業主からの適切な情報提供にあたっては、事業主として安衛法66条8の3に基づく労働時間の状況の把握が行われていることが前提となる。また、事業者から産業医・顧問医に対して、提供されるべき情報及び提供時期は、下記の通りとする（産業医選事業場について、労安衛法13条4項、同13条の2第2項、安衛則14条の2第1項、第2項、15条の2第3項を参照。50人未満の事業場については、努力義務となっているが、PTB評価では、50人以上の事業場が存在しない場合であっても全社の従業員が50人以上である場合には、労働者に対して同等の安全衛生管理が必要と考えて評価基準を設定していることはこれまで通り)。 ア　①健康診断②長時間労働者に対する面接指導③ストレスチェックに基づく面接指導実施後の既に講じた措置または講じようとする措置の内容に関する情報（措置を講じない場合はその旨・その理由） 提供時期：①～③の結果についての医師または歯科医師からの意見聴取を行った後遅滞なく提供すること。 イ　時間外・休日労働時間が1月当たり80時間を超えた労働者の氏名・当該労働者に係る当該超えた時間に関する情報 提供時期：当該超えた時間の算定を行った後、速やかに提供すること。 ウ　労働者の業務に関する情報（作業環境、労働時間、作業態様、作業負荷の状況、深夜業等の回数・時間数など）であって産業医が労働者の健康管理等を適切に行うために必要と認めるもの 提供時期：産業医から当該情報の提供を求められた後、速やかに提供すること。

調査上の留意事項（続）	【基準3】 産業医及び衛生管理者を選任すべき事由が発生した日から14日以内に選任していなかったとしても、調査時点において産業医及び衛生管理者が適切に選任されており、かつ、産業医及び衛生管理者を選任すべき事由が発生したときから2か月以内に選任されている場合には、他に基準3を満たさない事情がある場合を除き、基準3を満たす。衛生管理者であれば、第一種衛生管理者・第二種衛生管理者免許試験が、全国7箇所で最低月1回以上実施されていることに鑑みれば、2か月程度あれば従業員に必要な資格を取得させることが可能である。 【基準3】 労働安全衛生法及び同法施行令に施行にあたって、「常時当該各号に掲げる数以上の労働者を使用する」については、日雇労働者、パートタイマー等の臨時的労働者の数を含めて、常態として使用する労働者の数が本条各号に掲げる数以上であることをいうものであること、いう通達（昭和47年9月18日基発602号）があることを踏まえて判断する。
確認証跡等	・産業医委嘱契約書 ・安全衛生管理規程【DY】 ・衛生委員会規程【DY】 ・56期_衛生委員会委員推薦状 ・当期_衛生委員会議事録 ・労災管理表（件数推移） ・労災ニュース ・【56期】安全衛生管理計画 ・【56期】心と身体の健康づくり推進計画
社員会社（株）ダイナムの最新評価結果（2023年3月）	以下の通り、各基準について確認ができたので、評価を5とした。 【基準1】 産業医を選任している。また、産業医、EAP精神保健福祉士による健康管理に関する面談や健康診断結果の確認業務を実施している。他に、健康保険組合保健士による特定保健指導面談、重症化予防面談などを実施している。 【基準2、3】 衛生委員会については、衛生委員会規程に定められており、衛生管理者（2名）を選

任している。また、衛生委員会委員は、労働組合の推薦を受け代表取締役承認後に決定している。

衛生委員会は産業医出席のもと、毎月1回以上開催し、その議事内容を周知している。また、従業員数が50名以下の事業所でも月に1回以上の職場内MTと職場巡視を実施し、議事内容を周知している。

【基準4】

労働災害の発生事例をリスク分析し、衛生委員会等で対応を協議している。また、喫煙率の低減、従業員の健康増進に向けた取り組み、腰痛防止体操の促進や熱中症予防、凍結転倒事故防止の促進なども行っている。従業員が50名以下の事業所でも職場巡視チェックリストに「ヒヤリ」「ハッと」の項目を追加し、労働災害の未然防止および再発防止に努めている。

偶数月に職場環境チェックというアンケートを行っており、喫煙状況や業務災害等の確認を出来るように努めている（ストアマネジャー、物流センター長）。

【基準5】

前月の「ヒヤリ」「ハッと」を確認し、次月の状況確認と改善対策の状況を把握し、必要に応じた指導・改善を行っている。

<table>
<tr><td>分　類</td><td>態勢構築（労働法）</td></tr>
<tr><td>分類番号</td><td>TG19</td></tr>
<tr><td>目　的</td><td>労働保険・社会保険の加入と上乗補償</td></tr>
<tr><td>調査項目</td><td>労働保険・社会保険に加入しているか。また、休業・休職に関する上乗補償制度等を導入しているか。</td></tr>
<tr><td>基準に対する解説</td><td>【基準 1】
正社員について、労働保険（労災保険・雇用保険）・社会保険（健康保険・厚生年金保険）に加入している。

【基準 2】
基準（1）に加えて、非正社員についても、一定の要件を満たした従業員について労働保険・社会保険加入の実態があることが確認できる。

【基準 3】
基準（2）に加えて、非正社員の労働保険・社会保険加入が適切に行われている。

【基準 4】
従業員の業務上の傷病に対して上乗補償の定めが設けられている。

【基準 5】
私傷病休職者が傷病手当金を超える所得補償を受けながら療養に専念したうえで職場復帰が可能となる仕組みがあり、がん患者の就労支援制度など病気の治療と仕事の両立の促進に向けた具体的な取り組みなど従業員の業務外の傷病に対して格別の配慮を行う仕組みが制度化されている。</td></tr>
<tr><td>調査上の留意事項</td><td>【基準 2】
労災保険については、すべての「労働者」が対象となる。雇用保険・社会保険については、週の所定労働時間などによって取扱いが異なる。

【基準 3】
介護保険料などの法定福利費全般の支払状況をチェックする。

【基準 4】
例えば、私傷病休職者の所得保障制度や労災の上積補償制度など労働者のセーフティネットとなるような手厚い制度の有無をチェックする。

【基準 5】
以下の①を必須としつつ、②で例示したような制度の他、①をさらに拡充したような格別の取り組みがなされているような場合には、その点を含めて、「従業員の業務外の傷病に対して格別の配慮を行う仕組みが制度化されている」といえるかどうかを総合的に判定する。①所得補償を受けながら療養に専念し職場復帰が可能な仕組み②病気の治療</td></tr>
</table>

	と仕事の両立の促進に向けた具体的な取り組み
確認証跡等	・労災保険率決定通知書H 31DY ・社会保険加入チャート ・クルー社員社会保険加入申請書 ・就業規則 ・慶弔見舞金規程
社員会社（株）ダイナムの最新評価結果（2023年3月）	以下の通り、各基準について確認ができたので、評価を5とした。 【基準1】 ・正社員については、全員労働保険・社会保険に加入している。 【基準2】 ・非正社員（勤務地限定社員・クルー社員）についても条件を満たす場合は労働保険・社会保険に加入している。 ・物流の拠点は全部で16拠点ある。 【基準3】 ・2016年10月からの厚生年金保険・健康保険の加入対象の拡大に伴い、加入条件が分かるチャート図などを作成し、従業員に周知している。 ・加入者一覧にて、非正社員（勤務地限定社員・クルー社員）を含み、条件を満たす場合は労働保険・社会保険に加入していることについてとりまとめている。 【基準4】 ・就業規則において、業務上の傷病については、平均給与相当の補償を行う旨を規定している。また、慶弔見舞金規程において傷病見舞金を支給する旨を規定している。 ・後遺症が残る場合、傷病見舞金のほか、上乗補償が支給される。 ・会社として任意労災保険へ加入し、労働災害が発生した場合には速やかに給付手続をとっている。 【基準5】 ・業務外の傷病については、最大1年6か月の休職を取得し治療に専念することができる。 ・有給休暇最大40日に加え、病気有給休暇を40日取得することができ、休職前に最大80日間（公休を含み約4か月間）の有給休暇を取得することができる為、その期間の所得は補償されている。 ・メンタル不全の従業員に対しては、実家への引越し代の補助や引越しの際の敷金の補助等を実施している。

分類	態勢構築（労働法）
分類番号	TG20
目的	ハラスメントの防止
調査項目	ハラスメントの防止対策・事後対応が適切に行われているか。
基準に対する解説	【基準1】 就業規則等にハラスメントの防止に関する規定があり、従業員に周知が行われている。 【基準2】 ハラスメントの防止に関する研修・教育を階層別など、適切な方法で定期的に実施している。 【基準3】 基準（1）及び基準（2）に加え、ハラスメントに関する苦情・相談窓口が整備され、申し立てられた事案は適切に処理されている。 【基準4】 基準（1）～（3）に加え、ハラスメント問題について、実際の事例に則した再発防止策が全体的に講じられ、かつ、定期的に見直し・点検が行われている。 【基準5】 基準（4）に加え、顧客や取引先からの従業員のハラスメント被害に対して事前の準備が講じられ、かつ、実際に起こった場合の対応が適切に処理されている。
調査上の留意事項	【基準1～4】 「ハラスメント」とは、法律上、使用者に雇用管理上講ずべき措置が義務づけられている、以下の3つのハラスメントを対象とする。 ①パワーハラスメント ②セクシュアルハラスメント、 ③妊娠・出産・育児休業等に関するハラスメント（いわゆるマタニティーハラスメント） 【基準5】 「事前の準備」とは以下のようなものが想定される。 ①事業主としての基本方針・基本姿勢の明確化、従業員への周知・啓発 ②従業員（被害者）のための相談対応体制の整備 ③対応方法、手順の策定 ④社内対応ルールの従業員等への教育・研究　など
確認証跡等	・就業規則 ・コンプライアンス規程 ・ハラスメント防止教育資料 ・ハラスメントに対するガイドライン ・相談窓口資料（社内報抜粋） ・アンケート実態調査結果

確認証跡等（続）	・トップメッセージ ・ダイナムジャパンホールディングスグループ企業行動憲章 ・ハラスメント撲滅通知文 ・懲戒告知文 ・事件事故マニュアル（お客様からのセクハラ）
社員会社（株）ダイナムの最新評価結果（2023年3月）	以下の通り、各基準について確認ができたので、評価を5とした。 【基準1】 ・ハラスメントについて、就業規則に防止に関する規定がある。 ・人事部への申出が出来る旨の規定がある。 【基準2】 ・グループ全従業員に対して、継続的にWEBでのハラスメント防止教育（パワハラ、セクハラ、マタハラ、LGBTへのハラスメント等）と確認テストを定期実施している。 ・各ゾーンでのハラスメントに対する勉強会の実施、ハラスメント防止に対する通達を配信し注意喚起を行っている。 ・ハラスメントに対する会社としての姿勢を示すため、内規としてのガイドラインを掲示している。 【基準3】 ・ホットライン通報窓口が設置され、通報があった場合は、弁護士を含めた調査チームが事実確認を行い、ハラスメントの事実があった場合は、懲戒委員会への諮問が行われる運用となっている。 【基準4】 ・「ハラスメントに対するガイドライン」において、パワーハラスメント関する事項が規定されている。また、当資料はイントラネットに公開されている。 ・ハラスメント防止に関する教育については、パワーハラスメントも含んでいる。 【基準5】 ・企業行動憲章を制定し、全店舗にて朝礼時に唱和を行うとともに、懲戒処分になった事案については、各店舗に都度、配信し、再発防止策を提案している。 ・ゾーン協議会において、懲戒事案に基づいたケーススタディを使用し、各ストアマネジャーに教育を行っている。 ・また上記教育の際は店舗における再発防止策の検討を行い、店舗ごとの再発防止策の実施を促している。 ・懲戒処分が発生した場合、本人が特定できないよう内容を抽象化した上で社内通知しており、再発防止に取り組んでいる。 ・事件事故マニュアルにおいて、お客様からのセクハラを受けた場合のマニュアルを社内イントラネットに掲載し、顧客・取引先との関係におけるセクハラ防止対策が行われている。

分　類	態勢構築（労働法）
分類番号	TG21
目　的	障害者の雇用・活用
調査項目	障害者の雇用・活用について、積極的に取り組んでいるか。
基準に対する解説	【基準 1】 障害者雇用の実現に向けた取り組みを行っている。 【基準 2】 障害者雇用率が全国平均を上回っている。 【基準 3】 障害者雇用率が法定雇用率以上である。 【基準 4】 基準（3）を達成するとともに、障害者の活用分野を増やす取り組みを行っている。 【基準 5】 障害者が管理職など重要な地位に登用されているか、または、障害者雇用率が 3% 以上ある。
調査上の留意事項	【基準 5】 特例子会社の管理職については、通常の事業会社の管理職に相当するような重要な地位と権限を有していることを必要とする。 【基準 5】 「管理職など重要な地位に登用されている」だけでは、精神障害や知的障害を有する者を多く雇用している場合には、基準 5 を満たすことは困難となってしまう。そこで、追加する評価要素として、客観的な判断が容易な障害者雇用率を基礎とし、法定雇用率が 2% であること、平成 29 年の民間企業における障害者の実雇用率が 1.97%、公的機関（国）の実雇用率が 2.50% であること等に鑑み、障害者雇用率が 3% 以上としている（2019 年 4 月現在）。
確認証跡等	・2022 年障がい者雇用状況報告書 ・障がい者の正社員制度 ・限定職正社員登用試験結果

以下の通り、各基準について確認ができたので、評価を5とした。

【基準1】
・店舗の事務担当者、物流センターの事務担当者において、障がい者を積極的に採用している。

【基準2、3】
・2022年6月労働基準監督署届出時点でDYJHグループ全体で2.81%であり、全国平均（2022年厚生労働省発表）の2.25%、法定雇用率2.3%を上回っている（ダイナム単体では2.58%）。

【基準4】
2021年障がい者の店舗事務クルーと本部業務とのマッチング、障がい者の活用分野を増やす取り組みを行い、2022年には障がい者の正社員登用制度を導入、登用試験を実施し、実際に2名を正社員登用した。

【基準5】
・障がいのある社員で部門長に登用されているものがいる（1名）。障がい者雇用率3%以上は満たさない。

分　類	内部監査
分類番号	TH1
目　的	内部監査体制の構築
調査項目	他の部署から独立し適任者が配属された内部監査担当部署が設けられ、会社の行動規範を遵守させるための監査体制ができているか。
基準に対する解説	【基準 1】 経営者あるいは担当役員の指示に基づき、独立した状態における内部監査担当者を設置し、内部監査がおこなわれている。 【基準 2】 経営から独立した内部監査部門が設置されており、内部監査部門に一定の人員数、権限、予算等が与えられている。 【基準 3】 全社を網羅的に監査するのに必要な人員数、権限、予算等が与えられており、かつ、当該権限を実質的に行使することができる内部監査部門長が任命されている。また、内部監査担当者に必要な専門性についての教育研修計画が策定・実行され、計画的に人材育成に取り組んでいる。 【基準 4】 基準（3）に加え、全社を網羅的に監査する上で必要なスキル要件が定義され、当該スキルの保有状況を定期的に評価している。また、スキル評価結果に基づく教育研修計画が策定・実行されている。かつ必要な専門性をもった内部監査経験豊富な人材が採用・異動により確保されている。 【基準 5】 基準（4）に加え、定期的なスキル評価において、全社を網羅的に監査する上で必要なスキル要件が達成されている、あるいは、社内外から人材を調達することにより、不足するスキルを補完できていることが検証可能である。
調査上の留意事項	【基準 2】 「経営から独立した内部監査部門」については、監査委員会または社長直轄である場合は可とする。その他の取締役の直轄組織である場合は、当該取締役の管掌範囲の監査において独立性を損なわないよう補完的な手段が講じられていることをもって可とする。 「全社を網羅的に監査」とは、必ずしも「組織」の切り口で網羅することを求めるもので

調査上の留意事項（続）	はなく、「業務」などの切り口で網羅することも可とする。 【基準3】 「権限を実質的に行使することができる」については、経営者、担当役員などの意向により、監査を実施できない聖域がある場合には不可とする。ただし、リスクが低い、内部監査部門のスキル不足などの合理的な理由により、監査を実施しない領域がある場合については、「権限の制約」にはあたらないため、不可としない。 【基準4】 「スキル要件が定義され」については、全員一律のスキルではなく、役割（部門長、管理職、企画担当者、主査、監査担当者など）に応じて不可欠なスキルを定めることをもって可とする。「スキル評価結果に基づく教育研修計画が策定・実行」については、上記のスキル要件の保有状況を少なくとも１年に１度評価を行い、その評価結果により不足すると評価されたスキルを身に着けるための方策（外部研修、内部研修、OJT、資格取得、書籍精読など）を計画書に定め、当該計画を実行することをもって可とする。 【基準5】 「スキル要件が達成」については、担当者個人ではなく、内部監査部門としてのスキル保有状況を評価するものである。スキル不足により監査範囲が限定される、あるいは、スキル不足のまま監査を強行することがないことが前提となる。したがって、全社を網羅的に監査する上で必要なすべてのスキルを内部監査部門として保有していることをもって可とする。ただし、必ずしも内部監査部門内ですべてのスキルを保有することを求めるものではなく、スキルが不足する領域については、社内の他部門から監査要員（ゲスト監査人）を調達する、あるいは、社外の専門家を活用する等の方策により補完できている場合は可とする。
確認証跡等	・インスペクション規程 ・内部監査規程 ・担当者別知識一覧 ・担当者別スキル一覧 ・監査部 —56期 — 予算案件管理表 ・監査部 _ 組織図 ・定時監査委員会議事録 ・社長報告実績

確認証跡等（続）	・【押捺申請・承認】2022年10月4日監査報告 ・システム監査のサポートについて ・(監査法人参加依頼メール)【ご連絡】金商法監査ヒアリングの件
社員会社（株）ダイナムの最新評価結果（2023年3月）	以下の通り、各基準について確認ができたので、評価を5とした。 経営から独立した内部監査部門が設置されており、内部監査部門に一定の人員数、権限、予算等が与えられている。 内部監査担当者に必要なスキル要件が定義され、当該スキルの保有状況を定期的に評価しており、スキル評価結果に基づく教育研修計画が策定・実行されている。また、必要な専門性をもった人材が採用・異動により確保されている。以上より、基準5を満たしている。 【基準1】 ・内部監査規程、インスペクション規程に組織、監査範囲、権限が規定されており、独立性は確保されている。内部監査規程は、直近では2021年に改訂している。 【基準2、3】 ・監査部の人員は2022年12月1日現在、部門長を含め8名在籍しており、本部を拠点として店舗・本部・グループ会社を網羅的に監査・インスペクションを行っている。 ・加えて2名は人材育成の一環として、社外出向にて、他社監査を経験中であり、来期監査部に戻る予定。 ・交通費及び教育等の必要な経費は全て予算化されている。 ・教育については、担当者別知識一覧、担当者別スキル一覧をもとに部員のスキルに応じた社外研修受講のほか、資格・検定試験の受験等を通じ、部全体の技術向上に努めている。スキルは部門長および担当マネジャーにより点数評価されている。 ・簿記3級とITパスポートは今後2年間で取得必須とする予定である。その他、専門性に応じて、QIA、ビジネス法務検定、CFE等を取得しているメンバーがいる。教育は計画をたててセミナー受講等を実施している。 【基準4】 ・評価基準を定めた能力評価基準を使用し、監査を実施するうえで必要とされる能力を洗い出し、充足状況を確認している。年度ごとに更新され、結果は年度の教育計画に反映される。

・店舗臨店は店舗の役職経験者以上の人材を中心に実施している。また、監査担当についても、ほぼ店舗役職経験者であるほか、経営管理、財務・経理部門、リスク管理部門、人事・総務部門、設備部門等に関わる業務の経験者が在籍しており、それぞれの業務に精通していると考えられる。また、監査関連資格保持者も複数名在籍している。

【基準5】
・スキル管理については、担当者個人の評価とは別に部全体としての評価も実施している。監査の対象業務ごとに適応レベルが評価され、充足状況が確認されている。
・システム監査等専門的なスキル要件が不足している場合には、部外担当者と協同して監査を実施するなど、不足するスキルを補えるよう対策をしている。また、監査によっては、監査法人がヒアリング等に同席することによって、不足するスキルの補完に努めている。
・現在は、部門内で概ね網羅的にスキル補完しあっており、最低限の内部監査を行う上で不足してはいない。ただし、ITなど日々の変化が激しい専門性について、より深い内部監査を行う上では不足している部分はある。

分　　類	内部監査
分類番号	TH2
目　　的	内部監査計画の適切性
調査項目	内部監査人は自らの職務を遂行するため、具体的な年間計画をたて、必要に応じ社内の関係者と連携して、その職務を遂行しているか。
基準に対する解説	【基準 1】 年度内部監査スケジュールが策定されている。 【基準 2】 年度内部監査計画が策定され、取締役会または社長の承認を受けている。 【基準 3】 中期または年度の内部監査計画の作成手順が内部監査規程、マニュアル等に定められており、当該手順に準じて、一定期間内に全店舗・全部署・全子会社を監査できる計画が策定されている。 【基準 4】 内部監査計画の策定に当たって、会社の抱えるリスクの評価結果を反映させて、監査対象部署・業務・項目を重要度に応じて決定していることが具体的に検証可能である。 【基準 5】 社内外の環境変化、関連法規の制定・改定、自社および同業他社における事件・事故・不祥事等の発生状況、リスク管理部署等によるモニタリング結果等を内部監査部門で検討し、監査対象部署・業務・項目を重要度に応じて決定していることが具体的に検証可能である。さらに、期中においても重要なリスク事象が発生した場合においては、適時経営者と協議の上、内部監査計画の見直しの必要性が検討されている。
調査上の留意事項	【基準 2】 スケジュール表だけでは具体的な計画とは言えないため、監査計画書の作成が必要である。年度内部監査計画には、以下の事項が含まれていることを確認する。 －年度監査方針 －監査対象部署・業務 －監査実施時期 －監査実施体制・要員

<table>
<tr><td>調査上の留意事項（続）</td><td>【基準 3】
店舗については少なくとも全店舗を 1 年に一巡する計画を策定する必要がある。本社部署については、毎年監査を計画する必要はないが、3 年等の一定の期間内に全部署を一巡する計画を策定する必要がある。

【基準 4】
各部署の組織・業務特性を踏まえて、会社の抱えるリスクと各部署の紐付けを行った上で、リスクの高い部署・業務・項目について、優先的に監査が行われるようメリハリのある監査計画を策定する必要がある。

【基準 5】
社内だけでなく、外部にも目を向けて会社が曝される恐れのあるリスクを考慮し、監査計画に反映する必要がある。また、リスク管理部署との連携が密になされていることが必須である。リスク管理部門等の評価結果を監査計画の基礎として無条件に受け入れるべきでなく、内部監査部門として独立的にリスク評価結果及びその評価プロセスについて妥当性を評価すべきである。</td></tr>
<tr><td>確認証跡等</td><td>・2022 年 3 月期総括・2023 年 3 月期 DYJH グループ監査計画
・DYJH グループ中期監査計画（5 か年）
・監査中間報告書（店舗モニタリング）
・店舗事務所モニタリングサマリ
・DYJH グループ遵法関連対応監査結果報告書
・内部監査実施手順書
・【計画表】遵法監査・モニタリング
・56 期臨店報告書
・リスク分析評価作業手順書
・リスク評価に基づく計画の策定（リスク評価手順書）
・【55 期】部門別リスク評価
・【55 期】リスク評価（DYJH グループ）
・2023 年 3 月期　年間監査計画スケジュール
・役員報告資料　2022 年 3 月期監査計画の一部変更について</td></tr>
</table>

以下の通り、各基準について確認ができたので、評価を5とした。

本社監査、インスペクション担当とも年間監査計画を作成し、計画に基づいて定期的に監査を実施している。

店舗監査については、基準書の定めに則ってリスク抽出・評価を実施した上で点検項目を確定し、年間実施計画を策定している。

本社監査については、リスクマップ、リスク管理台帳、PTB調査結果、重要業務3点セット等を基礎とするリスクベースによる監査計画の策定スキームが構築され、当該スキームに基づいて監査計画が策定されている。

期中において重要なリスク事象が発生した場合は、経営者と協議の上、監査計画の変更を検討している。以上より、基準5を満たしている。

【基準1、2】

・年度監査計画を作成し社長承認を受け、承認された計画に基づき監査を実施している。

【基準3】

・内部監査実施手順書に中期計画の作成手順が定められている。
・全部署・全子会社については、これまで通り一定期間内に監査を実施している。
・店舗実査については、コロナ禍という状況を勘案し、今年度は店舗全店を対象に映像によるリモートモニタリングに加え、1日複数店舗臨店する体制を組み合わせ、効率的かつ効果的な監査を実施している。
・リモートモニタリングは、出退勤、勤怠、金銭管理、掲示物などを監視カメラおよびシステムを通じて実施している。事前に監査通知している。
・金銭管理が不適合率20～40%前後だったため、役員から四半期報告を求められ、徐々に改善してきている。
・65店は、リモートモニタリングとは別に、実際に臨店して監査する。

【基準4、5】

・監査計画の策定に当たっては、リスク管理部が取り纏めたリスク管理台帳を基にリスクの評価を実施し、リスクマップを作成、監査対象部署・業務・項目を重要度に応じて決定している。
・店舗インスペクションは、リスク分析評価作業手順書に基づきリスク抽出・評価を実施した上で、点検項目を確定し臨店計画を策定している。

社員会社（株）ダイナムの最新評価結果（2023年3月）（続）	・固有リスク、統制状況がともに高いものは、ルールが守られていないと高いリスクが発生するため、内部監査として重要なリスクとしてとらえている。 ・監査計画は社内外の環境変化、関連法規の制定・改訂、事件事故報告、PTB 調査結果も参考にして策定している。 ・期中において重要なリスク事象が発生した場合や、リスク事象に変化があった場合においては、経営者と協議の上、監査計画の変更について検討を行い監査計画を見直している。 ・新型コロナウイルスへの対応として、物流センターと研修所はリモート監査に変更した。現地社員にカメラをもって事務所内をまわってもらい、実査に近い形での監査も行った。

<table>
<tr><td>分　　類</td><td>内部監査</td></tr>
<tr><td>分類番号</td><td>TH3</td></tr>
<tr><td>目　　的</td><td>内部監査の手法</td></tr>
<tr><td>調査項目</td><td>重要な問題を適時漏れなく発見できるよう、効果的な監査手法が用いられているか。</td></tr>
<tr><td>基準に対する解説</td><td>【基準 1】
監査実施計画書が策定されており、監査の実施前に計画の内容について、内部監査責任者と担当者の間で打ち合わせが実施されている。

【基準 2】
監査対象部署毎に監査現場で確認すべき要点を定めた監査チェックシートが策定されており、監査の実施前に、特に留意すべき点や担当割等について、内部監査責任者と担当者の間で打ち合わせが行われている。

【基準 3】
監査担当者により、監査手続の内容や判断が異ならないよう、監査要点毎に具体的な監査手続を定めた監査手続書が作成されており、また、監査手続の実施結果を記録した監査調書が作成されている。

【基準 4】
重要リスクに対しては、内部統制評価に加え、実証テストが行われていることが監査手続書および監査調書により検証可能である。また、監査において、エクセル等を活用したデータ分析が導入されている。

【基準 5】
充実したリスクシナリオに基づくデータ分析が行われており、効率的かつ効果的に異常点を発見できるよう努めていることが検証可能である。また、テクノロジを効果的に活用することにより、テストの対象範囲や件数を拡大し、監査による保証の度合いを高めるよう努めていることが検証可能である。</td></tr>
<tr><td>調査上の留意事項</td><td>【基準 1】
監査実施計画書とは、監査対象部署毎に作成される個別の計画書であり、年度監査計画書とは異なる。</td></tr>
</table>

調査上の留意事項（続）	【基準1、2】 打ち合わせの記録は必須ではない。 【基準2、3】 監査チェックシートが監査項目毎の監査要点（チェックポイント）を示すに留まるのに対して、監査手続書は、監査要点毎に事前および往査時に実施する具体的な監査手続（例. ●●記録簿よりサンプル抽出した案件について、関連する証憑▲▲と照合し、内容、金額が一致することを確認する）までを示す文書である。 【基準3】 本基準における監査調書には、少なくとも監査手続の内容、確認した文書・データ等、監査手続の実施結果、監査手続の実施結果に基づく結論（例. ○／×判定、有効／非有効）を含む必要がある。 【基準4】 内部統制によりリスクは一定水準まで低減されるが、リスクが無になるわけではないため、重要リスクに対しては、内部統制評価に加え、実際に問題（例. 違反、間違い）が起きていないかを検証することが求められる。 【基準4、5】 CAATは、必ずしも市販ソフトウェアの利用を求めるものではなく、アクセスやエクセルを用いた簡易なデータ分析でも充足する。基準4では、テクノロジを活用したデータ分析を導入していれば充足するが、基準5ではそれを効果的に活用できていなければ充足しない。
確認証跡等	・監査実施計画書（グループ共通テーマ監査） ・《DY》業務マニュアル【全項目】 ・【DY】56期臨店報告書 ・【計画表】遵法監査・モニタリング ・確認シート（監査調書） ・監査要点案（監査手続書） ・内部監査実施手順書 ・勤怠チェックツール ・金商法監査資料

確認証跡等（続）	・【55期】リスク評価（DYJH グループ） ・【55期】部門別リスク評価 ・リスク評価に基づく計画の策定（リスク評価手順書） ・監査中間報告書（店舗モニタリング） ・店舗事務所映像モニタリング結果 ・社有車モニタリング中間報告書
社員会社（株）ダイナムの最新評価結果（2023年3月）	以下の通り、各基準について確認ができたので、評価を5とした。 本社監査においては、監査毎に監査現場で確認すべき項目を具体的にまとめた確認シートを作成し、確認項目の重要性に応じて監査手法の使い分けもなされている。 インスペクションにおいても、監査着眼点、判断基準等の均質化を図っている。また、重要リスクが予見される対象については、内部統制評価に加え、リスクが顕在化していないかを検証するため実証テストを実施し、確認シートに記録している。 また、充実したリスクシナリオに基づくデータ分析が導入されている。以上より、基準5までを満たしている。 【基準1～3】 ・年度監査計画に基づき、各監査における監査実施計画書を監査実施前に監査担当者が作成し、監査部長と協議の上、社長承認を得ている。 ・監査毎に監査現場で確認すべき要点を実査前に打合せを実施しており、それを監査項目にまとめた確認シートを作成している。 ・確認シートには監査項目毎に具体的な確認内容を記載し、監査担当者により判断が異ならないように監査担当者で協議し、結果を記録している。 ・部門監査は毎回監査要点および確認シートが変わる。監査の主査が業務分掌や3点セットを確認し、監査要点を決めている。 ・監査要点は作成した後、担当者間でのレビューおよび部長レビューを実施した上で役員報告となる。毎年実施するテーマ監査等は、監査要点、確認シートともにほぼ変わらない。 ・監査手続については、内部監査実施手順書が作成されている。適宜見直しは行われている。昨年は実態とあっていない内容が多かったため、2022年7月全面的に見直しを行った。 ・遵法関連対応監査（店舗インスペクション）については、各種マニュアルから点検項目を抽出しリスク分析後、臨店報告書を作成している。

社員会社（株）ダイナムの最新評価結果（2023年3月）（続）

・点検方法の標準化、作業品質向上のために業務マニュアルを策定している。

【基準4】
・重要業務については、内部統制の整備状況を確認しているほか、その運用状況についても評価を行い実態の適正性を確認している。
・エクセルのマクロ機能を利用したデータ分析ツール活用し、業務の効率化を図っている。

【基準5】
・リスク管理台帳等から当社業務に対するリスクを分析し、リスクシナリオに基づいたデータ分析を実施している。分析結果は想定リスクとデータ分析一覧にまとめている。
・今期は、リモート監査の手法およびデータ分析範囲を拡大し、そこから得られた資源を効率的かつ効果的に活用し、異常点を発見できるよう努めている。
・データ分析の監査対象の母集団は情報システム部より、各種システムに登録されている大容量データを入手し、監査対象範囲を拡大している。その際、VBAを利用した分析ツールを使用することにより、可能な限り精査による確認がおこなえるよう努めている。
・異常点発見という視点では、臨店対象店舗抽出にあたり、データ分析を実施し、効率的かつ効果的に点検を実施するよう努めている。

分　類	内部監査
分類番号	TH4
目　的	監査結果の報告
調査項目	内部監査担当者は、職務遂行の結果発見された事項及びその改善状況を、取締役会または経営者に適宜伝えているか。
基準に対する解説	【基準1】 監査計画通りに進めており、個々の監査ごとに、監査結果を取り纏めた報告書を作成し、社長または監査担当取締役、被監査部署の長に提出している。 【基準2】 監査報告書の承認者、提出先、提出期限、報告手順、報告書の記載要件、保管期間等について、内部監査規程・マニュアル等に定められており、それに準じた運用がなされていることが検証可能である。また、その他の利害関係者（監査役、リスク管理部署等）に対して、監査結果の概要について共有する仕組みが存在し、その通り運用されている。 【基準3】 基準（2）に加え、監査結果について、被監査部署に積極的に問題点の指摘・改善のアドバイス等を行っていることが具体的に検証可能である。 【基準4】 基準（3）を充足し、かつ、会社としてマネジメントに活用する等のPDCAが行われており、かつ内部監査部署で改善状況の確認（フォローアップ）を行っていることが具体的に検証可能である。 【基準5】 基準（4）を充足し、かつ、指摘事項に対する改善提案の内容は、表面的な是正に留まらず、問題事象の原因分析に基づく再発防止策を含むものとなっており、さらに、他部署にも共通し得る問題事象については、会社全体としての抜本的な改善策を提案し、改善の横展開を促進していることが検証可能である。
調査上の留意事項	【基準1】 監査計画通りに進んでいない場合は、その原因を勘案の上妥当性を判断するものとする。 【基準2】 報告手順等を定めるだけでなく、実際にその通り運用されていることが必要である。 【基準3】 監査で発見した事実を伝えるだけでなく、被監査部署が改善を実現できるよう、具体的に何を成すべきかを提案している必要がある。 【基準4】 監査終了後、一定期間を経て、改善状況を確認するプロセスが確立されている必要がある。また、リスク管理部署等の改善推進部署がある場合は、当該部署と密接に連携し、改善を促進する必要がある。

調査上の留意事項（続）	【基準5】 問題の根源が解消されず、同様の問題が繰り返し発生することがないよう、表面的または断片的な是正に留まらず、根本的な解決に繋がるような分析・提言を行っている必要がある。
確認証跡等	・DYJHグループ遵法関連対応監査結果報告書 ・内部監査規程 ・インスペクション規程 ・監査役会議事録 ・定時監査委員会議事録 ・グループ内部統制員会事務局へ共有している証跡 ・内部監査実施手順書 ・監査結果報告書 ・監査改善計画書 ・グループ内部統制員会議事録 ・監査結果報告書（グループ共通テーマ監査）アクセス権限管理
社員会社（株）ダイナムの最新評価結果（2023年3月）	以下の通り、各基準について確認ができたので、評価を5とした。 監査毎に監査結果を取り纏めた報告書を作成し、社長、管掌取締役、被監査部門長に提出している。また、取締役や監査役への報告も実施している。またDYJH監査委員会にも全ての監査報告書が提出されている。 本社監査、インスペクションとも、アプローチは違うが、表面的な問題事象だけでなく、問題事象の原因に対処する改善提案が行われており、被監査部署に限定した問題ではなく、会社全体としての改善に取り組む必要がある場合は、内部統制委員会を中心に全社的に展開する体制がとられている。 指摘事項については、内部統制委員会事務局と連携して、改善が完了するまで定期的に改善状況の確認が行われている。以上より、基準5までを満たしている。 【基準1、2】 ・監査は計画通り進めており、内部監査規程、インスペクション規程等に基づき、監査結果については、取締役社長、監査部を管掌する取締役およびDYJHコーポレートグループの管掌役員、被監査部門長に提出しているほか、監査役会、DYJH監査委員会への報告を実施している。 ・グループ内部統制委員会事務局に監査結果内容が共有される仕組みとなっている。 【基準3】 ・監査は指摘事項だけでなく、改善提案や要望事項等についても報告している。また、インスペクションは臨店時に各担当者が気付いた点や、グループ会社の経営陣や各部門責任者からの要望に応じて調査項目として実態調査を行い、該当部門へ報告している。 【基準4、5】 ・改善状況については監査部門が定期的に確認し、取締役社長、監査部を管掌する取締役およびDYJHコーポレートグループの管掌役員に情報共有されている。 ・ダイナムを含むグループ会社全体に関わる管理項目に関する監査項目を設定し、グループ全体として共通の基準で点検を実施し、グループ全体に共通しうる問題事象について、グループ内部統制委員会に共有し、各社に対して改善を推進している。 ・改善計画書について月次で改善進捗を確認し、役員に報告している。

分　類	内部監査
分類番号	TH5
目　的	内部監査の対象範囲
調査項目	内部監査の対象範囲は適切であり、重要な業務領域、リスク領域について漏れなく監査が行われているか。
基準に対する解説	【基準 1】 一部の組織もしくはリスクを中心とした限定的な範囲を監査対象としている。 【基準 2】 店舗におけるルールやコントロールの遵守状況を監査対象としていることが検証可能である。 【基準 3】 基準（2）に加え、管理部門におけるルールやコントロールの遵守状況も監査対象としていることが検証可能である。 【基準 4】 基準（3）に加え、重要な業務およびリスクにおけるルールやコントロールの妥当性も監査対象としていることが検証可能である。 【基準 5】 基準（4）に加え、社内外の事業環境の変化や技術革新に伴い新たに発生するリスクや、世間の注目を受けるトレンド性の高いリスクへの対応状況も監査対象としていることが検証可能である。

調査上の留意事項	【基準 4】 重要な業務およびリスクについては、既存のルールやコントロール（規程、マニュアル、3 点セット、その他社内の取り決め事項に関する通達文書など）の遵守状況に加え、ルールやコントロールの妥当性（例．ルールやコントロールが網羅的に整備されているか、ルールやコントロールの内容は具体的に定められているか、ルールやコントロールはリスクを低減するために十分な内容であるか）についても監査対象としていることが、監査手続書、調書等により検証可能であることをもって可とする。 【基準 5】 社内外の事業環境の変化（例．法規制や会計基準の制定・改編、新規ビジネスへの進出、M&A）に伴い新たに発生するリスク、技術革新（例．テクノロジ活用による自動化、クラウド化、SNS の活用）に伴い新たに発生するリスク、世間の注目を受けるトレンド性の高いリスク（例．マスコミに大々的に取り上げられている事件、事故、不祥事に関わるリスク）などへの対応状況についても監査対象としていることが、監査手続書、調書等により検証可能であることをもって可とする。
確認証跡等	・インスペクション規程 ・内部監査規程 ・2022 年 3 月期総括・2023 年 3 月期 DYJH グループ監査計画 ・DYJH グループ中期監査計画（5 か年） ・業務マニュアル【全項目】 ・56 期　監査結果報告書（リスク管理対応監査） ・56 期　確認シート（リスク管理対応監査） ・2022 年 3 月期 _ 金商法対応監査 _ 年度総括 ・DYJH グループ遵法関連対応監査結果報告書 ・56 期臨店報告書 ・監査実施計画書（IT 全般統制・情報セキュリティ・グループ共通テーマ監査・モニタリング） ・監査要点（IT 全般統制・情報セキュリティ）

社員会社（株）ダイナムの最新評価結果（2023年3月）

以下の通り、各基準について確認ができたので、評価を5とした。

インスペクションについては、法令および運営ルール等の遵守状況だけでなく、基準書の定めに則ってリスクを抽出・評価した上で点検項目を確定している。

本社監査についても、関連規定の整備および遵守状況だけでなく、リスク管理台帳、重要業務3点セット等に基づいて重要なリスクに対するコントロールの妥当性についても評価している。

監査指摘事項は内部統制委員会事務局にも共有されており、会社としての業務改善活動のサイクルに組み込まれている。

また、最新のリスク管理台帳を基に監査計画を策定することで、社内外の環境変化に対応した監査を実施している。以上より、基準5までを満たしている。

【基準1】

・内部監査規程、インスペクション規程に基づき、監査計画段階で広い対象範囲を確保している。網羅的に監査を実施できるよう、中期計画を作成し、年度監査計画に反映させている。

【基準2】

・店舗における手続の遵守状況については、ダイナムだけでなく、グループ会社4社を監査対象に含め、ルール遵守状況について遵法関連対応監査としてインスペクションを実施している。

【基準3、4】

・社内における重要なリスクに対するコントロールの妥当性を確認するために、リスク管理対応監査を実施している。
・管理部門については、業務プロセスの改善を目標として、財務報告の信頼性確保や業務改善の観点から、売上管理・仕入管理・機械購入・固定資産・資金会計・給与賞与計算の業務プロセスについて内部統制に関する監査を実施している。
・管理部門はリスク評価結果にもとづき、3~5年程度のローテーションで監査するようにしている。
・内部統制監査では、リスク管理策評価表に基づき手続におけるコントロールの妥当性などの結果をフィードバックし、業務プロセスの改善に寄与している。
・実際にリスク管理部のリスク評価の妥当性について今期監査指摘をしている。

【基準5】

・監査計画立案時の監査要点の絞り込み及びインスペクションの点検内容において、トレンドを加味した監査視点となるように担当者と責任者で協議されている。

・社外の事業環境の変化については法改正や社内の事件事故など、トレンドを加味し監査を実施している。

・今期は特にコロナ禍における店舗臨店が制限される中、店舗内部統制の観点から店舗事務所カメラモニタリング、社有車利用状況モニタリングの実施を実施している。

・加えて、IT不正の広がりを見せる中、従来のIT全般統制監査をIT全般統制・情報セキュリティ監査に変更し、その監査内容の拡充に努めている。

・テレワークによる勤務状況のチェックについては、一部の部門で業務量が可視化されるシステムを導入していたが今はやめている。会社として課題を認識し全社的にチェックシステムの導入を検討している段階である。

資料編

PTBによるパチンコホール統一会計基準

P T B

Pachinko-Trusty Board

有限責任中間法人パチンコ・トラスティ・ボード

目　　次

PTBによるパチンコホール統一会計基準の設定について

PTBによるパチンコホール統一会計基準 …… 387

PTBによるパチンコホール統一会計基準の設定について

Ⅰ　PTBの目的とPTBによるパチンコホール統一会計基準の関係

PTBはパチンコホール企業の社会的地位向上を目指す業界外の有識者・専門家による組織であり、社会に信頼と安心を提供できるパチンコホールの経営を仕組みとして確立することを目的とする。

パチンコホール企業が社会に信頼と安心を提供するための重要な要素として、経営の透明性の確保がある。このための手段として適切な会計情報の作成・開示が不可欠である。しかしながら会計処理及び表示において、PTB社員会社間においても現状は不統一であり、会計情報の信頼性の向上及び同業他社との会計情報の比較を困難にしている。

そこでPTBは、パチンコホール企業の信頼と安心を提供する仕組みの1つとしてパチンコホール企業の会計処理及び表示の基準を設定した。

Ⅱ　PTBによるパチンコホール統一会計基準の性格

本基準は、パチンコホール企業の会計処理及び表示等について、わが国における一般に公正妥当と認められる企業会計の慣行を基本に、パチンコホール業界特有の取引及び環境を斟酌し、実務の中から慣習として発達したものの中から帰納要約したものである。

このため本基準は法律ではないものの規範としてPTBによる監視調査及び職業的会計士による監査を行う際の判断の基準となる。

また本基準は、将来的にはPTB社員会社ばかりではなく、多くのパチンコホール企業に会計基準として認められ、適用されることを目標とする。

Ⅲ　パチンコホール営業の基本的考え方

一　パチンコホールの営業

パチンコホール企業の運営するパチンコホールは、パチンコ遊技機及びスロット遊技機（以下、「遊技機」という。）とこれを稼動させるための諸設備を設置した店舗である。パチンコホールの営業は、遊技機並びにこれを稼動させるための諸設備を設置した店舗において、顧客に遊技機を遊技させる目的で、遊技に必要なパチンコ玉又はスロットコイン（以下、「遊技球」という。）を貸し出し、顧客の遊技の結果に従い景品と交換することにある。よって、遊技業は、店舗設置・装置型レジャーサービス業と位置付けられる。

二　背景

1　パチンコホール業界特有の営業取引

パチンコホールの営業は「風俗営業等の規制及び業務の適正化等に関する法律（以下、「風適法」という。）」及び省令・解釈指針等の規制を受けることから、この規制に適合するため、パチンコホール業界で形成された取引慣行、パチンコホール業界の健全化などの事由から導入された取引は、次のようなものがある。

(1)　三店方式

パチンコホールの営業において、顧客は遊技の結果として得られた遊技球を景品と交換する。この景品を売却し、現金化する仕組みが「三店方式」である。「三店」とは、パチンコホール、景品交換所、景品業者の３つを指し、パチンコホールが顧客に景品を渡し、顧客がこの景品を景品交換所に売却し、現金化する。景品交換所はこの景品を景品業者へ売却し、景品業者がパチンコホールに納入するというものである。

「風適法」に従うと、顧客が遊技の結果、手許に保有する遊技球については、現金並びに有価証券に交換することは禁止され、かつ、遊技球の店外持ち出し、景品の買戻しが禁止されている。

この法規制のため、パチンコホールは海外のカジノ、国内の競馬、競輪、競艇のようにゲーム結果により現金の払戻しを行うことができない。これを法規制の枠内で遊技の結果を売却し、現金化する仕組みとして遊技業界で形成されたものが「三店方式」である。

(2)　プリペイドカードシステム

パチンコホール業界の現金流入額の不透明性（インの問題）を解消する目的で導入されたのが、カードリーダー式パチンコ遊技機（CR機）である。パチンコホール向けカード会社が、プリペイドカードの発行・販売、カード販売・カード使用等の情報端末の貸出とプリペイドカードに係るデータ管理（エンコード：遊技球等の貸出金額を符号化し管理する）を行うことで、客は、カードリーダー式パチンコ遊技機を遊技する際の遊技球の貸出金額をパチンコホール以外の第三者が把握するという仕組みである。カードリーダー式パチンコ遊技機は、カードリーダーユニットというデータ管理用端末と結合させねば動作しないため、パチンコホールがカードリーダー式パチンコ遊技機を導入する場合は、このプリペイドカードシステムの導入は不可避である。

導入当初は、磁気式カードシステムを使用する第三者発行方式と単一形態であったが、委託販売方式、自社発行方式（データ管理のみをシステム会社が受託する仕組み）などプリペイドカードシステム自体の相違、システム会社との契約形態の相違など多様化している。

なお、最近では、会員カード機能を有するプリペイドシステムも普及し、プリペイドカード用台間玉貸機がスロット遊技機の台間玉貸機としても使用されている。

(3) 貯玉システム

換金行為の減少、端玉の適正化を目的で導入されたのが、貯玉システムである。パチンコホールが貯玉システムを導入すれば、顧客はパチンコホールの会員になることで、遊技の結果である手持ち遊技球を景品に換えず、パチンコホールに預けることが可能となる。この遊技球をパチンコホールに預けることを「貯玉」という。銀行への預金と同様に、遊技球をパチンコホールへ預けたり、引き出したりすることができることから名づけられた。

当初は景品交換を前提にしていたが、顧客が貯玉を引き出し、遊技に使用できること（これを再プレイという）が可能となった。なお､遊技球の保管書面の発行禁止（風適法　解釈運用基準9（2））により、貯玉数を表示する書面、例えば、保管証明や預り証を発行することができない。

貯玉は、パチンコホールの営業に不可欠な要素ではなく、貯玉制度を導入するか否かはパチンコホールの判断によるものである。この立場からパチンコホールにとっての貯玉は、顧客の遊技球の貯蔵を認め、パチンコホールが設定したルールに従い将来の景品交換や再プレイを可能とするものである。

2　法的規制

パチンコホール（風適法の条文においては「遊技場」という。）の営業には、「風適法」による規制を受ける。「風適法」による規制の例としては､次のようなものがある。

(1) 遊技場の営業を行うためには、各都道府県公安委員会の許可を得なければならない。(風適法第3条)

(2) 遊技場店舗の構造･設備の規制（風適法第12条、同第14条、同15条）と構造・設備を変更する場合の承認・届出（風適法第9条）

(3) 営業時間の制限（風適法第13条）

(4) 遊技料金等の規制（風適法第19条）

(5) 現金・有価証券の賞品としての提供の禁止（風適法第23条）

(6) 賞品の買取りの禁止（風適法第23条）

(7) 遊技球の店舗外への持ち出し禁止（風適法第23条）

(8) 遊技球の保管書面の発行禁止（風適法　解釈運用基準9（2））

(9) 営業許可の取消し並びに営業停止（風適法第8条）

以上のように、パチンコホールの営業に関しては、店舗の開設に関する営業許可から営業行為に至るまで、規制や罰則がある業種である。

三　パチンコホール特有の設備等

パチンコホールの営業取引に関する特有の設備等として次のようなものがある。

1　遊技機

遊技機は、パチンコ遊技機とスロット遊技機（「風適法」では回胴式遊技機という）がある。「風適法」では、「著しく客の射幸心をそそるおそれのある遊技機を設置してはならない」という遊技機の基準があり、国家公安委員会規則に「著しく射幸心をそそるおそれのある遊技機の基準」が定められている。パチンコホールが遊技機を設置する際に、公安委員会の承認が必要であるため、公安委員会がこの基準に従った遊技機であるか検査することが必要となる。パチンコホールが各々検査を申請し、公安委員会がこれを検査することは、申請者側、承認側双方とも実務上困難であることから、製造業者が申請する検定・認定の制度が設けられた。

国家公安委員会規則「著しく射幸心をそそるおそれのある遊技機の基準」の変更によりこの基準に抵触する場合は、パチンコホールは当該遊技機を設置し続けることができなくなる。また、検定・認定には有効期間があり、有効期間が切れた時から、国家公安委員会規則「著しく射幸心をそそるおそれのある遊技機の基準」に抵触する違法機となるため、当該遊技機を設置し続けることができなくなる。

よって、パチンコホールが遊技機を設置する場合には、有効期間のある検定・認定された遊技機を選定せねばならず、かつ、国家公安委員会規則「著しく射幸心をそそるおそれのある遊技機の基準」が変更（強化）された場合、遊技機の有効期間が切れた場合は、遊技機の物理的な使用が可能であっても、会社の意思とは無関係に除廃却が必要となる。

2　ホールコンピュータ

パチンコホールの営業状況を把握するため、遊技機並びにその周辺設備を流れる遊技球の数を中心に情報を把握するコンピュータである。ホールコンピュータは製造会社により独自性があり、接続可能な営業設備の種類や利用可能なデータの範囲が異なる。

3　玉貸機

顧客に遊技球を提供するために設置されている自動販売機である。遊技機に隣接する形式を「台間玉貸機」といい、カードリーダー式用、現金用、カードリーダー式と現金の兼用とある。

4　計数機

遊技の結果、顧客の手許に残った遊技球の数を計数し、その結果を表示したレシート又はカードを発行する機械である。

5　景品POS

計数機により発券されたレシート又はカードを読み込み、顧客に提供した景品を管理する情報端末である。小売店等で導入されるPOSは、商品の入出庫数量を把握し、先入先出法、平均法など所与の方法による払出単価計算の計算を行うが、遊技業におけるPOSは、景品の玉数管理を主たる機能として設計されているため、数量管理は可能であるが、登録可能アイテム数の上限が低く、また、先入先出法、平均法などの払出単価計算はできない。

6　島設備

パチンコ機を設置し、稼動させるための遊技球補給装置が用意された台枠をいう。通常、台間玉貸機が設置されているため、現金回収のための設備がある。現金回収設備は、単純に台間玉貸機から回収される現金を入れるボックスがあるタイプと、台間玉貸機から回収される硬貨が紙幣と硬貨を替える両替機と繋がっているタイプがある。

なお、スロット遊技機用は架台と言われる。

7　会員管理システム

貯玉を実施するためには、貯玉を希望する顧客とその貯玉数を把握する仕組みが必要となる。流通業等におけるポイントカードのように貯玉数を証明する保管証明等を利用する手法も考えられるが、保管証明等を発行することは「風適法」により禁止している。これらの管理のために顧客をリピーターとして囲い込むための会員管理システムが利用されている。

Ⅳ　会計基準の要点と考え方

一　売上計上基準

パチンコホールは、店舗に設置した遊技機を顧客に遊技させる目的で、遊技球を貸し出し、顧客は遊技の結果に応じて景品と交換することを業として行っている。このパチンコホールの営業取引を会計処理する場合、遊技場の役務提供の捉え方の相違から、次の考え方がある。

顧客が遊技球を貸し出した時点で売上を認識し、貸出しの対価である金額をもって売上高を測定する考え方（以下「グロス方式」という）と顧客が景品を交換した時点で売上を認識し、貸し出しの対価である金額から顧客に提供した景品の取得原価を控除した金額をもって売上高を測定する考え方（以下「ネット方式」という）がある。

グロス方式の論旨は以下のとおりである。

パチンコホールには、顧客に遊技球を貸し出した時点で、現金（及び現金同等物）の流入がある。また、顧客に提供する景品は外部から購入しており、現金の流出がある。これら現金の流入・流出を会計上表現することが、パチンコホールの営業取引の活動実態を適確に表現することとなる。

「風適法」の規定から遊技球は店外に持ち出すことができず、店内のみで流通する。よって、顧客が遊技球を借り受ける行為は、遊技を行う意思表示であり、一方、パチンコホールが顧客に遊技球を貸し出した行為は、遊技機使用を許諾したと捉えられる。遊技球の貸出料金（単価）は店舗内に明示されており、顧客によって貸出料金（単価）は異なることはない。また、この時点で、顧客とパチンコホールの双方とも遊技球の返却は予定されておらず、収入金額は確定している。

パチンコホールの営業形態ゆえ、顧客の遊技球の貸し出しと、その遊技結果である景品の交換は個別に把握することが不能である。ネット方式は景品交換が完了した時点で売上を認識するため、今日普及している貯玉システム、特に再プレイを考慮すると、遊技球の貸し出し日では、売上が確定しないこととなる。

パチンコホール業界において、顧客に遊技球を貸し出した時点で売上を認識し、貸出金額を以って売上金額を測定する方法が、会計慣行として定着している。

一方、ネット方式の論旨は以下のとおりである。

パチンコホールの営業は、顧客の90％以上が三店方式により景品を売却し、現金化を行っているという事実に着目すると、顧客の現金から開始し顧客の現金へ帰着することがパチンコホールの役務の実態であるといえる。よって、遊技球の貸し出し時点では、パチンコホールの役務が完了していない。

パチンコホールの遊技球への貸出金額は、同一の営業利益を得る場合であってもパチンコホールの営業方法により異なる。グロス方式の場合、営業方法の相違により売上高が異なることとなり、パチンコホール間の比較可能性を害する。また、パチンコホール業界の経営管理上の指標として、稼動率とネット方式の売上高が重要視されることから、経営管理上もネット方式が望ましい。

米国公認会計士協会のゲーム業特別委員会が、カジノの会計処理基準を公表している。このゲーム業特別委員会は、カジノにおける売上高は「遊技から得た利益、即ち、勝ちと負けとの差額であって賭け金総額ではない」と定義している。カジノにおけるチップが遊技球と同一の性質を持つとはいえないが、両者の機能には多くの類似性が認められることも事実である。

グロス方式とネット方式を検討した結果、パチンコホール企業の活動実態を表現する上で、現金の流入・流出という事実は企業活動の開示上重要な事項である。顧客に対し遊技球の貸し出しという事実により収入金額は確定しており、パチンコホール業界において会計慣行として定着していることから、グロス方式による売上計上を採用することとした。

二　プリペイドカード取引

パチンコホール業界におけるプリペイドカードは、カードリーダー式パチンコ遊技機の遊技をする際に不可欠なものであり、顧客は所定の金額のプリペイドカードを購入し、これをカードリーダー式パチンコ遊技機と結合されたカードリーダー用台間玉貸機に投入することで、遊技球を借り出すことができる。このため、厳密には、顧客の現金の投入時点と遊技球の貸し出しの時点が異なる。

プリペイドカードを介した取引では、売上計上基準との整合性から、顧客へプリペイドカードの残度数と交換に遊技球を貸し出した時点をもって売上を認識し、この対価である貸出金額を以って売上金額を測定する。プリペイドカードの販売により得た収入金額のうち未だ遊技球を貸し出していない金額については、将来の売上の対価として負債に認識する。

パチンコホール業界におけるプリペイドカードの歴史は、プリペイドカードの販売とエンコードを目的に、同一カード会社であれば、店舗を問わず使用可能な磁気式プリペイドカードに始まる。このプリペイドカードは、カード会社がブラックボックスという情報管理用装置とターミナルボックスという情報通信端末をパチンコホールに貸し出し、パチンコホールは、プリペイドカード発券機とプリペイドカード用台間玉貸機・カードリーダーユニットを購入し、設備を整えた上で、パチンコホールがカード会社からプリペイドカードを券面額に発行手数料を加えた金額で購入し、このプリペイドカードを顧客に券面額で販売し、パチンコホールはカード会社にプリペイドカードの使用金額（遊技球等の貸出金額）を請求する仕組みであった。

このプリペイドカードの仕組みは磁気式プリペイドカードが持つ不正改造に対する脆弱性から不正カードの大量発生により、発券時に店舗データやカードを特定するデータを書き込み、カードリーダーユニットが同一店舗でカードの特定情報の一致がなければ、プリペイドカードによる遊技球等の貸し出しがされないセキュリティー機能を加えることとなった。これによりパチンコホール業界のプリペイドカードはハウスカード化した。

このプリペイドカードシステムは、カード自体の発行形態としてはパチンコホールからみて発行者はカード会社にあり、第三者発行型プリペイドカードシステムである。

その後、パチンコホールが顧客のカード購入の都度、発券する自社発行型のプリペイドカードシステムを採用するカード会社が現れる。このプリペイドカードシステムにおいてカード会社はエンコード機能とシステム保守を行うこととなった。エンコード機能を前面に押し出し、プリペイドカードが投入されていれば、台間玉貸機において現金が投入可能なカードリーダーユニットを使用する方式が登場し、これを進めて金額設定随時可能で、プリペイドカード自体がリサイクル可能、貯玉・会員管理システムの機能がついたプリペイドカードシステムが登場した。

上述のように、パチンコホール業界におけるプリペイドカードは、第三者発行型と自社発行型に分かれる。第三者発行型プリペイドカードは、プリペイドカードを購入した債務、プリペイドカードの消費による債権、未販売のプリペイドカードという資産が発生する。これに対し自社発行型プリペイドカードは、カード用の用紙などの貯蔵品が存在するものの、プリペイドカードの購入やその消費による債権は存在しない。よって、パチンコホール業界におけるプリペイドカードを単一の会計処理によることは、債権債務の認識の観点から望ましくない。

当初登場したプリペイドカード会社は、カードリーダー式パチンコ遊技機の普及とともに契約数を増加させたため、ランニングコストの少なさ、セキュリティの問題から自社発行型プリペイドカードシステムへの普及が進んでいるとはいえパチンコホール業界としては主流と判断される。

よって、パチンコホールが採用するプリペイドカードの方式に従い、自社発行型プリペイドカードの会計処理と第三者発行型プリペイドカードの会計処理の各々を設置することとした。

三　貯玉

貯玉とは、顧客が遊技の結果得た遊技球を、景品に交換せず、パチンコホールに遊技球を預ける行為をいう。銀行へのお金を預け入れるように、遊技球をパチンコホールに預けることから貯玉という。「風適法」によりパチンコホールは客の遊技球を預ることも、これを証明する書類を出すこともできないため、パチンコホールが第三者管理機関による貯玉システムに加盟し、貯玉を希望する顧客は、パチンコホールの会員になることで、この貯玉システムを使用することができる。

貯玉は、顧客の遊技の結果得られた遊技球の一時的預り、又は景品への交換が未了なものであり、パチンコホール企業からみてパチンコホール企業側の負債と認識される。

パチンコホールが顧客に対し貯玉による再プレイを認めている場合であっても、顧客の遊技の勝ち負けを無視すると、最終的には景品交換へ帰着する。このため、貯玉は景品の預りと見做し、貯玉数を景品原価率で評価する。

貯玉数量に景品原価率を乗じた金額をもって、貯玉預り金として負債を認識する。最終的には景品交換に帰着するため、将来の景品交換、すなわち、顧客に払い出された景品の保管と解されるため、貯玉売上原価として費用処理を行う。

貯玉自体はパチンコホールの営業日ごとに行われているが、会計上は見積原価の計上であるため、月次単位で実施すれば足る。

貯玉の引き出しにより再プレイが実施可能な遊技場がある。顧客は再プレイにより遊技が可能であり、パチンコホールの稼動に影響を及ぼすものの、遊技球を貸し出すという行為は存在しない。遊技球の貸し出しを以って売上を認識するという売上計上基準との整合性から、再プレイによる売上等は認識せず、貯玉の減少という負債の減少とする。

四　遊技機の取得支出

我が国における有形固定資産の会計処理は、税法の規定の適用が広く行われている。会社運営に必要な資産を取得した場合、自主的な規則により資産計上と費用化をした場合、税法における取得時損金経理可能な少額減価償却資産の金額的基準、減価償却計算における税法対象年数との関係から、税務申告上の調整手続が煩雑化すること等が主な事由であると考えられる。

有形固定資産の会計処理を税法の規定に従えば、使用可能期間が1年未満又は取得価額10万円未満の資産は取得時費用処理（損金経理）、取得価額10万円以上20万円未満の資産は一括償却資産として3年間償却、取得価額20万円以上の資産は税法耐用年数に従い減価償却を行うこととなる。

これを遊技機に適用するなら、パチンコ遊技機の税法耐用年数は2年、スロットマシンは3年となるため、使用可能期間が1年未満又は取得価額10万円未満の遊技機は取得時費用処理（損金経理）、取得価額20万円以上の遊技機は税法耐用年数に従い減価償却、取得価額10万円以上20万円未満の遊技機は一括償却資産として3年間償却又は取得価額10万円以上の遊技機は税法耐用年数に従い減価償却することとなる。

企業会計における有形固定資産の費用化に関する考え方とし、減価償却は固定資産の適正な原価配分を行うことにより、損益計算を適正にならしめることを主たる目的とし、合理的に決定された一定の方式に従い、毎期計画的、規則的に実施されなければならない。これを正規の減価償却といい、税法規定に依存することなく、一般に公正妥当と認められる減価償却の基準に基づき、自主的に行われるべきであるとある。この減価償却の要素である耐用年数は、資産の物理的使用可能期間ではなく、経済的使用可能予測期間に見合ったものが要求され、資産の使用状況、環境変化等により当初予定にする残存耐用年数と現在以降の経済的使用可能予測期間との乖離が明らかとなったときは、耐用年数を変更しなければならないとする。

遊技機、特にパチンコ遊技機の販売価格の推移を考察すると、税法規定により取得時損金経理が認められる少額減価償却資産（現行の規定では、使用可能期間が1年未満又は取得価額が10万円未満であるもの）の取得価額基準と密接な関係があった。この関係とは少額減価償却資産の取得価額基準が引き上げられる都度、遊技機の販売価格がこの取得価額基準の範囲内で上昇している傾向である。税務当局が遊技機を使用可能とする島設備を含めた構成を単位に減価償却資産の単位として捉えるのではなく、遊技機1台を1単位と捉えるため、パチンコホール企業が遊技機の入替費用を税法上の損金経理が可能なような価格設定をしてきたことにある。なお、平成10年度税制改正により少額減価償却資産の取得価額基準の引き下げと一括償却資産の導入により、遊技機メーカー側も販売価格を少額減価償却資産の取得価額基準に合わせることをせず、液晶の大型化や画像ソフトウェアの高度化などにより販売価格を引き上げることとなった。これにより税法規定に従い会計処理を行うと遊技機が取得価額によって、税法耐用年数により償却計算される有形固定資産、3年均等償却される一括償却資産、即時費用化される少額減価償却資産に分類されることとなり、パチンコホール企業の遊技機に関する会計実務が多様化することとなった。

以上のようなパチンコホール企業における遊技機の取得と費用化の方法の多様化を前提に、遊技機の取得支出の会計処理を以下のように考察し、検討を行った。

第一に、パチンコホール企業にとって、遊技機購入に充てる支出は多大であり、いかなる会計処理を選択するかにより、財務諸表が表現する財政状態及び経営成績が大きく異なる。企業の財政状態及び経営成績を表現する財務諸表は、当該企業のステイクファクターの利害調整の機能を有している。公開企業を前提とすると、ステイクファクターとして投資家が存在する。投資家にとっての財務諸表の有用性なものとするためには、財務諸表の比較可能性を確保することが必要不可欠である。特に情報開示の観点から会計基準は企業の経済的活動を適切に表現することの他に、企業間の財務諸表の比較可能性を担保し、これら財務諸表を投資家が活用しやすい環境を提供することが社会的要請として期待される。このため、会計処理方法の相違による比較可能性の欠如を補完することが会計基準に求められる。遊技機に関する会計処理の現状追認するのではなく、あるべき原則的会計処理を定め、容認可能な会計処理とこれを採用した場合の財務諸表の比較可能性を保持する手段を規定することとした。

第二に、パチンコホール業界の営業の現状を考察すると、パチンコホール側の遊技機の入替により集客を狙う、一種の営業費用的側面と遊技機製造会社の新機種販売の短期化により遊技機の短命化の傾向にある。遊技機の経済的使用期間（遊技機の店内設置・営業供用開始から撤去・営業供用終了までの期間）が1年内である。遊技機の経済的使用期間が1年内という事実から経済的使用可能予測期間も1年間とするのが、論理的帰結であり、営業への供用開始後1年内に費用化されることが、保守主義の観点から判断し妥当である。

第三に、遊技機は、その射幸性の基準の相違等により遊技機をパチンコホールの営業に使用可能な検定期間等が現実の問題として存在しており、パチンコホール側の意思とは無関係に検定切れ遊技機等は強制的に撤去せざるを得ない。パチンコホールは集客のため、稼働状況の悪い遊技機を新しい遊技機に変更し、集客の維持・向上に努めるが、この取得された遊技機が近い将来に検定切れが明らかな場合は、経済的使用可能期間は検定切れ日までであり、税法の定める法定耐用年数とは異なることは明らかである。経済的使用可能期間の算定が遊技機の機種やその導入時期により異なるのは、会計処理等を煩雑にする。また、近い将来検定切れ等撤去が予定される遊技機の取得と費用化を、資産計上し、法定耐用年数で減価償却する場合、財務諸表の利用者の誤解を招くおそれがある。

第四に、経済社会において資産性の判断基準としての清算価値の観点から遊技機を考察する。遊技機はその営業における使用期間の短命さ、人気機種の市場における台数の多さによる希少性の欠如などが認められる。よって、中古機としての販売価格にプレミア的価値が付くことが極めて稀であり、パチンコホールに設置された遊技機の経済的処分価値は、転売価値のないスクラップ価値に過ぎない。このため、金融機関に代表される経済社会の視点からは、遊技機の資産としての財産的価値を認識しない風潮にある。

以上より、パチンコホール企業の継続性を保持した上で、潜在的投資家を含む一般投資家保護に資するため、遊技機の会計処理として、営業供用時に取得価額全額を費用処理することを原則的処理とした。

例外的処理として、合理的な理由、あるいはこれまでの会計処理の継続性との関係から資産計上処理を行うことを容認した。例外的な会計処理を採用する場合は、原則的な会計処理方法との比較可能性を保持することが必要である。原則的方法と比較可能性を保持するため、例外的な会計処理を採用する場合は、遊技機の除廃却に係る損失は営業費用として売上原価に計上すること、遊技機の減価償却費を売上原価に計上すること、遊技機を貸借対照表上独立掲記し、附属明細書等において遊技機の明細を独立記載することを条件とする。

なお、会計処理は経済的事実を的確に表現するものであり、会計処理基準は財務諸表が企業の経済活動を的確に表現するための方法を規定するものである。会計処理基準の原則として営業供用時取得価額全額費用処化を求めるが、遊技機の経済的使用可能期間の実態を考慮し判断したものであって、遊技機の入替頻度の短期化や遊技機自体もしくは遊技機の入替により顧客の射幸心を煽るものではない。将来、遊技機の経済的使用可能期間が射幸性の低減やその他事由により数年間使用できることとなり、その実績が認められることとなった場合には、会計処理基準の原則的な方法を変更することの検討の余地を排除するものでもない。

五　リース資産

遊技機をリース契約により取得する場合がある。同機能の遊技機を使用するが、その取得形態の相違により会計処理が異なり、営業利益が相違することは妥当か考察が必要となる。

リース契約による賃借料は当然、遊技機を購入した場合の費用と同一に扱われるが、賃借料を支払いという事実により費用化するならば、購入の場合と比して会計期間における費用が過少となる。また、経済的使用期間が１年内である遊技機のリースは、途中解約が想定され、リース解約損害金が発生する場合がある。これを経済的使用期間が税法耐用年数とほぼ等しいリース契約による資産と同様、特別損失とするならば、購入した場合と比して営業利益が大きくなることとなる。リース契約による賃借料の支払時費用化を認めるならば、リース解約損害金はリース賃借料と同じ区分で費用化されなければならない。

リース契約による遊技機の取得について、賃借料を支払時費用化とすると、リース契約による遊技機には、税法基準による減価償却を容認していることとなる。リース契約は資産の取得と資金調達を同時に行う行為を解されるが、取得のための資金調達の相違により費用金額が異なるのは、企業間の比較可能性の見地から望ましいものといえない。

よって、遊技機取得に関する費用認識を統一し、企業間の資金調達の方法の相違による企業間の比較可能性の不明瞭さを排除するため、リース契約により取得した遊技機は、リース資産を取得し、営業の用に供された時点で費用処理することを原則とする。

なお、遊技機を購入により取得した場合、例外的会計処理、すなわち、合理的な理由、あるいはこれまでの会計処理の継続性との関係から資産計上処理を行う場合、リース契約による遊技機の取得の会計処理をリース債務の支払時（あるいは役務提供受容時）に費用化することを例外的処理として容認する。ただし、遊技機を購入した場合との比較可能性の見地から、リース費用を売上原価とすること、リース解約損を売上原価とすること、リース関係注記において遊技機を独立掲記することなどを求める。

六　売上原価

パチンコホールは、店舗に設置した遊技機を顧客に遊技させる目的で、遊技球を貸し出し、顧客の遊技の結果に応じて景品と交換することを業として行っている。景品交換により提供する役務が終了するが、この景品を提供することがパチンコホールの営業目的とはいえないため、景品交換を物品の販売として認識することは正しくない。顧客に遊技機による遊技の場を提供する店舗設置・装置型レジャーサービス業である。このような物品の販売を伴わない役務の提供を業とする場合、売上高と個別的な対応関係にある費用は少なく、売上原価を売上高１単位に比例して発生する費用を狭く捉えると、サービス業においては売上原価が発生しないこととなる。

パチンコホールが顧客に遊技の場を提供するためには、顧客に提供する景品に係る費用、店舗設備の構築・維持に係る費用、遊技機の設置と機能維持に係る費用、これらを営業状態で稼動させるための費用、店舗運営に必要な労働力の対価などが不可欠である。よって、パチンコホール企業における売上原価は、顧客に遊技の場を提供するサービスに係る一切の費用により構成されるべきである。

パチンコホール企業では、売上原価は営業収益を獲得するため「顧客に遊技機を遊技させるために直接必要とされる費用」であり、パチンコホールの日常の営業において必要不可欠な費用である。顧客に直接サービスを提供するものではないが、パチンコホールの営業を支援する費用が販売費及び一般管理費である。

PTBによるパチンコホール統一会計基準

一　売上

1　売上計上基準

客にパチンコ玉又はスロットコイン（以下、「遊技球」という。）を提供した時点（「貸玉」という。）で売上を認識し、その対価をもって売上金額とする。

二　売上原価

1　定義

店舗運営に関する一切の費用をもって売上原価とする。

2　構成要素

売上原価は次の要素から構成される。

(1)　景品原価

(2)　労務費

(3)　遊技機関連費用

(4)　設備費

(5)　運営経費

(6)　その他

3　景品原価

(1)　客に提供した景品払出金額をもって景品原価とする。

(2)　景品原価は次の式により算定することができる。

景品原価＝期首景品棚卸高＋当期景品仕入高－期末景品棚卸高

4　労務費

(1)　労務費とは、店舗従業員の労働対価をいう。

(2)　労務費は次の要素により構成される。

①給料手当

②雑給

③賞与

④退職給付費用

⑤法定福利費

⑥福利厚生費

⑦その他店舗従業員に関する費用

5　遊技機関連費用

(1)　パチンコ遊技機又はスロット遊技機（以下、「遊技機」という。）関連費用とは、遊技機の設置、運用、保管、除却等に関する費用をいう。

(2) 遊技機関連費用は次の要素により構成される。

①遊技機の取得費用及び賃借料

②遊技機の設置に要する費用

③遊技機の機能維持に要する費用

④遊技機の保管に関する費用

⑤遊技機の除却・廃却に係る費用

6 設備費

(1) 設備費とは、遊技機以外の店舗設備等の維持等に関する費用をいう。

(2) 遊技機以外の店舗設備等は、次のとおりである。

①店舗用地

②店舗建物

③駐車場

④営業設備

⑤事務用設備

⑥その他店舗運営に使用する設備等

(3) 設備費は次の要素により構成される。

①賃借料

②減価償却費

③修繕費

④営業用システム使用料

⑤遊技球に関する支出

⑥その他設備を維持するため発生する費用

7 運営経費

(1) 運営経費は、店舗を運営するための費用をいう。

(2) 運営経費は、次の要素により構成される。

①水道光熱費

②交際費･会議費

③広告宣伝費

④諸会費

⑤営業用システムの運用費用

(3) 外部から賃借している店舗情報システムについては、システム賃借料、データ管理費等発生内容に応じて処理することは実務上煩雑であるため、費用発生の実態に応じて、設備費あるいは運営経費のいずれかに計上することができる。

(4) 運営経費で認識すべき費用は、全社で行うものではなく、店舗自体が個別に実施する費用をいう。

8　その他売上原価

景品原価、労務費、遊技機関連費用、設備費、運営経費以外に発生する店舗営業に必要な支出は、これを売上原価とする。

三　プリペイドカード

1　自社発行型プリペイドカードの会計処理

(1)　販売時の会計処理

プリペイドカードの販売は客からの貸玉料の前受けである。

(2)　売上の認識

客がプリペイドカードにより貸玉を受けた時点で、売上を認識する

2　第三者発行型プリペイドカードの会計処理

(1)　プリペイドカード購入時

発行会社からプリペイドカードの購入時に購入価額をもってプリペイドカード勘定とする。

(2)　プリペイドカード売却時

客にプリペイドカードを売却時、プリペイド・カード勘定の減少とする。

(3)　売上の認識

客がプリペイド・カードにより貸玉を受けた時点で売上を認識すると同時に発行会社の未収債権を認識する。

四　貯玉

1　用語の定義

「貯玉」とは、客が遊技の結果得た遊技球をパチンコホールへ預ける行為をいう。客が貯玉した遊技球を引き出し、当該遊技球により遊技を行うことを貯玉の「再プレイ」という。

2　貯玉による債務の認識

(1)　貯玉残高数量に景品原価率を乗じた金額をもって、貯玉預り金とする。

(2)　貯玉預り金は貯玉原価として売上原価に算入する。

3　再プレイ時の会計処理

貯玉における再プレイについては、売上を認識しない。

五　遊技機

1　取得時の会計処理

(1)　遊技機は、営業供用時に取得価額をもって費用処理する。

(2)　遊技機を資産計上する合理的な理由等が認められる場合には、資産計上することを容認する。

2　容認規定採用時の会計処理等

(1)　遊技機の取得を資産計上した場合は次のとおりとする。

①遊技機の減価償却費、除廃却損等を売上原価に計上する。

②遊技機を貸借対照表（附属明細等を含む）に独立掲記する。

3　取得価額の構成要素

(1)　遊技機の取得価額は、次の要素から構成される。

①遊技機の購入代価

②遊技機の引取運賃

③遊技機の入替申請に係る書類作成費用

④その他遊技機の取得並びに稼動に不可避な支出

4　リースによる取得

(1)　リース契約による遊技機の取得は、リース資産の取得相当額を営業供用時に費用処理し、残リース料を未払計上する。

(2)　遊技機を購入により取得し、容認規定により会計処理を実施した場合、リース債務の支払時あるいは役務提供受容時に費用処理を行うことを容認する。

5　リースによる取得：容認規定採用時処理

遊技機のリース取引を容認規定を採用した場合は、次の会計処理を行う。

(1)　遊技機のリース費用は売上原価とする。

(2)　遊技機のリース契約解除に伴うリース解約損等は売上原価とする。

(3)　リース契約による遊技機の取得価額相当額、減価償却累計額相当額、期末残高相当額、未経過リース料期末残高相当額を注記する。又はリース関係の注記等に遊技機を独立掲記する。

六　実施時期等

平成 19 年 4 月 1 日以降開始事業年度より発効する。

P T B

Pachinko-Trusty Board

PTBによるパチンコホール統一税務処理基準

総論

法人税の課税所得の計算に当たって、収益並びに売上原価、販売費・一般管理費その他の費用及び損失の額は、一般に公正妥当と認められる会計処理の基準に従って計算される。

この場合の一般に公正妥当と認められる会計処理の基準には、企業会計原則、会社法及び金融商品取引法に定められた会計処理の基準をはじめ、「PTBによるパチンコホール統一会計基準」も含まれるものと解される。

パチンコホール企業の税務処理に当たっては、「PTBによるパチンコホール統一会計基準」を含め、これらの会計処理の基準に関し法人税法等に別段の定めがあるものを除き、一般に公正妥当と認められる会計処理の基準に従って処理するものとする。

一　売上

1　売上計上基準

客にパチンコ球又はスロットコイン（以下「遊技球」という。）を提供したこと（以下「貸玉」という。）による売上は、その提供したときに収益として認識し、その対価をもって収益の額とする。（注 1）

二　売上原価

1　定義

店舗の運営に関し、収益を得るために直接要する費用をもって売上原価とする。（注 2）

2　構成要素

売上原価は、次のような費用から構成される。

(1)　景品原価
(2)　労務費
(3)　遊技機関連費用
(4)　設備費
(5)　運営経費
(6)　その他

3　景品原価

(1)　景品原価は、次の算式により計算する。
景品原価＝（期首景品棚卸高＋当期景品仕入高）－期末景品棚卸高
(2)「期末景品棚卸高」の計算は、法人税の課税所得の計算上、法人が選定している棚卸資産の評価の方法によって行う。

4　労務費

(1)　労務費とは、店舗に係る従業員の労務の提供の対価をいう。
(2)　労務費は、次のような費用から構成される。
①　給料手当
②　雑給
③　賞与
④　退職給付費用
⑤　法定福利費
⑥　福利厚生費
⑦　その他店舗の従業員の労務に係る費用

5　遊技機関連費用

(1)　遊技機関連費用とは、遊技機（パチンコ遊技機又はスロット遊技機をいう。）の設置、運用、保管、除却等に関する費用をいう。
(2)　遊技機関連費用は、次のような費用から構成される。ただし、遊技機の取得価額又は資本的支出とされるものを除く。
①　遊技機の賃借料(税務上、売買とされるリース取引に係る賃借料を除く。)
②　遊技機の設置に要する費用（注3）
③　遊技機の減価償却費（注4）
④　遊技機の機能維持に要する費用
⑤　遊技機の保管に要する費用
⑥　遊技機の除却・廃却に係る費用

(3)　遊技機の取得価額は、次のような費用の合計額である。

①　遊技機の購入の代価（引取運賃、荷役費、運送保険料、購入手数料等の購入のために要した費用を加算した金額）

②　遊技機を事業の用に供するために直接要した費用の額（注5）

(4)　遊技機の資本的支出とは、修理、改良その他いずれの名義をもってするかを問わず、遊技機に対して支出する費用で、次の金額のうちいずれか多い金額である。

①　遊技機の使用可能期間を延長させる部分に対応する費用

②　遊技機の価額を増加させる部分に対応する費用

6　設備費

(1)　設備費とは、遊技機以外の店舗設備等の維持管理等に要する費用をいい、この場合の遊技機以外の店舗設備等とは、次のようなものをいう。（注6）

①　店舗用地

②　店舗建物

③　駐車場用地及び駐車設備

④　営業用設備

⑤　事務用設備

⑥　その他店舗運営に供する設備等

(2)　遊技機以外の店舗設備等の維持管理等に要する費用は、次のような費用から構成される。（注7）

①　固定資産税等の公租公課

②　減価償却費

③　賃借料（税務上、売買とされるリース取引に係る賃借料を除く。）

④　修繕費

⑤　営業用システムの使用料

⑥　遊技球の維持、管理費用

⑦　その他設備等の維持、管理費用

7　運営経費

(1)　運営経費とは、店舗の運営に要する費用をいい、次のような費用から構成される。（注8）

①　水道光熱費

②　交際費、会議費

③　広告宣伝費

④　諸会費

⑤　営業用システムの運営費

(2)　運営経費は、店舗の運営に関し直接必要な費用をいうのであるから、いわゆる本社経費はこれに含まれない。

したがって、宣伝広告費でいえば、例えば店舗の新装開店等の新聞折込広告料は売上原価となる運営経費に含まれるが、専ら企業イメージを高めるために行われる本社による広告宣伝活動に係る費用は含まれない。(注9)

8　その他の売上原価

3から7までに掲げた景品原価、労務費、遊技機関連費用、設備費、運営経費以外の費用で、店舗運営に関し直接必要な費用は、売上原価とされる。(注10)

三　プリペイドカード

1　自社発行型プリペイドカードの販売に係る収益の帰属時期等

(1)　プリペイドカードの未使用残高の精算が行われている場合（注11）

イ　プリペイドカードの販売時の処理

プリペイドカードの未使用残高（貸玉を了していないカード残高をいう。）について日々精算が行われている場合には、当該プリペイドカードの販売の対価として受領した金額は、貸玉に係る前受金等として処理する。

ロ　プリペイドカードによる貸玉を行った時の処理

プリペイドカードにより貸玉を行った時に売上を認識し、上記イの処理による前受金等の額を減額する。

(2)　プリペイドカードの未使用残高の精算が行われていない場合（注12）

イ　プリペイドカード販売時の処理

プリペイドカードの未使用残高について日々精算が行われていない場合には、当該プリペイドカードの販売対価として受領した金額は、当該カードを販売した日の属する事業年度（以下「販売事業年度」という。）の収益として計上する。

ただし、販売したプリペイドカードを販売事業年度ごとに管理している場合において、所轄税務署長の確認を受けて販売事業年度終了の日の翌日から3年を経過した日の属する事業年度終了の時に有するプリペイドカードの未使用残高を収益に計上することとしているときは、貸玉を行った時まで前受金等として処理することができる。

ロ　プリペイドカードによる貸玉を行った時の処理

プリペイドカードにより貸玉を行った時に貸玉に係る売上を認識し、上記プリペイドカードの販売に係る収益の額を減額する。

なお、上記イのただし書により、プリペイドカードの販売に係る対価の額を前受金等として処理した場合には、貸玉を行った時に売上を認識し、当該前受金等の額を減額する。

ハ　プリペイドカードの未使用残高に係る貸玉の提供費用の見積り計上（注13）

プリペイドカードの販売対価の額を収益に計上する場合において、各事業年度終了の時に当該カードの未使用残高があるときは、その未使用残高に係る貸玉に要する費用の額として合理的に見積もった金額を当該事業年度の損金の額に算入することができる。この場合において、その損金の額に算入した金額に相当する金額は、翌事業年度の益金の額に算入する。

2　第三者発行型プリペイドカードの販売に係る収益の帰属時期等（注14）

（1）　プリペイドカード購入時の処理

カード発行会社から購入したプリペイドカードは、購入時にその購入価額（購入に要するカード発行手数料を加算した金額）をもってプリペイドカードの取得価額とする。

（2）　プリペイドカード販売時の処理

上記（1）により処理しているプリペイドカード勘定の金額からプリペイドカードの購入単価に販売カード数を乗じて計算した金額を控除する。この場合、客から受領する対価の額（カード券面額）とプリペイドカード勘定の金額から減額するカードの取得原価との差額（カードの取得価額に算入されているカードの発行手数料の額）は、発行手数料として損金の額に計上する。

（3）　プリペイドカードによる貸玉を行った時の処理

プリペイドカードにより貸玉を行った時に貸玉に係る売上を認識し、その売上金額はカード発行会社に対する営業未収金として計上する。

参考1　プリペイドカードの発行、販売等に係る仕訳例（注15）

2　プリペイドカードの発行、販売時に係る消費税の取扱い（注16）

四　貯玉

1　貯玉の基本的な性格

貯玉は、客からの遊技球の預りであり、店舗について生ずる再プレイ又は景品等との交換に応じる債務である。(注 17)

2　債務の発生とその額の認識

店舗が負う貯玉に係る債務は、客による貯玉によって発生し、その引出によって消滅する。

この場合の引出しとは、客による貯玉制度からの遊技球の引出しをいい、その用途（再プレイ又は景品等との交換）のいかんにかかわらず、貯玉の減少をもたらす一切の行為をいう。(注 18)

貯玉によって店舗が負う債務の額は、当該貯玉に係る再プレイ又は景品等との交換に応じるための原価の額をいう。(注 19)

3　貯玉に係る処理

貯玉があった場合には、これを債務と認識し、合理的に見積もった債務の金額を当該貯玉があった日の属する事業年度の原価の額に算入する。

貯玉の引出しがあった場合には、当該貯玉に係る債務相当額を当該債務の額から控除するとともに、その額をもって原価の額の減少とする。

貯玉に係る債務については、各事業年度末においてその貯玉数及びその額の確認を行い、その実際残高をもって当該事業年度末の債務の額とする。

また、長期間にわたりその出入りのない会員分の貯玉については、債務としての性格を有しないものとして、当該長期間を経過した日の属する事業年度において当該会員の貯玉に係る債務の額を雑益として益金の額に算入する。(注 20)

五　遊技機

1　遊技機の資産性

遊技機は、減価償却資産として、その法定耐用年数に基づき減価償却を行う。(注 21)

2　遊技機に適用される法定耐用年数

遊技機について適用される法定耐用年数は、パチンコ機については２年、スロットマシン（回胴式遊技機）については３年である。

ただし、取得価額が20万円に満たない固定資産については、一括償却資産として償却を行うことができる。

また、少額減価償却資産に該当するものについては、一時の損金とする。（注22）

3　遊技機の取得価額

遊技機の取得価額は、二の5の（3）に記載したところによる。

4　リース等による取得の場合

（1）　リース取引による取得の場合

リース取引（法人税法第64条の2に規定するリース取引をいう。以下同じ。）によって資産を取得したものとみなされる場合には、当該資産を売買により取得した場合と同様の処理を行う。（注23）

（2）　リース取引以外の賃貸借取引の場合

リース取引以外の賃貸借取引により遊技機等を賃借し、事業の用に供した場合には、その遊技機に係る賃借料は賃貸借期間等に応じ、合理的に配分したところにより損金の額に算入する。

PTBによるパチンコホール統一税務処理基準注解

一　売上計上基準

（注1）

店舗の貸玉による売上の計上基準については、貸玉の時点で収益を認識し、その対価である金額をもって収益を測定するグロス方式と、客が景品と交換した時点で収益を認識し、貸玉の対価である金額から客に提供した景品の取得原価を減算した金額をもって収益を測定するネット方式とが考えられる。

店舗の経営実態や貸玉の対価である金額を収受した時点において収益は確定していると認められることから、グロス方式により売上を計上するものとする。

二　売上原価

（注2）

店舗の運営に関する売上原価は、収益に直接的に対応する費用をいうのであるから、たとえ店舗へ配賦された費用であっても、役員給与、借入金の利子など経営上の管理費は売上原価に含まれない。

5　遊技機関連費用

（注 3）

遊技機の設置に要する費用については、新規に取得する遊技機の取得価額に算入される。したがって、売上原価となる遊技機の設置に要する費用としては、例えばパチンコホールの模様替えのための遊技機の移設費用が該当する。

（注 4）

遊技機の減価償却費には、少額の減価償却資産の取得価額の損金算入の適用を受けた損金算入額が含まれる。

（注 5）

遊技機を事業の用に供するために直接要した費用の額には、例えば新規に遊技機を取得した場合の、その設置のために要する費用、AM マークの取得・貼付に要する費用が該当する。

6　設備費

（注 6）

遊技機以外の店舗設備費等として例示された設備等のうち、⑥その他店舗運営に供する設備等とは、パチンコ事業のサービスの一環として設けられているコーヒーショップ又は軽食堂の施設（パチンコ事業と兼業として営まれていると認められるコーヒーショップ等は除く。）等が挙げられる。

なお、コーヒーショップ等が“パチンコ事業のサービスの一環として設けられているか又は兼業として設けられているか”は、当該施設の規模、内容等から専ら遊技をする客が利用するための施設であるかどうかにより判断することになる。

（注 7）

遊技機以外の店舗設備等の維持管理等に要する費用として掲げられた費用のうち、②減価償却費には、その取得価額が 10 万円未満であることにより、法人税法施行令第 133 条の規定の適用により、損金算入をした遊技球等の取得費用が含まれ、⑥遊技球の維持、管理費用には、遊技球の補充又は研磨費用等が含まれる。

また、⑦その他設備等の維持、管理費用とは、例えばパチンコ事業のサービスの一環として設けられているコーヒーショップ等の維持管理に要する費用をいう。

なお、店舗に係る事業税又は設備の取得に係る借入金の利子については、売上原価に算入しないことができる（法人税基本通達 5-1-4 参照）。

7　運営経費

（注 8）

例えば、システム運営会社から賃借しているシステムの使用料、データ管理料等の店舗情報システムに係る費用は、⑤営業用システムの運営費としないで、6の設備費として処理して差し支えない。

（注 9）

宣伝広告費のうち、売上原価となる運営経費とは、店舗の新装開店等を宣伝するための新聞折込広告又はチンドン屋等の役務提供の支払対価をいい、専ら企業イメージを高めるために行われる本社による広告宣伝費のようなものは含まれない旨が明らかにされているが、消費税に関しても運営経費となる店舗の新装開店等の広告宣伝費は課税売上のみに要する仕入れとされ、一方、専ら企業イメージを高めるために行われる広告宣伝費のようなものは、課税・非課税共通の仕入れとして取り扱われるものと考える。

8　その他の売上原価

（注 10）

3から7までに掲げた景品原価、労務費、遊技機関連費用、設備費、運営経費以外の費用で、売上原価に該当する費用かどうかは、公正妥当な会計処理の基準に従い判断することになる。

三　プリペイドカード

1　自社発行型プリペイドカードの販売に係る収益の帰属時期等

（1）　プリペイドカードの未使用残高の精算が行われている場合

（注 11）

法人税基本通達 2-1-39《商品引換券等の発行に係る収益の帰属の時期》及び 2-2-11《商品引換券等を発行した場合の引換費用》において、商品引換券等を発行した場合の収益の帰属時期等の取扱いが明らかにされているが、これらの通達でいう「商品引換券等」とは、“商品の引渡又は役務の提供を約した証券等”とされており、本プリペイドカードも当該商品引換券等に該当するものと解される。したがって、プリペイドカードに係る収益の帰属時期等の取扱いについては、自社発行型も第三者発行型も共に、基本的には法人税基本通達 2-1-39 及び 2-2-11 により判断されることになる。

法人税基本通達 2-1-39 によれば、プリペイドカードを発行したことにより受領したその対価の額は、確定収入であることから、原則として発行した日の属する事業年度の益金の額に算入することとなる。

しかし、自社で発行したプリペイドカードの未使用残高については、公安委員会から客に対し日々精算するよう指導されている。そこで、店舗がこの指導に従い精算が行われている実態がある場合には、プリペイドカードの発行の際に受領する対価の額は確定収入とはいえないことから、当該プリペイドカードの販売対価の額は、客からの前受金又は預り金等の負債として処理することとなる。

⑵　プリペイドカードの未使用残高の精算が行われていない場合
（注12）

イ　基本的な考え方

プリペイドカードの未使用残高について、翌日以降の再プレイを可能として精算が行われている実態がない場合、そのカードの販売対価として客から受領する金額は、確定収入というべきであり、原則として当該カードを販売した日の属する事業年度（以下「販売事業年度」という。）の収益の額に算入することが相当である。ちなみに、この処理は他のプリペイドカードに共通した取扱いである（法人税基本通達2-1-39本文参照）。

ただし、法人がプリペイドカードの販売に係る対価の額のうち、貸玉によるカードの消費額をその貸玉があった日の属する事業年度で収益に計上（対価の額を売上に振り替え）するほか、販売事業年度終了の日の翌日から3年を経過した日の属する事業年度（販売の日から延べ5年目の事業年度）終了の時において有するプリペイドカードの未使用残高を当該事業年度の収益に計上することとしている場合には、法人税基本通達2-1-39のただし書の取扱いにより、前受金等として処理することが認められる。

なお、上述の「ただし書」の適用は、カードの発行・販売ごとの管理が行われていることが前提となるが、発行・販売数が多く厳密な個別管理をすることは必ずしも容易ではないので、他の商品引換券等の場合と同様に、貸玉に交換されたカードについて、適正規模でサンプル調査を行い、その結果に基づく販売年度交換率を用いて年度別管理を行うというような方法も認められるものと考える。

また、この「ただし書」を適用する場合には、法人税基本通達2-1-39に規定しているところに従い、あらかじめ所轄税務署長（国税局の調査課所管法人にあっては、所轄国税局長）の確認を受け、その確認を受けたところにより3年経過の未使用残高を継続して収益に計上することを要することとなる。

ロ　貸玉に係る売上の認識

プリペイドカードにより貸玉を行った時点で貸玉に係る売上（パチンコ営業売

上）を認識し、「イ」で当該プリペイドカードの販売売上として計上した収益の額を減額することになる。

なお、法人税基本通達 2-1-39 のただし書の適用により、プリペイドカードの販売に係る対価の額を前受金等として処理した場合には、(1) のプリペイドカードの未使用残高の精算が行われている場合と同様に、プリペイドカードにより貸玉を行った時点で売上を認識し、上記前受金等の額を減額することになる。

ハ　プリペイドカードの未使用残高に係る貸玉費用の見積り計上

（注 13）

「イ」において、プリペイドカードの販売対価の額を収益に計上している場合には、法人税基本通達 2-2-11 の取扱いにより、収益に計上済のカードの未使用残高に対応する原価の額（貸玉に係る費用の額）の見積り計上ができる。

具体的には、次の区分に応じ、それぞれ次に掲げる金額に相当する金額を各事業年度の原価の見積額として損金の額に算入することができるものと考える。

なお、この場合において、その損金に算入した金額に相当した金額は、翌事業年度の益金の額に算入することとなる。（洗替え処理を要する。）

（イ）　未使用残高をその発行年度毎に区分して管理している場合

次の算式により計算した金額

（算式）

当該事業年度終了の時における未使用残高のうち、
事業年度及び当該事業年度開始の日前３年以内に　×　原価率
発行したものに係る対価の額の合計額　（注）

（ロ）（イ）以外の場合　次の算式により計算した金額

（算式）

（当該事業年度及び当該事業年度開始の日前３年以内に開始した各事業年度において発行したプリペイドカードに係る対価の額の合計額　－　左の各事業年度において貸玉を行ったプリペイドカードに係る対価の額の合計額）　×　原価率（注）

（注）原価率は、未使用のプリペイドカードが使用され売上金額に計上されたものと仮定した場合におけるその原価の割合をいうのであるが、当期における「一の１　売上計上基準」により計上された売上金額を分母とし、この売上金額

に対応する売上原価の額を分子とするなど、合理的な方法により計算する。

2　第三者発行型プリペイドカードの販売に係る収益の帰属時期等

（注14）

購入時、売却時及び貸玉の提供時における各取引の処理は、基本的に会計上の処理と異なるところはない。

なお、第三者発行型プリペイドカードの場合には、上記自社発行型プリペイドカードの場合と異なり、カードの未使用残高の精算が行われないこととされている。そこで、上述したように、自社発行型プリペイドカードでは販売事業年度終了の日の翌日から3年経過した日の属する事業年度において存するカードの未使用残高は雑益として益金の額に算入することとしていることから、同様の処理を要するかどうか問題となるが、第三者発行型プリペイドカードでは、このような雑益計上の問題は生じないものと考える。すなわち、顧客の権利放棄ともいうべくカード未使用額の債務消滅利益は、カード運営会社がパチンコホールから請求を受けなくなるという点で、カード運営会社に帰属するものと考えられるからである。（パチンコホールとしては、カード購入金額の全額についてカード運営会社に支払い債務を有しており、顧客の権利放棄による利益を受ける立場にないと解される。）

3　プリペイドカードの発行、販売等に係る仕訳

（注15）

プリペイドカードの発行、販売等に係る税務処理（仕訳）はおおむね別紙のとおりになるものと解される。

4　プリペイドカードの販売に係る消費税の取扱い

（注16）

プリペイドカードが自社発行型であるか、第三者発行型であるかにより、次のとおり、課税売上割合の計算上差異が生ずる。

①　自社発行型プリペイドカードの販売

自社発行型プリペイドカードの販売は、いわゆるプリペイドカード（物品切手等）を発行したものと解され、消費税の課税対象外である不課税取引に該当すること（消費税法基本通達6-4-5参照）となるが、他方、後述する第三者発行型プリペイドカードの販売は資産の譲渡（非課税売上となる資産の譲渡）に該当するものであるところから、課税売上の計算上、差異がある。

②　第三者発行型プリペイドカードの販売

第三者発行型プリペイドカードの販売は、消費税法別表第一第4号ハに規定す

る物品切手等を譲渡（非課税売上となる資産の譲渡）したものとして取り扱われる。

四　貯玉

1　貯玉の債務性

（注17）

貯玉の受入は、店舗にとって、あたかも金融機関における預貯金の受入と同視し得るものである。すなわち、貯玉制度の会員は、遊技当日において獲得又は購入した遊技球を当日において景品等と交換することが義務付けられ、かつ、当該店舗からの持出しを禁じられているところ、その交換に要する時間、その他の事情から当日交換すべきものを貯玉制度に一時的に寄託ないしは預託をし、これを後日において貯玉制度から引出しをして景品等との交換等（遊技球としてプレイすることを含む。）に充てることを予定しているものである。

したがって、この遊技球を寄託ないしは預託する行為の法的性格は、前述のとおり、金融機関における預金者がその金銭を預貯金する行為、すなわち金銭消費寄託行為に酷似し、単なる遊技球の保管の委託には当たらず、いわば貯玉相当額の景品等の預託に代わる寄託行為であるといえる。この点からして、貯玉の受入は、基本的には債務の発生と解することが相当である。

このことは、受寄者である店舗としては、将来寄託者である会員に対してその預った遊技球の価値相当額の景品等又は同数量の遊技球を対価を得ることなく、給付する債務を負うこととなっており、このことだけをもってしても、貯玉の受入は債務の発生と解することが相当である。

これに対し、貯玉が景品に交換されるか、再プレイに利用されるかは顧客の任意で、必ずしも景品に交換されるとは限らない等の理由から、貯玉は債務でないという有力な見解がある。この見解によれば、貯玉に係る費用の計上は認められないことになる。

この「貯玉は債務でない」という見解は、現在課税当局が採っている見解であるが、貯玉は債務であるとする見解といずれが相当かを争点として、現在訴訟が提起されており（東京地裁係属中）、現段階ではいわゆる両論併記とせざるを得ない状況である。ただし、貯玉は債務であるとの見解に従い債務に係る費用計上等を行った場合、現時点では、課税当局から修正を求められる可能性があることを認識する必要がある。

2　貯玉の権利が消滅する一切の行為

（注 18）

貯玉の減少は、通常、会員による貯玉制度からの貯玉の引出しによってもたらされるものであるが、貯玉制度の運営上、会員が貯玉制度を長期間にわたって利用しなかった場合における失効に伴う減少も含まれる。

この場合の長期間とは、貯玉制度の運営・管理状態の実情から、概ね 3 年程度が相当である。

3　貯玉に係る債務の額の算定方法

（注 19）

貯玉に係る債務の額は店舗の実情に応じ、当該貯玉のうち、①再プレイに利用される部分の原価は、「二の 2」に掲げた景品原価、労務費、遊技機関連費用、設備費等の費用の額を基礎として合理的に算出した額とし、②景品交換に回される部分の原価は、売価相当額に当該店舗における景品原価率を乗じた額とし、その合計額によるのが本来である。

ただし、当該貯玉が主として再プレイに利用されるか、又は景品交換に回されるかに応じ、その全ての原価をこれらいずれかの計算方法によって算出しても差し支えないと考える。

なお、課税当局は、現在貯玉に係る債務の計上について、「貯玉は債務でない」という理由で、その計上を認めていないのは前述のとおりである。（注解 17 参照）

4　長期間にわたり出入りのない貯玉

（注 20）

長期間にわたり出入りのない貯玉について、その債務の額を雑益として益金の額に算入する場合の長期間であるか否かの判定は、3 年とする。

五　遊技機

1　遊技機の資産性

（注 21）

遊技機は、耐用年数省令別表第一（器具及び備品）に掲げる減価償却資産である。

2　少額の減価償却資産及び一括償却資産

（注 22）

使用可能期間が 1 年未満であるもの又は取得価額 10 万円未満の遊技機について

は、法人税法施行令第133条の規定により少額の減価償却資産としてその事業の用に供した日の属する事業年度においてその取得価額を損金経理することを条件として損金の額に算入することができる。

また、取得価額10万円以上20万円未満の遊技機については、法人税法施行令第133条の2の規定により一括償却資産としてその償却期間を3年とすることができる。

3 リース取引によって取得した遊技機

（注23）

法人税法第64条の2第3項に規定するリース取引によるリース資産については、その法形式にかかわらず、原則として当該資産に係る売買取引があったものとみなして各事業年度の所得の金額を計算するのであるが、その取引の経済的実質が、いわゆるリースバックを目的としているような場合で、これらの一連の取引が実質的に金銭の貸借であると認められるときには、当該資産の売買はなかったものとして金銭の貸付による損益を取引各当事者において認識する。

別紙(注15)

プリペイドカードの発行、販売等に係る仕訳

事項	自社発行型の場合	第三者発行型の場合	備　考
1 カードシステム導入時	差入保証金 / 現金（or 未払金）	差入保証金 / 現金（or 未払金）	カードシステム運営会社に支払う保証金に係る仕訳
2 システム機器の購入又は賃借時	器具備品 / 現金（or 未払金） 又は カード運営費 / 現金（or 未払金）	器具備品 / 現金（or 未払金） 又は カード運営費 / 現金（or 未払金	賃借の場合、その賃借がリース取引に該当するときは、購入（売買）扱いとされる。
3 カード部材等購入時	前払費用 / 未払金（or 現金）	プリペイドカード / 未払金（or 現金）	カードの購入費には、カード運営会社に支払う発行手数料を含む。
4 カード客への販売時	（カード残高精算の場合） 発行費用 / 前払費用 現金 / 前受金等 （カード残高未精算の場合） 発行費用 / 前払費用 現金 / カード売上 （or 現金 / 前受金等）※1	（カード残高未精算の場合） 現金 / プリペイドカード 支払手数料 ※2 /	※1 法人税基本通達 2-1-39 ただし書の適用 ※2 プリペイドカードの取得費に含まれている発行手数料を費用化する。
5 カードによる貸玉の提供時又はカード消費時	（カード残高精算の場合） 前受金等 / 売上 （カード残高未精算の場合） カード売上 / 売上	営業未収入金 / 売上	
6 カードの未使用残高の精算時	（カード残高精算の場合） 前受金等 / 現金 （カード残高未精算の場合） （ ― ）		第三者発行型カードについては精算手続無し。
7 締め日／カード会社との精算		未払金 / 営業未収金 現金（プラス・マイナス双方の発生がある。）	カード運営会社との間で、カード購入金額とカードによる貸玉の提供に係る営業未収金の精算（貸借差額が精算金額となる。）
8 締め日／カードシステム利用料及びカードリーダー管理料	カード運営費 / 現金（or 未払金）	カード運営費 / 現金（or 未払金）	
9 決算期末	（カード残高未精算の場合） 見積り費用 / 未払債務 ※3 前受金等 / 雑益 ※4		※3 法人税基本通達 2-2-11 の適用 ※4 法人税基本通達 2-1-39 ただし書の適用に伴う長期未使用カードの残高を雑益に計上する。

PTB
Pachinko-Trusty Board

PTB 有識者懇談会からのメッセージ第7弾

現在のパチンコ業界の状況は、市場の低迷や店舗間の競争激化、来店客数減少等が続く上、射幸性を低下させる措置も加わり、新しい顧客の開拓を含めて、苦戦し、厳しい環境下におかれております。

2007年7月に発足したPTB有識者懇談会は、このような業界の状況を改善するため、2008年6月30日に、第1回「有識者懇談会からのメッセージ」を発表して以来、6回にわたりメッセージを発表してきました。今回、従来のメッセージを踏まえると共に、最近の状況を鑑み、簡潔に、以下の最終メッセージを発表致します。

◆間もなくIR実施法案（カジノ法案）が実施に向けて動き出す事になるでしょう。その時には、カジノ運営に関わる欧米、アジアの大企業が、曖昧なルールの下にあるパチンコ産業に対して、厳しい指摘をし、その顧客を横取りしていこうとする可能性が考えられます。
パチンコは、カジノとは明確に違う遊技であることを、世論を味方に出来る方向で、丁寧に取り組んでいくべきであり、その違いを社会に発信していくことが大切です。
その中で、パチンコ依存問題への取り組みは、各店舗で、実態を踏まえながら、具体的、また誠実に、実施していく必要があります。顧客から、「パチンコ・パチスロアドバイザー」の腕章を付けるなど一目で判るような体制を、丁寧に作り上げるべきでしょう。

◆現在の風適法とその実施策は、カジノ関連法制と比較すると　三店方式や釘の問題など、内容があいまいな上、事業者の自由な創意・工夫を活かせるものとはなっていません。市民目線に立った健全な業界発展のため、産業育成の観点や法的あいまい性を可能な限り排除し、新たなパチンコ法制を実現する関係者の協力体制を作ることも、真剣に考えて行くべきであります。

◆地域との共存、楽しい、ワクワクとする遊技として、また、地域に存在感を示せる店舗として、1回当たり、3千円位の料金で、何時間か遊べるような遊技機を、中核に設置して、店舗運営していくべきではないでしょうか。また、地域社会とのコミュニケーションを、双方向で、今まで以上に行う必要があります。それは、広告ばかりでなく、さまざまな方法で、パチンコ店の現在の本当の姿を知って戴くことにつながるものであり、地域住民の共感や理解につながるはずです。

◆健全な業界発展のためには、パチンコ機械メーカーもホール企業に協力する必要があります。そのため、現在のややもすると、機械メーカー優位の取引関係を是正するため、独占禁止法の厳正な適用を求めます。

パチンコ業界は、第二次世界大戦後、約70年の間、多くの紆余曲折がありながらも、約25万人の雇用を生み出し貸し玉料金30兆円といわれた市場と3千万人の顧客に楽しんで戴いてきました。

このような大衆娯楽の王様とも言われた時代を経てきた歴史や現実を考えてみると、現状は厳しいものの、パチンコ産業としての原点を振り返り、これからの革新に向けての方策を、知恵を絞って、創意工夫を重ねていけば、必ずや、地域に密着した大衆娯楽産業として、存続・発展することが可能と確信しております。

以上

平成30年3月吉日

一般社団法人パチンコ・トラスティ・ボード　有識者懇談会委員

【座　　長】岩崎　秀雄　ネットプレス株式会社代表取締役社長（元日刊工業新聞論説委員）
【副 座 長】川上　隆朗　元インドネシア大使
【委　　員】黒瀬　直宏　嘉悦大学ビジネス創造学部教授
永井　猛　　早稲田大学ビジネススクール教授(大学院商学研究科)
牛島　憲明　牛島コンサルタント事務所（元株式会社東京証券取引所上場審査長
元株式会社ジャスダック取締役兼執行役員）
島田　尚信　ＵＡゼンセン　副会長
三堀　清　　弁護士（三堀法律事務所）

あとがき

PTB（パチンコ・トラスティ・ボード）の立ち上げから参加させていただきましたダイナムの佐藤です。あっという間に19年が経過しました。横山先生を始め、PTBに参加くださいました諸先生方には、感謝の気持ちでいっぱいです。またパチンコホール経営企業の各社様とは、社内の整備に同じ高い志を持って、毎年改善を重ねてきました。先生方の温かい気持ちと情熱が各社のレベルの向上につながりました。結果として一般上場企業と遜色のないレベルまで社内整備が整い、その結果、参加企業より3社が香港証券取引所に上場を果たすことができました。参加企業を代表して御礼申し上げます。先生方には、本当にありがとうございました。また今後もさらに社内体制の強化、向上を継続して努力してまいります。先生方のご健康と、今後のますますのご活躍を祈念しております。

2023年11月
株式会社ダイナムジャパンホールディングス
相談役　佐藤洋治

横山PTB評価委員会委員長（左）と佐藤DYJH相談役（右）

企業評価基準の導入と運用
—パチンコ・トラスティ・ボード19年の成果—

■発　行——2024年4月15日初版第１刷

■編　者——PTB出版委員会

■発行者——中山元春

■発行所——株式会社芦書房
〒101－0048東京都千代田区神田司町２－５
電話03－3293－0556　FAX03－3293－0557
http://www.ashi.co.jp

■組　版——ニッタプリントサービス

■印　刷——モリモト印刷

■製　本——モリモト印刷

ISBN978-4-7556-1332-6 C0034